浙江省教育厅教研室　组织研制

张　丰　管光海　总主编

项目化学习
慕课研修手册

如何设计
驱动性问题

RUHE SHEJI
QUDONGXING WENTI

本册主编 / 卢夏萍

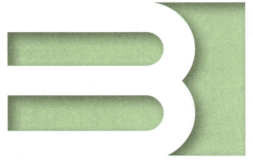

教育科学出版社
·北京·

出 版 人　李　东
策划编辑　池春燕　殷　欢
项目统筹　殷　欢
责任编辑　池春燕　彭　波
版式设计　锋尚设计　孙欢欢
责任校对　白　媛
责任印制　叶小峰

图书在版编目（CIP）数据

　　如何设计驱动性问题 / 卢夏萍主编；浙江省教育厅
教研室组织研制 . —北京：教育科学出版社，2022.1（2025.1 重印）
　　（项目化学习慕课研修手册：9 册套装 / 张丰，管
光海总主编）
　　ISBN 978–7–5191–2840–1

　　Ⅰ . ①如…　Ⅱ . ①卢…　②浙…　Ⅲ . ①课堂教学—
教学研究—中小学　Ⅳ . ① G632.421

　　中国版本图书馆 CIP 数据核字（2021）第 237773 号

出 版 发 行	教育科学出版社			
社　　　址	北京·朝阳区安慧北里安园甲 9 号	邮　　编	100101
总编室电话	010–64981290	编辑部电话	010–64989441
出版部电话	010–64989487	市场部电话	010–64989009
传　　真	010–64891796	网　　址	http://www.esph.com.cn
经　　销	各地新华书店		
制　　作	北京京久科创文化有限公司		
印　　刷	北京市大天乐投资管理有限公司		
开　　本	889 毫米 ×1194 毫米　1/20	版　　次	2022 年 1 月第 1 版
印　　张	34.6	印　　次	2025 年 1 月第 4 次印刷
字　　数	270 千	定　　价	248.00 元（全 9 册）

图书出现印装质量问题，本社负责调换。

编委会

总　主　编：张　丰　管光海

本册主编：卢夏萍

参　编　者：潘唯一　刘　丹　陈水婷

　　　　　　陈天誉　童婕妤　唐玲燕

目录

码 上 学 习

扫码进入本书慕课

前言

项目化学习：教师研修的学习设计

《中共中央 国务院关于深化教育教学改革全面提高义务教育质量的意见》指出："着力培养认知能力，促进思维发展，激发创新意识。……探索基于学科的课程综合化教学，开展研究型、项目化、合作式学习。"项目化学习正是综合体现上述精神的学习活动。它既是落实跨学科学习的重要形式，也是改进学科教学的新的突破口。浙江省自 2016 年启动 STEAM 教育探索以来，逐渐聚焦项目化学习。2020 年，浙江省教育厅教研室策划开展"防疫情"项目化学习案例征集、"项目化学习网络公开课"、"项目化学习博览会"等系列活动，奏响了项目化学习推进"三部曲"。

"项目化学习网络公开课"是一次组织严密、专业深入、参与面广、关注度高的教研活动，其目的是让老师们有机会解构多类型的项目化学习与指导的过程。活动前期，我们先就项目化学习关键要素进行研究，提炼

了素养导向、真实情境、真实实践、高阶认知和真实评价等要素，然后面向全省征集展示项目，要求参展项目充分体现这些关键要素，且是学校已经实施过、较为成熟、具有推广价值的项目。最终确定的各具特色的 8 个项目于 2020 年 9 月 21—25 日通过中国教研网进行了为期一周的现场直播展示。这是浙江省聚焦项目化学习，探索素养立意的新学习形态的标志性活动。8 所展示学校均建构了较为成熟的项目化学习活动组织与指导模式，为全省乃至全国项目化学习的推广提供参考，为项目化学习的推进奠定基础。本次活动完整保留了 8 个项目的现场资料，包括教学课件、教学设计、课程资源包、学生学习手册、教师观课手册、直播视频等。这些资料弥足珍贵，也是研究项目化学习设计与实施的有效素材。

项目化学习慕课的开发创意源于基于网络公开课的项目化学习校本研修。此前，老师们要用 10 余个小时才能看完一个完整的项目。如何提高教师研修的效率？如何给教师更有针对性的引导？我们选择了 3 个较为典型的项目（分别体现课程标准、有效合作、设计思维），以项目进程为序，以关键要点为纲设计 5—7 节微课，结合视频讲解或提示，帮助教师准确有效地理解项目化学习设计与实施的方法要领。不过，对初级入门的教师来说，光

看典型项目剖析还不够，还需要建立起对项目化学习的整体理解，以及对关键问题的准确把握。于是，我们通过文献研究以及对一线教师的需求分析，确定了 6 个项目化学习设计与实施的关键问题，开发相应的慕课，涉及主题包括驱动性问题、项目任务、高阶思维、学习支架、组织策略、评价量表等，最终形成第一系列"聚焦关键问题的项目化学习慕课"（6 门），以及第二系列"基于典型案例的项目化学习慕课"（3 门），共有微课 43 节。

《项目化学习慕课研修手册》（以下简称《研修手册》）的开发启动于2021 年 3 月。我们于 6 月底完成慕课测试版上线，10 月底完成慕课修订与《研修手册》的编写，短短半年的开发过程也一样经历了确定研修主题、研发研修课程纲要、分析网络公开课视频、拍摄慕课、研制《研修手册》以及建设配套资源等多个细致环节。

此次出版的项目化学习套装产品包括上述两个系列的 9 门慕课以及相配套的 9 本研修手册，构成"资源 + 支架"的学习设计。具体如下。

第一系列：聚焦关键问题的项目化学习慕课

慕课 1——"如何设计驱动性问题"（含研修手册，下同）。包括驱动

性问题的含义、类型、特点、设计及使用，系统梳理了驱动性问题的设计要点。

慕课2——"如何基于驱动性问题设计项目任务"。包括任务及任务的类型、核心任务的标准、核心任务的设计、支持性活动的设计、任务管理的设计，阐述了驱动性问题、核心任务、支持性活动三者之间的关联以及核心任务、支持性活动的设计方法。

慕课3——"如何培养学生的高阶思维"。以布卢姆教育目标分类学中的高阶思维为参考，在总体介绍判断认知层级的两种常见方法的基础上，具体介绍分析、评价、创造三种高阶思维的概念内涵及培养策略。

慕课4——"项目化学习中的学习支架"。介绍了学习支架的来源、定义、类型，并结合项目启动、实施、成果展示三个阶段说明不同支架的作用、使用流程、操作要点等。

慕课5——"项目化学习的组织策略"。介绍了组织策略的分类，并提供了10余个组织策略的基本概念、使用方法、操作流程等。

慕课6——"项目化学习评价量表的设计与应用"。介绍了项目化学习中表现性评价量表的结构、维度、尺度等的设计与应用。

第二系列：基于典型案例的项目化学习慕课

慕课 7——"智能门禁系统的设计与制作——基于课程标准的项目化学习"。以智能门禁系统的设计与制作为例，介绍了基于课程标准设计项目、设计驱动性问题、创设学习任务、提供支持性活动、成果展示与交流、项目管理六个方面的内容。

慕课 8——"交通工具狂想曲——基于有效合作的项目化学习"。以交通工具的设计为例，介绍了驱动性问题的提出、拼图合作学习的组织、项目产品的有效设计与改进、模型的制作与测试、学习成果的展示与评价五个方面的内容。

慕课 9——"婴儿产品改进设计——基于设计思维的项目化学习"。以婴儿产品改进设计为例，探索基于设计思维的项目化学习如何开展，将设计思维的内涵、价值嵌入项目化学习中，呈现了基于设计思维的项目化学习开展过程中教师的具体指导策略与方法。

在《研修手册》中，每一课都设置了"学习地图""研修目标""核心概念""课程内容""拓展阅读""延伸任务"六大板块，在课程内容部分还设置了"思考""任务"等小栏目，为研修者提供引导任务与思维支架。

综合来看，本套《研修手册》有以下三个方面的特点。

一是注重理例结合。9 门慕课及相配套的研修手册以项目化学习的设计与实施为主线，围绕教师项目化学习实践的关键问题，结合真实课例进行阐释与分析。读者无论从第一系列的关键问题切入，还是从第二系列的典型案例开始，都能从理例结合的辅导中掌握项目化学习实践的方法与要义。

二是注重任务驱动。成年人的学习应该是结合实践的反思与体验，光阅读与观看未必能形成真正的能力。本套《研修手册》十分注重读者参与的交互性设计，读者在阅读研修手册、观看慕课视频的同时，可随着主题引导下循序渐进的任务，经历思考与探索的过程，在反思与体验中自然进步。

三是注重过程生成。本套《研修手册》基于实践开发，汇集了一线教师项目化学习实践中关心的问题、解决问题的方法。这些问题与方法并不是静态的知识，它们能为进一步发现问题、提出解决方法提供对话和探究的基础。如果你还没有经历项目化学习实践，阅读本套《研修手册》可以了解实践中的问题并思考更多问题；如果你已经是项目化学习的实践者，阅读这套

书可能会有很多的共鸣，并不断思考自己在实践中的解决方案。

本套《研修手册》是基层教研员与骨干教师协作完成的作品。慕课1、慕课2由浙江省杭州市拱墅区教育研究院卢夏萍主持，慕课3、慕课4、慕课5由杭州市上城区教育学院汪湖瑛主持，慕课6由杭州市拱墅区教育研究院狄海鸣主持，慕课7由温州市实验中学徐墨涵主持，慕课8由杭州市卖鱼桥小学郭红梅主持，慕课9由杭州绿城育华亲亲学校陆颖主持。参与慕课开发与手册研制的老师多达69名。浙江省教育厅教研室管光海博士负责产品的整体规划与全程指导。杭州绿城育华亲亲学校蔡文艺、杭州市上城区教育评估与监测中心冯娉婷参与了样章的研制工作。感谢同志们高效、创造性的劳动，感谢教育科学出版社教师教育编辑部编辑们的慧眼与巧笔，让我们携手又为项目化学习的推进提供了灵动与实在的新资源。

限于能力与视野，慕课与手册中肯定还有一些不足之处，敬请读者指正与谅解。

张 丰

2021 年 10 月 26 日

驱动性问题的含义

📖 学习地图

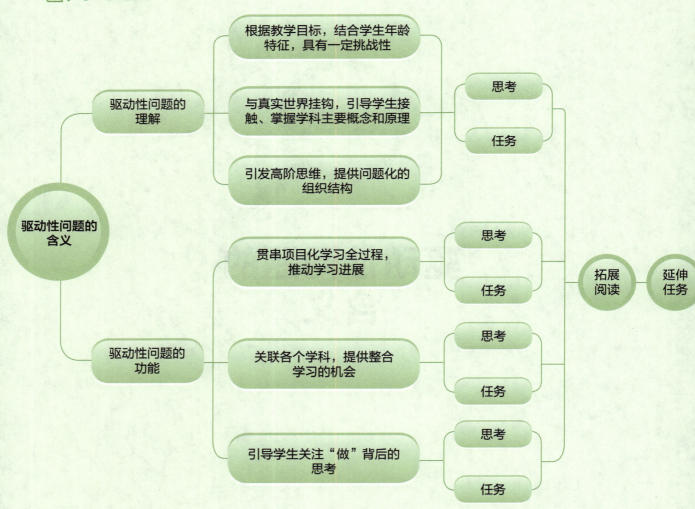

图 1-1　第一课学习地图

研修目标

❶ 理解驱动性问题的含义。

❷ 能够辨析驱动性问题的特征。

❸ 了解驱动性问题的功能。

核心概念

驱动性问题　围绕项目主题设计的、契合课程标准的、具有凝练意义的问题，是能够引发学生自主探究和推动学生问题解决的关键性问题。一个好的驱动性问题能营造一种由求知欲驱动的学习氛围，鼓励学生积极地寻找问题的解决方案、做出计划和开展探究、记录和理解数据、收集证据和辨析观点、构建和共享学习成果，实现深度学习。

课程内容

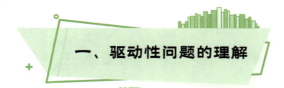

一、驱动性问题的理解

驱动性问题的设计是项目化学习的重要维度，在很大程度上决

定项目的质量。开展项目化学习的前提是要设计一个合适的驱动性问题。如何判断一个问题是否属于驱动性问题呢？需要清晰地明确驱动性问题的定义。

驱动性问题是教师根据教学目标、结合学生年龄特征提前设计好的问题，具有一定的挑战性，能够激发学生的学习兴趣，帮助学生进入全面深入的学习。

驱动性问题中的"问题"意为"提问、质询"。对驱动性问题作出回应，是项目化学习的主要特征。设计者需创设一个与真实世界"挂钩"的、能引导"学生接触并掌握某学科的主要概念和原理"的驱动性问题。（王荣生，2021）

好的驱动性问题，一方面能引发高阶思维，另一方面能提供问题化的组织结构，为信息和内容提供有意义的目的。（夏雪梅，2018）[55]

请观看项目化学习慕课1-1，根据驱动性问题的定义，一起来辨析驱动性问题。

思考：以下两个问题，哪一个作为项目的驱动性问题更加合理？

1. 如何设计一张邀请函？

2. 学校周年庆即将开始，如何帮学校设计一张吸引人的邀请函？

根据定义，问题1并不是好的驱动性问题，问题2是较为规范的驱动性问题。问题1并没有将学生带入真实情境中，无法让学生接触并掌握某学科的主要概念和原理，无法在问题中探究学习，实现知识迁移。问题2创设了周年庆的真实情境，利用学生对学校的情感，引导学生运用多学科知识完成设计一张能够"吸引人"的邀请函的项目；具有挑战性，能够引发学生高阶思维。

任务：请观看项目化学习慕课1-1，辨析以下驱动性问题是否是好的驱动性问题，并说明理由。

1. 学习了"圆"以后，探究"为什么车轮是圆的？"。

2. 围绕"学校的百草园中有哪些植物，这些植物的习性如何？"这个问题做植物卡片。

3. 夏天，快递员戴头盔特别热，怎样改造头盔可以给快递小哥带来凉爽呢？

二、驱动性问题的功能

驱动性问题在整个项目化学习中到底发挥了怎样的功能呢？

（一）贯串项目化学习全过程，推动学习进展

项目化学习往往由一系列教学活动组成，在教学中使用驱动性

问题可以让学生建立目的感，使他们的学习和探究始终指向目标。（高潇怡 等，2020）驱动性问题可以让学生将注意力始终聚焦在核心任务上，让学生认识到每一个教学环节与核心任务都密切关联，因此驱动性问题可以贯串项目化学习的全过程，从而推进学习者的学习进展。

案例解析

温州市实验中学的项目"智能门禁系统的设计与制作"的驱动性问题是"如何制作一个与真实办公室门功能一样、等比例缩小的门禁系统模型？"。在该驱动性问题下生成的核心任务是设计与制作以电磁铁为核心的磁控门禁系统，该任务与整个项目的学习环节密切关联，贯串整个项目的全过程。（见图1-2）

思考： 在类似或者相同的项目中，当面对不同基础的学生时，该如何调整驱动性问题？思考如何将驱动性问题进行分层设计，使之与学习目标统一并贯串项目全过程。

任务： 请观看项目化学习慕课1-1，试分析"交通工具狂想曲"项目中，驱动性问题"如何设计一款经济环保的有利于低碳出行、减少拥堵的未来交通工具？"如何贯串项目化学习的全过程。

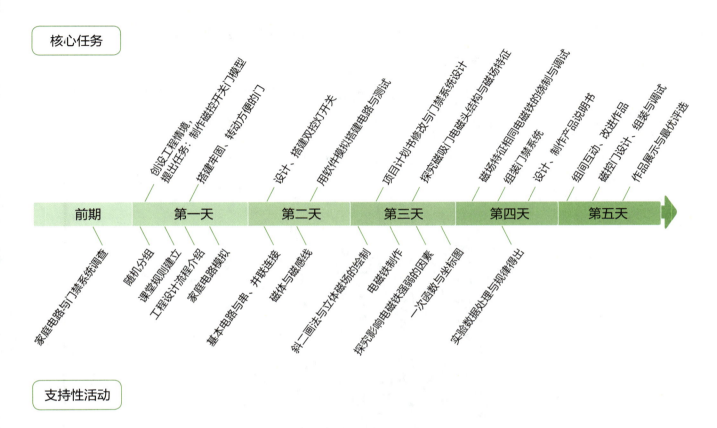

图1-2 "智能门禁系统的设计与制作"项目任务链

（二）关联各个学科，提供整合学习的机会

在传统教学中，学科之间具有明显的界限，学生很难实现跨学科学习，无法实现知识的整合运用。而以驱动性问题引领的项目化学习，能够建立起不同学科领域之间的联系，帮助学生整合他们所学的

各学科知识，发展过程性的认知结构，提高知识的综合运用能力。

案例解析

"智能门禁系统的设计与制作"项目，其驱动性问题的提出主要是让学生关联学科知识，分析门禁系统的结构、组成和原理（见图1-3），实现知识的整合运用。

驱动性问题：如何制作一个与真实办公室门功能一样、等比例缩小的门禁系统模型？

图1-3　智能门禁系统示意图

要求：

1. 模型部件完整、牢固。

2. 功能可以通过模型演示。

3. 模型要展现门禁系统的内部结构，体现门禁系统的工作原理。

4. 基于对现实门禁系统的调查，在成功制作门禁系统的基础上改进其1—2个缺点，并在模型上体现。

思考：你如何理解项目化学习中学习者通过整合知识解决问题以及在问题解决中学习知识？

任务：结合自己实施过的项目，梳理驱动性问题如何关联各个学科，提供整合学习的机会。

（三）引导学生关注"做"背后的思考

传统教学中最容易出现的问题就是学生往往只学到了书面知识，无法将学科知识与实际生活联系起来。驱动性问题是有意义的、情境化的问题，能够将学生置于真实世界的情境中，让他们探究现实生活中的问题，搭建学科知识与实际生活的桥梁，激发并支持学生在问题解决中学习知识，引导学生关注"做"背后的思考，育人价值和学科素养价值得以彰显。

思考：从关注项目到关注项目中的学习，哪些"做"可以反映学生学习的发生？

任务：请分析下面驱动性问题中隐含的最重要的功能。

驱动性问题：夏天，快递员戴头盔特别热，怎样改造头盔可以给快递小哥带来凉爽呢？

你的分析：

拓展阅读

　　富有挑战性的问题为"项目化学习的黄金法则"[①]提供了组织结构，使学习变得有意义，因为它会赋予学习者学习的目的：学生不只是为了识记而学习，他们是为了学会运用知识而学习。通过专注于一个问题，学生不仅可以掌握新知识，还可以学习何时以及如何使用这些新知识。这使得他们将来更有可能灵活运用这些知识。许多研究（更不用说日常经验）表明，有意义和有目的地去学习的知识比偶然情况下获取的知识更容易被唤起。通过提问，学生可以将注意力集中到要学习的重要知识上，并可以区分相关信息和无关信息。还可以提示学生激活先验知识，这个过程是组织新信息并将其与已知信息联系起来的关键部分。当学生努力解决问题时，他们会积累并加深对知识的理解，以便在将来遇到问题后再次使用。

　　教育研究表明，挑战是产生学习成果的重要因素。但要在一个能力参差不齐的班级中找到最佳的挑战水平是困难的，需要仔细考虑

———————————

① 项目化学习的黄金法则：始于16世纪的建筑培训，在发展过程中融入了威廉·柯克帕特里克和约翰·杜威的研究，最后整合了基于问题的学习的要素，包含：富有挑战性的问题、持续性探究、真实性、学生的话语权与选择权、反思、评价与修正、公开展示作品。项目化学习的黄金法则中的核心学习目标为掌握知识的概念、运用知识的能力以及培养成功的技能。

学习者需要的脚手架和支持（这本就是项目化学习的一部分）。太多的挑战和太少的挑战都会让学生感到厌烦。因此，"项目化学习的黄金法则"寻求"金发姑娘原则"[①]的挑战——不要太难，不要太简单，要恰到好处。在一个特定的项目中，什么样的挑战适合什么样的学生群体，并取得一定的学习成果，取决于教师的专业判断。难度更大（更复杂、更长、更困难）的项目不一定是更成功的项目。

以下几个要素组成了问题或提问的"挑战层级"。

第一，学生需要学习的基础知识、需要理解和运用的部分。正如经验丰富的教师所知道的那样，对于某些想法、概念和方法学生难以理解和运用，使用项目可以促进学生对复杂概念的理解，但前提是教师应持续评估学生的理解程度并根据反馈（从学生和教师那里）做进一步指导。

第二，问题内在结构的复杂程度。当问题结构混乱并需要学生自己寻求解决方案时，这显然比让学生遵循熟悉的方式寻找解决方案更具挑战性。尽管结构错综复杂的问题可以为学生提供学习如何设计

---

① "金发姑娘原则"源自童话《金发姑娘和三只熊》的故事：迷路的金发姑娘未经允许就进入了熊的房子，她尝了三个碗里的粥，试了三把椅子，又在三张床上躺了躺，最后得出小碗里的粥最可口，小椅子坐着最舒服，小床上躺着最惬意，因为那是最适合她的，不大不小刚刚好。

和实施项目探究的机会（开展哪些活动、使用哪些工具、提出哪些问题、遵循什么顺序），但对学生而言可能挑战难度过大，过程中可能需要大量的学习支架来保证项目的有效落实。

第三，过程的复杂性和学生解决该问题必须经历的步骤数量。（Larmer et al.，2015）

延伸任务

从驱动性问题的含义和驱动性的功能角度思考：在设计驱动性问题的时候，应该重点关注哪些方面？说说你的理由。

第二课

驱动性问题的
类型

学习地图

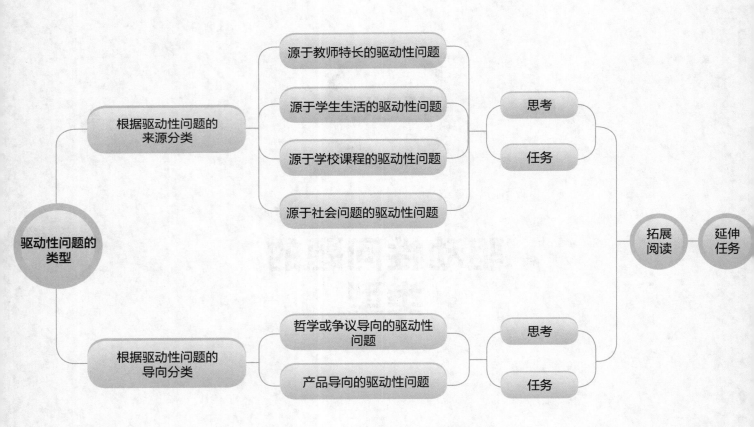

图 2-1　第二课学习地图

🎯 研修目标

❶ 了解驱动性问题的类型。

❷ 了解依据不同的分类标准，驱动性问题的类型不同。

📖 核心概念

哲学或争议导向　在项目化学习中，围绕某些哲学上的问题（思维和存在、意识和物质的关系问题），或者是社会上存在的争议问题展开，侧重学生在解决问题的过程中学会对问题进行思考、判断、辨析。

产品导向　在项目化学习中，围绕制作出的一个具体的产品展开实践，以最终的产品表达为目的和最终成果。产品的表达可以是多样化的，比如方案、剧本、实物等。

📋 课程内容

驱动性问题的分类方式多种多样，可以依据不同的标准将其划分为不同的类型。常见的分类标准有：根据驱动性问题的来源分类（李正军，2011），可分为源于教师特长、学生生活、学校课程以及社会问题的驱动性问题；根据驱动性问题的导向分类（张玮逸 等，

2020），可分为哲学或争议导向的驱动性问题、产品导向的驱动性问题。

一、根据驱动性问题的来源分类

（一）源于教师特长的驱动性问题

【举例】杭州市文海实验学校"未来太空基地建设"项目的驱动性问题是"如何设计一个可实现物质、能量可循环生态系统的太空舱（基地）？"。

【说明】设计该项目的科学教师喜欢航空航天，致力于研究太空基地，因而教师从兴趣爱好和个人特长的角度出发设计了驱动性问题。

（二）源于学生生活的驱动性问题

【举例】杭州绿城育华亲亲学校"婴儿产品改进设计"项目的驱动性问题是"如何利用身边现有材料设计并制作出能更好照顾婴儿的用品？"。

【说明】教师设计的驱动性问题可以来源于学生所了解、关注的生活话题与学生想解决的问题，通过建立学生生活的问题库来激发

教师设计驱动性问题。该项目的设计源于学生想帮助父母解决在照顾弟弟妹妹过程中遇到的困难，为家庭出一份力，这样的驱动性问题源于并运用于学生生活，可能对学生更有意义。

（三）源于学校课程的驱动性问题

【举例】驱动性问题："如何设计一个微型生态系统来研究地球环境中阳光、大气、水、地壳、生物和土壤等的关联？"

【说明】许多驱动性问题来源于学校已有的学科教材、拓展学习包等课程资源。解决驱动性问题、开展项目化学习的过程，就是帮助学生对学科知识、原理进行强化理解并深化应用的过程。

（四）源于社会问题的驱动性问题

【举例】驱动性问题："疫情期间，如何设计制作家里进门处的消毒区域，建立家庭抗疫第一道防线？"

【说明】驱动性问题可以与社会背景下的经济、科技、政治、文化等方面密切相关，这样的驱动性问题不仅与时俱进、成果实用，同时也有助于培养学生服务社会的责任意识和家国情怀。

思考：请观看项目化学习慕课 1-2，根据驱动性问题的来源分类，思考"交通工具狂想曲"项目的驱动性问题"如何设计一款经济环保的有利于低碳出行、减少拥堵的未来交通工具？"属于哪种类型的驱动性问题。

任务：回想在以往的项目化学习中，你设计的驱动性问题主要来源于何处？结合本节课"驱动性问题的来源"的学习，你能否设计一个其他来源类型的驱动性问题？

二、根据驱动性问题的导向分类

（一）哲学或争议导向的驱动性问题

【举例】宁波市北仑区绍成小学"入侵检测报警装置"项目中，教师曾提到这样一个问题："宇宙飞船在月球上出现了故障，为了找到备用宇宙飞船，你认为该如何对物品清单中物品的重要程度进行排序？"如果将这个问题视为驱动性问题，它就能体现哲学或争议导向。

【说明】在这个项目中，不同组别的学生可能会得到不同的结果，甚至可能得出"两者各有千秋"的结论。在这个过程中，最重要的是学生学会了求同存异。真实生活中的争议性问题往往涉及多个角度和立场的冲突，学生需要在解决问题的过程中做出取舍并给出理由。

（二）产品导向的驱动性问题

【举例】"交通工具狂想曲"项目的驱动性问题："如何设计

一款经济环保的有利于低碳出行、减少拥堵的未来交通工具？"

【说明】学习产品的产出是项目化学习的一个典型特征，而且更能激发学生创造的欲望。如果教师心目中有明确的、想要学生最终呈现的产品样态，可以将其打磨为驱动性问题。产品导向的驱动性问题将学习直接指向目的和最终成果，激励学生开展从无到有的创造性工作。另外，产品导向的驱动性问题在一定程度上更加能够适应跨学科项目设计的需求。教师从课本知识点中提炼出的本质问题往往是比较抽象、概括的，此时产品驱动思路可以提供行之有效的精炼和打磨驱动性问题的方法。将目的纳入驱动性问题还可以让学生明确努力的方向或给学生提示解决问题的途径。

上述驱动性问题的类型为项目化学习中驱动性问题的设计提供了思路。需要注意的是，驱动性问题的不同类型并非相互排斥的，在实际的设计中可以灵活交叉运用。

思考：请观看项目化学习慕课 1-2，思考根据驱动性问题的导向分类，"入侵检测报警装置"项目的驱动性问题"如何设计并制作能够解决日常生活中问题并能广泛应用的智能装置？"属于哪种类型的驱动性问题。

📝 **任务**：你能分别列举曾设计过的哲学或争议导向的驱动性问题以及产品导向的驱动性问题吗？

🔍 拓展阅读

根据性质不同，驱动性问题可以有以下分类。（陈志珊 等，2020）

第一种是分析性驱动性问题。分析性驱动性问题是指学生需要把问题研究对象的结构进行分解，认识各结构之间的相互关系及其如何形成整体的一类问题。

第二种是情境性驱动性问题。情境性驱动性问题是将问题置于贴近学生日常生活的真实情境中，需要学生运用综合知识来解决的实际问题。

第三种是开放性驱动性问题。开放性驱动性问题是指结论开放、答案不唯一或者方案多样的一类问题。对于这类问题，教师要引导学生尽可能多地得出不同的答案。

第四种是评价性驱动性问题。评价性驱动性问题是综合性评价自己或他人成果的一类问题。对于这类问题，学生需要全方位、多层级地考虑各个方面，制定评价标准，设计要素加权，测试样本数据。

不同性质的驱动性问题可以有针对性地提升学生各方面的思维能力，如以分析性驱动性问题增强逻辑思维能力，以情境性驱动性问题发展主动思维能力，以开放性驱动性问题提高发散思维能力，以评价性驱动性问题培养多向思维能力。教师可以依据不同的学习目标和学情，设计不同类型的驱动性问题，从而全面提升学生的思维能力。

延伸任务

请查阅有关驱动性问题类型的文献资料，了解驱动性问题还有哪些分类方式。

第三课

驱动性问题的
特点

📖 学习地图

图 3-1　第三课学习地图

🎯 研修目标

❶ 理解驱动性问题的三个特点。

❷ 能够评估具体项目中的驱动性问题是否具备三个特点。

📖 核心概念

情境 问题（任务）的物理的和概念的结构，以及与问题（任务）相关的活动目的和社会环境，包括一般的氛围、物理情境和当前的"背景"事件。

劣构问题 劣构问题（ill-structured）也称定义不完整的（ill-defined）问题，是指具有多种解决方法、解决途径和少量确定性条件的问题。

📋 课程内容

一、情境性

高质量的驱动性问题应该具有真实的问题情境，而表达真实情境的基础是具有约束性。情境性并不要求学生学习活动中的每个要素都必须是真实的，而是要让学生看到知识和世界的某种联系。

例如，观看项目化学习慕课 1–3，杭州市卖鱼桥小学"交通工具狂想曲"项目中的驱动性问题是"如何设计一款经济环保的有利于低碳出行、减少拥堵的未来交通工具？"。该问题指出了情境的约束，要求解决的是交通拥堵和交通污染问题，而如何解决的途径在驱动性问题中又没有限定。

观看项目化学习慕课 1–3，湖州市湖师附小教育集团"摩天营救"项目中的驱动性问题是"如何设计研发一套配合消防充气垫高空逃生的装置？"。该问题是在具备消防充气垫的真实情境下再设计一套与之配合的高空逃生装置。

思考： 真实的问题情境必须是真实存在的吗？

任务： 教师收集一些学生感兴趣的真实问题并进行归类，学生再从中选取一至两个问题进行探索学习。

二、挑战性

高质量的驱动性问题还应具有挑战性。它携带着核心知识，让学生经历持续探究的过程去解决复杂的问题，同时在探究过程中再次深入理解核心知识，对学生的思维和价值观都极具挑战性。

　　例如，观看项目化学习慕课 1-3，杭州市学军小学"生态小水池·智慧大未来"项目中的驱动性问题是"如何利用智慧技术来改造校园生态水池？"。该问题中的"生态与智慧"包含了水池美观、安全、水质、生态系统、能源等方面，它引发了学生多角度的思考，同时蕴含了学生需要运用数学、科学、技术等相关领域的知识与技能才能去改造水池的思想。

　　杭州市卖鱼桥小学"交通工具狂想曲"项目中的驱动性问题是"如何设计一款经济环保的有利于低碳出行、减少拥堵的未来交通工具？"。该问题引导学生从交通拥堵与交通污染两方面去思考解决方案，同时指向交通工具设计的学习，从而解决复杂的设计问题。

思考：若一个驱动性问题极具挑战性，学生无从入手，这会是一个好的驱动性问题吗？

任务：如果某小区要在地下车库划出一片区域供电动车放置及充电，你认为其挑战性在哪里？你将如何指导学生设计一个电动车停车场？

三、开放性

高质量的驱动性问题应该具有开放性。开放性是指它无法简单地用"是"或者"不是"来回答，通常要求学生对信息进行整理、分析和评价，多角度地去理解，从而寻求多样化的解决方法。在项目化学习中，驱动性问题常常是一个劣构问题。劣构问题的主要特点有：问题的构成部分存在未知或某种程度的不可知、可操纵的参数或变量很少、目标界定含糊不清或缺少界定；有多种解决方法、途径和评价标准，甚至无解；因为情境不同，没有原型的案例可以参考；没有一般性的规则或原理可套用，没有明确的方法来确定恰当的行动方案；需要学习者表达个人对问题的观点或信念，因而解决问题的过程是一种独特的、开放的人际互动过程。

例如，"生态小水池·智慧大未来"项目中的驱动性问题是"如何利用智慧技术来改造校园生态水池？"。学生根据搜集的资料和访谈得到的信息，设计不同的解决方案，充分发挥了自己的想象。

思考：你认为驱动性问题的开放性能提高学生的高阶思维能力吗？为什么？

任务：请你以某个驱动性问题为例，收集并记录学生不同的解决方案。（见表 3-1）

表 3-1 驱动性问题解决方案收集表

我的驱动性问题：

收集的解决方案		
方案一：	方案二：	方案三：

拓展阅读

华东理工大学附属小学鼓励学生提出自己感兴趣的真实问题（见表 3-2），并将这些问题进行归类整理，引导学生基于自己观察到的真实问题开展项目探索。（见图 3-2）（夏雪梅，2020）[97-98]

表 3-2　华东理工大学附属小学学生提出的问题

食品	·冷冻的牛排，怎样解冻又快又好吃？ ·口香糖为什么不能被嚼烂？ ·汤圆煮熟了为什么会浮起来？ ·如何分辨生鸡蛋和熟鸡蛋？ ·汽水为什么有气？ ……
安全	·为什么坐高铁或地铁时需要等候在黄色安全线之外？ ·坐小汽车时，为什么一定要系安全带？ ·平板桥和拱桥，哪种更结实？ ·我们的双手干净吗？ ……
劳动	·怎样切洋葱不会辣到眼睛？ ·衣服上的污渍如何清洗干净？ ·为什么冷气不能熨衣服？ ·哪种方法去除商标纸留下的残留胶痕更好？ ……

续表

生物	· 卧室里的绿植越多越好吗？ · 为什么家里的小狗不需要冬眠，小乌龟就需要？ · 猫咪的眼睛一天中会有哪些变化？ · 人为什么会有蛀牙？ ……
自然现象	· 游泳池的水为什么比湖水更透明清澈？ · 为什么雨过天晴会有彩虹？ · 我们生活中使用的自来水是从哪里来的？ ……

图 3-2　华东理工大学附属小学问题探索支架

巴克教育研究所在项目化学习的"黄金准则"的迭代中，将驱动性问题改为挑战性问题（challenging questions）。他们认为：挑战性问题需要学生的价值判断，挑战性问题带有哲学意味，如"美国应该承认叙利亚难民吗？""镇上应该要发展或保留公共空间吗？"等。这表明巴克教育研究所对问题的认识发生了变化——从引发学生的兴趣、对学生友好的驱动性问题，转向对学生的思维和价值观有挑战的问题。（夏雪梅，2018）[55]

上海福山外国语小学设计了"我爱浦东，畅想2050"这个大主题，希望通过各个年级的分问题探索，激发学生主动投入探索浦东在自然环境、交通、建筑等各方面的变化，理解个人与社会历史的变迁，通过自己的创造性思考，规划2050年的浦东生活，形成大的格局和策略观。

在这个大项目中，学校从"我们希望学生在哪些方面进行探索？""我们希望学生具备哪些能力？""我们希望学生学到哪些知识？"三个方面进行顶层设计。（见图3-3）（夏雪梅，2020）[100]

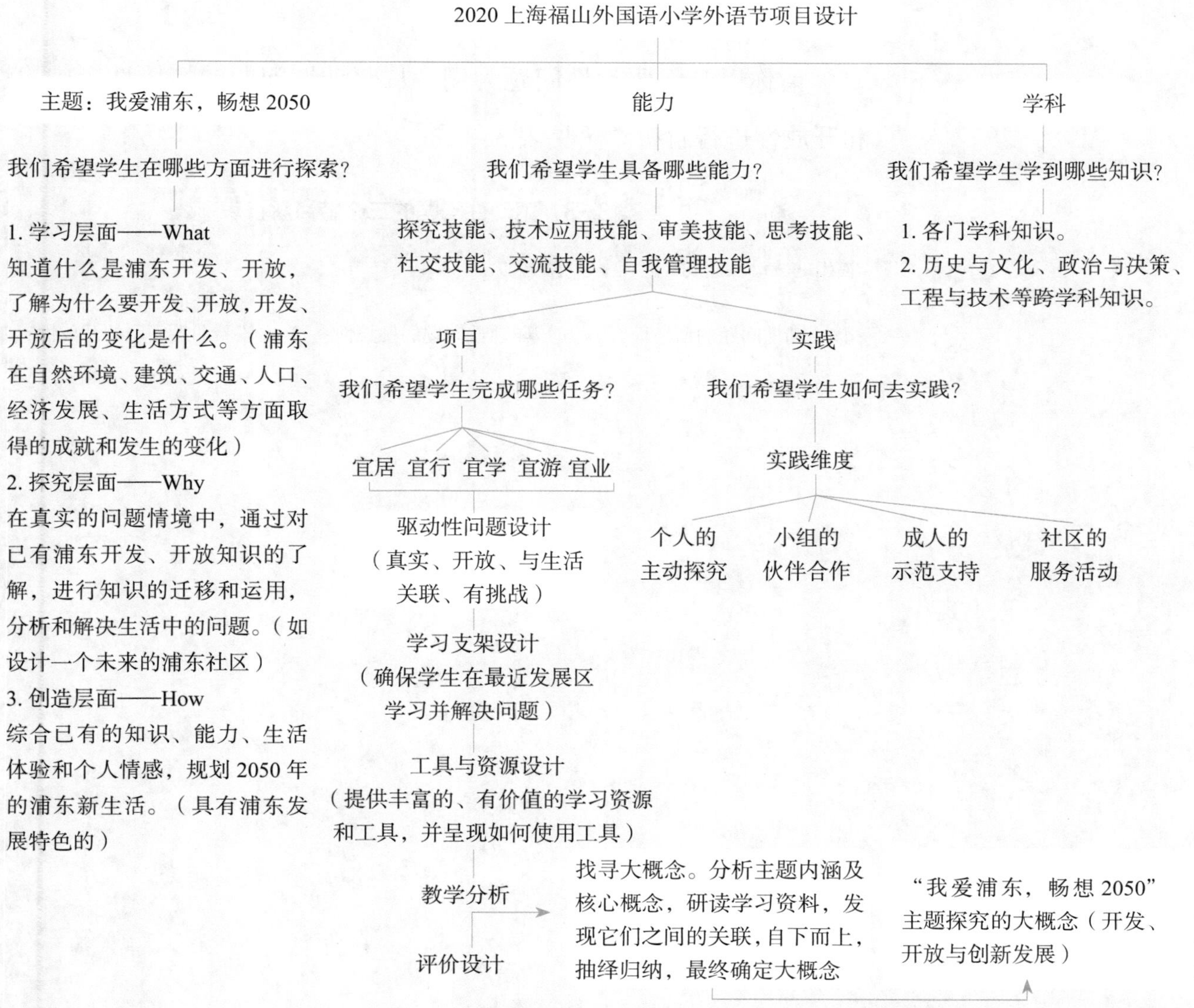

2020 上海福山外国语小学外语节项目设计

主题：我爱浦东，畅想 2050　　　　　　　能力　　　　　　　　　　学科

我们希望学生在哪些方面进行探索？　　我们希望学生具备哪些能力？　　我们希望学生学到哪些知识？

1. 学习层面——What
知道什么是浦东开发、开放，
了解为什么要开发、开放，开发、
开放后的变化是什么。（浦东
在自然环境、建筑、交通、人口、
经济发展、生活方式等方面取
得的成就和发生的变化）

2. 探究层面——Why
在真实的问题情境中，通过对
已有浦东开发、开放知识的了
解，进行知识的迁移和运用，
分析和解决生活中的问题。（如
设计一个未来的浦东社区）

3. 创造层面——How
综合已有的知识、能力、生活
体验和个人情感，规划 2050 年
的浦东新生活。（具有浦东发
展特色的）

探究技能、技术应用技能、审美技能、思考技能、
社交技能、交流技能、自我管理技能

项目　　　　　　　　　　实践
我们希望学生完成哪些任务？　　我们希望学生如何去实践？

宜居　宜行　宜学　宜游　宜业　　　实践维度

驱动性问题设计
（真实、开放、与生活
关联、有挑战）

个人的　　小组的　　成人的　　社区的
主动探究　伙伴合作　示范支持　服务活动

学习支架设计
（确保学生在最近发展区
学习并解决问题）

工具与资源设计
（提供丰富的、有价值的学习资源
和工具，并呈现如何使用工具）

1. 各门学科知识。
2. 历史与文化、政治与决策、
工程与技术等跨学科知识。

教学分析　　找寻大概念。分析主题内涵及
核心概念，研读学习资料，发
现它们之间的关联，自下而上，
评价设计　　抽绎归纳，最终确定大概念

"我爱浦东，畅想 2050"
主题探究的大概念（开发、
开放与创新发展）

图 3-3　上海福山外国语小学的外语节项目化学习设计

延伸任务

请你以某一驱动性问题为例，从驱动性问题的情境性、挑战性和开放性进行解析。（见表 3-3）

表 3-3　驱动性问题的三个特点解析表

提出的驱动性问题：

该驱动性问题的情境性：	该驱动性问题的挑战性：	该驱动性问题的开放性：

第四课

驱动性问题的
设计

📖 学习地图

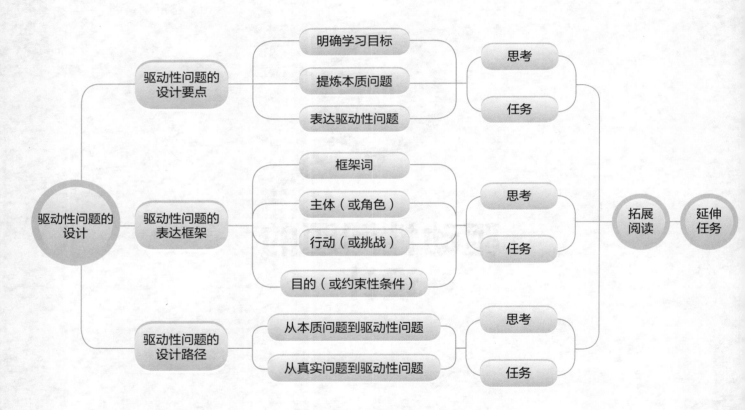

图 4-1　第四课学习地图

🎯 研修目标

❶ 能够理解驱动性问题的设计要点、表达框架和设计路径。

❷ 通过驱动性问题的表达框架，学会辨别各种驱动性问题的阐述是否合理。

❸ 能够根据具体的项目设计驱动性问题。

📖 核心概念

本质问题　在学科中、认识发展历程中或是对世界的理解中真正持久而重要的问题。这样的问题是核心、要素或基础，它们往往是抽象的，是大问题，会促进学生对学科、人生、世界的基本理解。

📝 课程内容

一、驱动性问题的设计要点

设计驱动性问题时，需综合考虑项目的学习目标、蕴含的本质问题、项目的实践过程和学习产品等内容，凝结出具有挑战性的问题，并以合适的方式进行呈现。

（一）明确学习目标

在进行项目设计时，首要任务是明确和把握学习目标，再根据学习目标设置核心任务。项目化学习进程中的核心任务指向学习目标的达成，而核心任务的有效开展需以驱动性问题为核心。因此，驱动性问题的设计需要关联学习目标。

观看项目化学习慕课1-4，杭州市学军小学在设计"生态小水池·智慧大未来"项目时，首先将学习目标明确为：通过项目化学习，学生能够关注身边的小微水体，同情、同理地思考真实问题，利用所学的有关科学、数学、美术、语文等综合知识，初步形成解决问题的方案，同时通过技术应用，提高创新意识，培养问题解决能力。

（二）提炼本质问题

学科和跨学科的核心概念中蕴含着本质问题。学科和跨学科的核心概念从哪里来？应当从学习目标中抽取。本质问题促使教师进行以下思考："为什么要做这个项目？""通过项目的实施，要让学生有怎样的理解？"当然，本质问题可大可小，可以根据项目实施的实际挖掘不同的深度。

比如"生态小水池·智慧大未来"项目历时一周，依据学习目标中的核心概念——"生态系统"，可以提炼出本质问题：如何实现生态系统的丰富性、稳定性？

（三）表达驱动性问题

表达驱动性问题，是将一个项目中抽象的本质问题以具有一定真实性问题的形式呈现出来，引导学生探究并解决。如何根据本质问题设计高质量的驱动性问题呢？高质量的驱动性问题有哪些标准？一般来说，我们可以从以下五个方面进行考量。

❶ **可行性**　面对同一个本质问题，教师要充分考虑各种影响因素，如学情、学段的学习目标、学习资源和教师的能力等，设计自己能够掌控、学生能够完成、真实可行的驱动性问题。

❷ **趣味性**　兴趣是最好的老师。在表达驱动性问题的时候要注意使用能够激发学生学习兴趣的语言，充分调动学生的内驱力，使其更好地投入项目化学习。

❸ **情境性**　本质问题指向核心概念，一般较为抽象。为方便学生理解，拉近其学习与生活的距离，可以将本质问题融入具体的情境中，加工成更为具体、真实的驱动性问题。

❹ **价值性**　驱动性问题应避免表达成"是"或"否"的问题，应尽可能表达为具有劣构性、指向多种解决方案或产品的可持续探究的问题。

❺ **伦理性**　表达驱动性问题时，要注意向学生传递积极向上的价值观，引导学生通过问题驱动、真实实践等谋求国家、自然、社会、

文化等的发展。（Condliffe et al.，2017）

驱动性问题是基于学生视角，牵引学生完成整个学习过程的问题。在驱动性问题下，我们可以设计一系列的核心任务，逐渐引导学生进入项目化学习。

我们以"婴儿产品改进设计"项目为例，运用以上五个标准和项目的具体实践进行分析，评价驱动性问题"如何利用身边现有材料设计并制作出能更好照顾婴儿的用品？"的质量。

可行性 从项目的具体实践和学习产品来看，这一项目符合学生的发展需求，教师也能胜任整个项目，学校硬件资源配备充足。亲历整个学习过程，学生、教师均收获良多，说明该项目可行性很强。

趣味性 对小学生来说，能够照顾小婴儿是一件十分有趣的事情，运用身边的现有材料进行设计又有较强的挑战性，能够激起学生的学习兴趣。

情境性 国家实施三孩生育政策以来，婴儿数量增多，许多参与项目的学生自己就有兄弟姐妹，围绕真实情境展开，大大拉近了学习与生活的距离。

（价值性） 学习活动指向婴儿产品的设计与制作，具有较大的研究价值和应用价值。

（伦理性） 最后的学习产品服务于婴儿群体，也为父母带来了便利，展现了学生良好的社会责任感。

未来，我们在设计驱动性问题时，应该尽量符合以上五个标准。

思考： 驱动性问题的三个设计要点，带给你怎样的启发？

任务： 根据高质量表达驱动性问题的五个标准，重新设计或改进以往教学中项目的驱动性问题。

二、驱动性问题的表达框架

抓住驱动性问题的设计要点，明确学习目标，提炼本质问题，通过情境化的表达把驱动性问题阐述出来。而对于同一个学习目标，驱动性问题的最终表达是否就是一致的呢？

答案肯定是不是。

驱动性问题的表达有一定的格式，称为表达框架，包括框架词、主体（或角色）、行动（或挑战）、目的（或约束性条件）。（见表4-1）

表4-1　驱动性问题的表达框架

框架词	主体（或角色）	行动（或挑战）	目的（或约束性条件）
怎么能	我／我们	建造／创立／产生	现实问题
怎么做	我们作为（角色／职业）	设计／规划	对于人
应该吗	机构	解决	对于事件
可以吗	社区	撰写	对于公众
什么	城市	倡导	对于学习
如何	国家	决定	对于班级
……	……	……	……

（一）框架词

框架词是引出项目"如何实现"的一种思考，常常以疑问的语气表达，比如怎么能、怎么做、如何等。

（二）主体（或角色）

主体指项目的实施者，引出"谁"去做，可以是集体，也可以是个人，可以是带有某种身份的自然人，也可以是组织、机构。

（三）行动（或挑战）

行动指向学习产品，可以是制作的某种物品、解决问题的方法、倡导的一套方案等。

（四）目的（或约束性条件）

目的往往指附加在"行动"实施中的某些要求，因此也可以理解为约束性条件。

教师在表达驱动性问题时，可以采用这样的框架（见图 4-2），依据项目选择合适的词进行表达。

1. 框架词 ▶▶ 2. 主体 ▶▶ 3. 行动 ▶▶ 4. 目的

图 4-2　驱动性问题的表达框架

对照框架，一起来分析"交通工具狂想曲"项目中的驱动性问题：

如何设计一款经济环保的有利于低碳出行、减少拥堵的未来交通工具？

其框架词为"如何"；主体隐含在语句中，为"我们"；行动是设计未来交通工具；目的是实现"经济环保、低碳出行、减少拥堵"的功能。这样的驱动性问题表达就相对规范。

？ 思考：驱动性问题的表达框架带给你怎样的启发？

任务：运用驱动性问题的表达框架，尝试分析本书中列举的驱动性问题。

三、驱动性问题的设计路径

教师作为项目化学习中的组织者与管理者，将项目的学习目标凝结成一个好的驱动性问题至关重要。那么，驱动性问题是怎么设计出来的呢？

（一）从本质问题到驱动性问题

一般情况下，教师可以根据学习目标提炼本质问题，再与真实情境相结合，确立项目任务，并将本质问题转换为驱动性问题。

比如，"未来太空基地建设"项目。该项目的学习目标为"学生形成人与自然和谐相处的观念，知道在人类生存的地球环境中阳光、大气、水、地壳、生物和土壤等是相互联系、相互影响、相互制约的整体"。从学习目标中，我们提炼出该项目的本质问题："如何实现人与自然的和谐相处？人与自然有哪些关系？"这是一个很大的概念，初中生很难进行全面、系统的研究。因此，项目的设计者需从一个较小的切口——"生态舱"引入，将项目的主要任务设置为"设计并制作生态舱"，结合高质量驱动性问题表达的五个标准，最后将驱动性问题表达成：如何设计一个可实现物质、能量可循环生态系统的太空舱（基地）？

这就是一个典型的经历了从本质问题到驱动性问题设计路径的项目。

（二）从真实问题到驱动性问题

在实际操作时，我们往往会先在生活中发现真实问题，得到驱动性问题的雏形；接着提炼这个真实问题背后的本质问题，并思考如何将生活中的问题与学科的学习目标相关联，在确立项目实践过程和学习产品之后，规范地表达出驱动性问题。

比如"智能门禁系统的设计与制作"项目。项目设计源于对多人进出场所（如学校办公室）传统门锁的实际观察和经验，学生发现虽然传统门锁可以保证安全，但在多人进出的场合受到钥匙配备多少的限制，不便于工作和学习。驱动性问题的雏形就是"如何设计一个智能的门禁系统？"。基于真实问题，思考可以融入哪些学科、哪些知识，梳理出如下知识体系（见图4-3）。最终将驱动性问题表达为："如何为多人进出场所（如学校办公室），设计并模拟制作一个与真实办公室门功能一样、等比例缩小的门禁系统模型？"

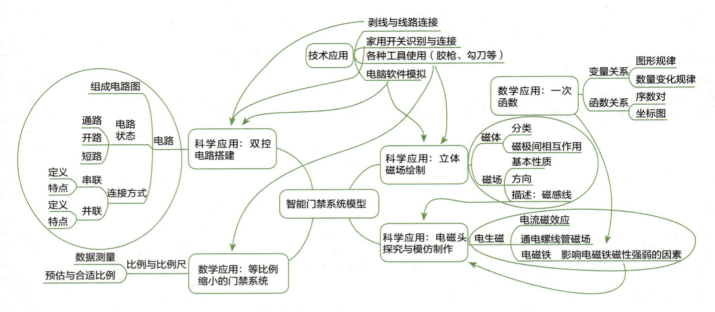

图 4-3 "智能门禁系统的设计与制作"项目的知识体系

思考：对比两种驱动性问题的设计路径，它们有哪些相同点与不同点？

任务：你在日常生活中遇到过哪些问题？请选取一个问题将其设计成一个驱动性问题。

拓展阅读

在项目化学习驱动性问题的设计中，教师通常会为了提出一个合适的驱动性问题而字斟句酌，慎之又慎。上海美国学校的教学指导教练安德鲁·米勒（Andrew Miller）对好的驱动性问题有一个生动的表述：当教师将问题呈现给学生的时候，至少要有一部分学生觉得"这听起来很酷"。这说明通过这个问题学生求知的渴望被激发了，从而自发自觉地想要跨过桥梁去迎接真实世界的挑战。提出一个问题比解决一个问题更重要，也更困难。许多开展项目化学习的新手教师反映，设计合适的驱动性问题是其教学设计过程中最难攻克的一环。为了给教师提供灵感来源，美国巴克教育研究所的项目化学习工作团队开发了 PBL 项目库，目前已有 65 份精品项目可供参考。安德鲁·米勒将这些项目的驱动性问题分为常见的三种：哲学或争议导向、产品导向与角色导向。这三种导向的分类提供了驱动性问题设计的三种设计思路。（张玮逸 等，2020）

📝 延伸任务

选择一个生活中的问题，把握"明确学习目标，提炼本质问题，表达驱动性问题"这样的设计要点，完成下列任务。（见表 4-2）

表 4-2 设计生活中的驱动性问题		
我的问题是：		
明确的学习目标是：	提炼的本质问题是：	表达的驱动性问题是：

第五课

驱动性问题的使用

学习地图

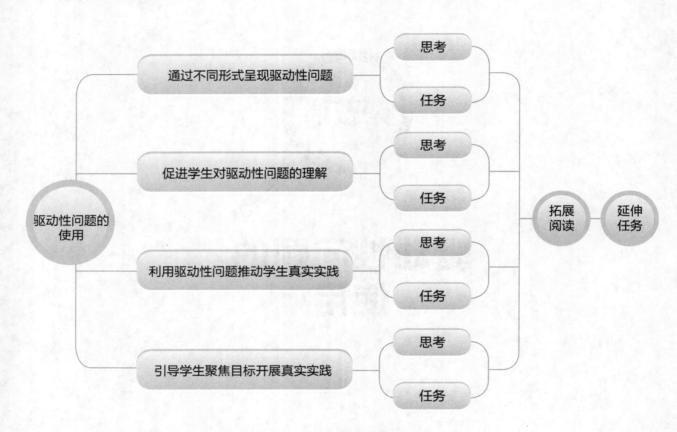

图 5-1　第五课学习地图

🎯 研修目标

❶ 了解如何使用驱动性问题。

❷ 分析具体项目是如何使用驱动性问题的。

❸ 能依据具体的驱动性问题，设计出使用流程。

📖 核心概念

真实实践　教师通过提供资源、条件和团队合作的机会，推动学生有效实践，让学生像专家一样思考并解决问题。

📋 课程内容

一、通过不同形式呈现驱动性问题

教师需要明确向学生抛出的驱动性问题是什么。驱动性问题的呈现方式可以多样化，如讲述故事、播放图片、观看视频等。

❓ **思考**：你还能想到用哪些方式来呈现驱动性问题？

关键策略

◎ 结合驱动性问题的特点，以最恰当的形式呈现。

大部分驱动性问题是需要体现真实情境的。一部分驱动性问题是不真实的，并不意味着学生学习活动的每个要素都不真实。教师在呈现驱动性问题后，必须让学生感知到问题的解决能贴近生活，是能满足真实世界需求的。

观看项目化学习慕课1-5，杭州市学军小学的"生态小水池·智慧大未来"项目中，就以校园里真实的水池作为案例情境进行呈现。学生观察水池照片，发现水池问题，通过多方调研、访谈、圆桌讨论，了解了水池的诸多信息，同时能从实际情境中综合考虑学校的客观条件，从而在教师的引导下，明确驱动性问题是"如何利用智慧技术来改造校园生态水池？"。

📑 任务：列举一个你曾经实施过的项目化学习案例，简要描述你是如何向学生抛出驱动性问题的，分析其中的优缺点。

二、促进学生对驱动性问题的理解

学生知道驱动性问题的内容后，又该如何理解它呢？教师需要创设一个充满鼓励、平等沟通的学习环境，让学生能大胆、自由地表达自己的观点。这样的沟通氛围，能让学生想说、敢说，让教师快速、有效地掌握学生已经知道了什么、学生还想知道什么。自由表达，可以快速暴露一些浅显的分歧，以对话的形式可以及时地修正学生的理解差异。在表述一些驱动性问题时，可能会存在个别词语让学生产生困扰的现象。遇到这种情况，首先，教师要帮助学生解读驱动性问题，让学生听明白。其次，呈现评价标准。该标准可以由教师出示，也可以由师生共同商议，这样学生才能清晰地认识到该项目的学习目标是什么。

思考： 驱动性问题呈现的评价标准要包含哪些方面？

关键策略

◎解读驱动性问题，修正差异，明确目标

观看项目化学习慕课 1-5，宁波市北仑区绍成小学的"入侵检测报警系统"项目，驱动性问题是"如何设计并制作能够解决日常生活中问题并能广泛应用的智能装置？"。该驱动性问题中的"智能装置"一词十分抽象，所以教师一开始就出示了校门口迎接大家开学的小胖机器人，带领学生回忆机器人的功能。学生意识到学校里有很多这样的智能装置。接着教师呈现校门口的车辆识别系统，发现具有安全隐

患。由此抛出问题，可以安装什么样的智能装置？这样的项目化学习也具备核心知识在情境中再建构与再创造的特征，学生在一个情境中明确概念，并将其迁移、运用到新的情境中。

任务：当学生明确驱动性问题的内容后，你认为应该怎样出示评价标准？教师将标准前置或师生共同商议标准，这两者最本质的区别在哪里？建议观看项目化学习慕课 1-5 后完成任务。

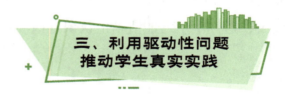

三、利用驱动性问题推动学生真实实践

驱动性问题给学生提供了一个开放的、广阔的、多向度的探索空间。不同学生识别该问题时，出现的问题结构可能并不完全一致。若完全由学生自主寻求解决方案，挑战难度过大，容易让学生失去成就感和持续探索的欲望。教师需要把驱动性问题背后的具体学习任务分步呈现，即安排学习计划，让学生能够持续实践。教师可以直接告知学生每课时的学习计划，也可以单独在每课时分别提出。在真实实践过程中，教师根据学生的反馈提供支持性活动。

思考：你会如何拆解一个较为复杂的驱动性问题，主要步骤是什么？

关键策略

◎依据驱动性问题的结构，安排学习计划

观看项目化学习慕课1-5，杭州市卖鱼桥小学的"交通工具狂想曲"项目中，驱动性问题是"如何设计一款经济环保的有利于低碳出行、减少拥堵的未来交通工具？"。基于这样的驱动性问题，教师规划了每日不同的子任务：分析交通工具设计需要考虑的因素，学习交通工具设计需要具备的知识和技能，实现交通工具的设计和模型制作，完成交通工具模型的测试和改进，举行交通工具发布会并反思项目化学习。在该项目中，学生一开始就清楚所学的知识是用来做什么的，学生能清晰地认识到每日的学习要点与项目整体的关系，具体的知识和技能都被结构化、组织化地嵌在驱动性问题之中。

任务：从驱动性问题出发，谈一谈在安排学习计划时，如果学生的反馈与原先的计划冲突较大，你会如何调整学习计划，推动学生继续开展实践活动。

四、引导学生聚焦目标开展真实实践

学生从驱动性问题出发，在开展真实实践过程中，若遇到困难和挑战，可能会逐渐偏离目标，致使后续的活动失去价值和意义。所以在学生开展实践的过程中，教师要善于用多种观察工具了解学生行为及其目的，帮助学生始终聚焦目标。

思考：你知道哪些观察工具？

关键策略

◎用观察工具评估成效，始终聚焦学习目标

教师可以利用白板、思维导图、设计图、提问板、评价表等多种工具进行观察，也可以深入小组，查看学生记录的内容，捕捉学生隐含的想法。同时，教师要善于把握时机。当组内沟通无法解决问题或全班学生对问题理解不够深刻时，教师需要及时介入。比如，如果全班学生对驱动性问题的定义都不清楚时，教师就需要调整进度，停下来做必要的解释。在分享交流环节，教师要以平等的姿态进行引导，让学生相互发现差异，聚焦目标进行充分辩论，解决"冲突"和"争议"。

任务：在实践过程中，当组与组之间的目标偏差比较大时，你会采取什么样的方式让学生主动意识到问题，并且重新聚焦学习目标？

拓展阅读

　　项目化学习主要是以建构主义的学习理论为基础，融入认知理论与统整课程概念所发展出的学习方式，强调以活动项目及问题解决的方式开展学习，成为学生的学习主轴。基于此，对我国中小学教师应用项目化学习提出一些可资借鉴的实施建议。

　　1. 教师应抓住运用项目化学习这一学习方式的初衷和本质。

　　2. 教师在项目设计与实施中承担多重角色。

　　3. 教师应大胆尝试、逐渐放手，循序渐进地增加学生的选择性。

　　4. 教师应重视对驱动性问题的设计。

　　5. 用导入事件引起学生对项目化学习的浓厚兴趣。

　　6. 注重最终作品的公开展示。（王淑娟，2019）

延伸任务

　　尝试围绕你设计的某个驱动性问题，结合本课内容，设计使用该驱动性问题的流程。

　　我的驱动性问题：＿＿＿＿＿＿＿＿＿＿＿＿＿＿＿＿＿。

我是如何使用该驱动性问题的：_____

_____

_____

_____ 。

参考文献

陈志珊，高翔，2020.巧设驱动性问题　提升学生思维能力 [J]. 实验教学与仪器，37（7/8）：114–115.

高潇怡，喻娅妮，2020.关注项目式学习中的驱动性问题 [J]. 中国教师（7）：51–53.

李正军，2011. 巧设驱动性问题　引领科学探究 [J].小学教学研究（25）：54–55.

王荣生，2021. 略述"问题情境"中的探究学习：基于相关译著的考察分析 [J]. 中国教育学刊（3）：71–76，81.

王淑娟，2019. 美国中小学项目式学习：问题、改进与借鉴[J].基础教育课程（11）：70–78.

夏雪梅，2018. 项目化学习设计：学习素养视角下的国际与本土实践 [M]. 北京：教育科学出版社 .

夏雪梅，2020. 项目化学习的实施：学习素养视角下的中国建构 [M]. 北京：教育科学出版社.

张玮逸，刘徽，2020.项目化学习中驱动性问题设计的三种导向 [J]. 上海教育（26）：34–37.

钟启泉，2021.深度学习：课堂转型的标识 [J]. 全球教育展望，50（1）：14–33.

Condliffe B，Quint J，Visher M G，et al.，2017. Project-Based Learning：A Literature Review [J]. MDRC（10）：1–78.

Larmer J，Mergendoller J，Boss S，2015. Setting the Standard for Project Based Learning：A Proven Approach to Rigorous Classroom Instruction [M]. ASCD：44–46.

Thomas W，2000. A Review of Research on Project-Based Learning [R]. San Rafael，CA：The Autodest Foundation.

浙江省教育厅教研室　组织研制

张　丰　管光海　总主编

项目化学习
慕课研修手册

本册主编 / 卢夏萍

如何基于驱动性问题设计项目任务

RUHE JIYU QUDONGXING WENTI
SHEJI XIANGMU RENWU

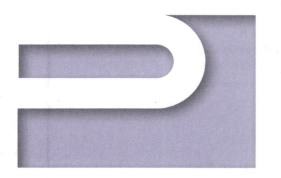
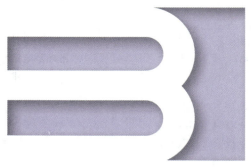

教育科学出版社
·北京·

出版人 李 东
策划编辑 池春燕 殷 欢
项目统筹 殷 欢
责任编辑 代周阳
版式设计 锋尚设计 孙欢欢
责任校对 翁婷婷
责任印制 叶小峰

图书在版编目（CIP）数据

如何基于驱动性问题设计项目任务 / 卢夏萍主编；浙
江省教育厅教研室组织研制 . — 北京：教育科学出版社，
2022.1（2025.1 重印）
（项目化学习慕课研修手册：9 册套装 / 张丰，管光海
总主编）
ISBN 978-7-5191-2840-1

Ⅰ . ①如… Ⅱ . ①卢… ②浙… Ⅲ . ①教学设计—研
究—中小学 Ⅳ . ① G632.0

中国版本图书馆 CIP 数据核字（2021）第 234414 号

出 版 发 行 教育科学出版社
社 址 北京·朝阳区安慧北里安园甲 9 号 邮 编 100101
总编室电话 010-64981290 编辑部电话 010-64989422
出版部电话 010-64989487 市场部电话 010-64989009
传 真 010-64891796 网 址 http://www.esph.com.cn

经 销 各地新华书店
制 作 北京锋尚制版有限公司
印 刷 北京市大天乐投资管理有限公司
开 本 889 毫米 ×1194 毫米 1/20 版 次 2022 年 1 月第 1 版
印 张 34.6 印 次 2025 年 1 月第 4 次印刷
字 数 270 千 定 价 248.00 元（全 9 册）

图书出现印装质量问题，本社负责调换。

编委会

总　主　编： 张　丰　管光海

本册主编： 卢夏萍

参　编　者： 朱雅萍　蒋青青　张明臣

邱玲玉　徐丽娜　韩　桢

齐　爽　黄　晨

目录

码 上 学 习

扫码进入本书慕课

前言

项目化学习：教师研修的学习设计

《中共中央 国务院关于深化教育教学改革全面提高义务教育质量的意见》指出："着力培养认知能力，促进思维发展，激发创新意识。……探索基于学科的课程综合化教学，开展研究型、项目化、合作式学习。"项目化学习正是综合体现上述精神的学习活动。它既是落实跨学科学习的重要形式，也是改进学科教学的新的突破口。浙江省自 2016 年启动 STEAM 教育探索以来，逐渐聚焦项目化学习。2020 年，浙江省教育厅教研室策划开展"防疫情"项目化学习案例征集、"项目化学习网络公开课"、"项目化学习博览会"等系列活动，奏响了项目化学习推进"三部曲"。

"项目化学习网络公开课"是一次组织严密、专业深入、参与面广、关注度高的教研活动，其目的是让老师们有机会解构多类型的项目化学习与指导的过程。活动前期，我们先就项目化学习关键要素进行研究，提炼

了素养导向、真实情境、真实实践、高阶认知和真实评价等要素，然后面向全省征集展示项目，要求参展项目充分体现这些关键要素，且是学校已经实施过、较为成熟、具有推广价值的项目。最终确定的各具特色的 8 个项目于 2020 年 9 月 21—25 日通过中国教研网进行了为期一周的现场直播展示。这是浙江省聚焦项目化学习，探索素养立意的新学习形态的标志性活动。8 所展示学校均建构了较为成熟的项目化学习活动组织与指导模式，为全省乃至全国项目化学习的推广提供参考，为项目化学习的推进奠定基础。本次活动完整保留了 8 个项目的现场资料，包括教学课件、教学设计、课程资源包、学生学习手册、教师观课手册、直播视频等。这些资料弥足珍贵，也是研究项目化学习设计与实施的有效素材。

项目化学习慕课的开发创意源于基于网络公开课的项目化学习校本研修。此前，老师们要用 10 余个小时才能看完一个完整的项目。如何提高教师研修的效率？如何给教师更有针对性的引导？我们选择了 3 个较为典型的项目（分别体现课程标准、有效合作、设计思维），以项目进程为序，以关键要点为纲设计 5—7 节微课，结合视频讲解或提示，帮助教师准确有效地理解项目化学习设计与实施的方法要领。不过，对初级入门的教师来说，光

看典型项目剖析还不够，还需要建立起对项目化学习的整体理解，以及对关键问题的准确把握。于是，我们通过文献研究以及对一线教师的需求分析，确定了 6 个项目化学习设计与实施的关键问题，开发相应的慕课，涉及主题包括驱动性问题、项目任务、高阶思维、学习支架、组织策略、评价量表等，最终形成第一系列"聚焦关键问题的项目化学习慕课"（6 门），以及第二系列"基于典型案例的项目化学习慕课"（3 门），共有微课 43 节。

《项目化学习慕课研修手册》（以下简称《研修手册》）的开发启动于 2021 年 3 月。我们于 6 月底完成慕课测试版上线，10 月底完成慕课修订与《研修手册》的编写，短短半年的开发过程也一样经历了确定研修主题、研发研修课程纲要、分析网络公开课视频、拍摄慕课、研制《研修手册》以及建设配套资源等多个细致环节。

此次出版的项目化学习套装产品包括上述两个系列的 9 门慕课以及相配套的 9 本研修手册，构成"资源 + 支架"的学习设计。具体如下。

第一系列：聚焦关键问题的项目化学习慕课

慕课 1——"如何设计驱动性问题"（含研修手册，下同）。包括驱动

性问题的含义、类型、特点、设计及使用，系统梳理了驱动性问题的设计要点。

慕课2——"如何基于驱动性问题设计项目任务"。包括任务及任务的类型、核心任务的标准、核心任务的设计、支持性活动的设计、任务管理的设计，阐述了驱动性问题、核心任务、支持性活动三者之间的关联以及核心任务、支持性活动的设计方法。

慕课3——"如何培养学生的高阶思维"。以布卢姆教育目标分类学中的高阶思维为参考，在总体介绍判断认知层级的两种常见方法的基础上，具体介绍分析、评价、创造三种高阶思维的概念内涵及培养策略。

慕课4——"项目化学习中的学习支架"。介绍了学习支架的来源、定义、类型，并结合项目启动、实施、成果展示三个阶段说明不同支架的作用、使用流程、操作要点等。

慕课5——"项目化学习的组织策略"。介绍了组织策略的分类，并提供了10余个组织策略的基本概念、使用方法、操作流程等。

慕课6——"项目化学习评价量表的设计与应用"。介绍了项目化学习中表现性评价量表的结构、维度、尺度等的设计与应用。

第二系列：基于典型案例的项目化学习慕课

慕课 7——"智能门禁系统的设计与制作——基于课程标准的项目化学习"。以智能门禁系统的设计与制作为例，介绍了基于课程标准设计项目、设计驱动性问题、创设学习任务、提供支持性活动、成果展示与交流、项目管理六个方面的内容。

慕课 8——"交通工具狂想曲——基于有效合作的项目化学习"。以交通工具的设计为例，介绍了驱动性问题的提出、拼图合作学习的组织、项目产品的有效设计与改进、模型的制作与测试、学习成果的展示与评价五个方面的内容。

慕课 9——"婴儿产品改进设计——基于设计思维的项目化学习"。以婴儿产品改进设计为例，探索基于设计思维的项目化学习如何开展，将设计思维的内涵、价值嵌入项目化学习中，呈现了基于设计思维的项目化学习开展过程中教师的具体指导策略与方法。

在《研修手册》中，每一课都设置了"学习地图""研修目标""核心概念""课程内容""拓展阅读""延伸任务"六大板块，在课程内容部分还设置了"思考""任务"等小栏目，为研修者提供引导任务与思维支架。

综合来看，本套《研修手册》有以下三个方面的特点。

一是注重理例结合。9门慕课及相配套的研修手册以项目化学习的设计与实施为主线，围绕教师项目化学习实践的关键问题，结合真实课例进行阐释与分析。读者无论从第一系列的关键问题切入，还是从第二系列的典型案例开始，都能从理例结合的辅导中掌握项目化学习实践的方法与要义。

二是注重任务驱动。成年人的学习应该是结合实践的反思与体验，光阅读与观看未必能形成真正的能力。本套《研修手册》十分注重读者参与的交互性设计，读者在阅读研修手册、观看慕课视频的同时，可随着主题引导下循序渐进的任务，经历思考与探索的过程，在反思与体验中自然进步。

三是注重过程生成。本套《研修手册》基于实践开发，汇集了一线教师项目化学习实践中关心的问题、解决问题的方法。这些问题与方法并不是静态的知识，它们能为进一步发现问题、提出解决方法提供对话和探究的基础。如果你还没有经历项目化学习实践，阅读本套《研修手册》可以了解实践中的问题并思考更多问题；如果你已经是项目化学习的实践者，阅读这套

书可能会有很多的共鸣，并不断思考自己在实践中的解决方案。

　　本套《研修手册》是基层教研员与骨干教师协作完成的作品。慕课1、慕课2由浙江省杭州市拱墅区教育研究院卢夏萍主持，慕课3、慕课4、慕课5由杭州市上城区教育学院汪湖瑛主持，慕课6由杭州市拱墅区教育研究院狄海鸣主持，慕课7由温州市实验中学徐墨涵主持，慕课8由杭州市卖鱼桥小学郭红梅主持，慕课9由杭州绿城育华亲亲学校陆颖主持。参与慕课开发与手册研制的老师多达69名。浙江省教育厅教研室管光海博士负责产品的整体规划与全程指导。杭州绿城育华亲亲学校蔡文艺、杭州市上城区教育评估与监测中心冯娉婷参与了样章的研制工作。感谢同志们高效、创造性的劳动，感谢教育科学出版社教师教育编辑部编辑们的慧眼与巧笔，让我们携手又为项目化学习的推进提供了灵动与实在的新资源。

　　限于能力与视野，慕课与手册中肯定还有一些不足之处，敬请读者批评指正。

张　丰

2021 年 10 月 26 日

第一课

任务及任务
的类型

📖 学习地图

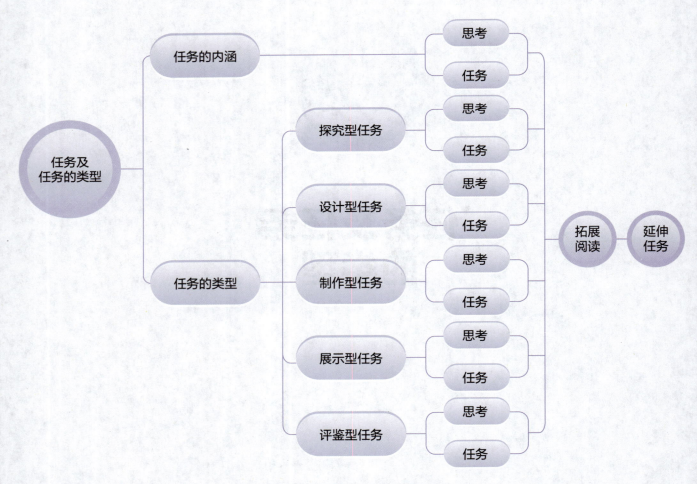

图 1-1　第一课学习地图

🎯 研修目标

① 能够清楚地说出任务的内涵、核心任务与非核心任务之间的区别。

② 能够判断任务的几种常见类型。

③ 能够根据驱动性问题设计合适的任务类型。

📖 核心概念

任务　学习者在解决问题过程中完成的活动或者行动。在完成任务的同时学习者能够对自己的思考过程进行控制和调整。一个任务可能有多个环节或步骤。

核心任务　指沿着项目主线，为解决驱动性问题而进行的活动。（管光海 等，2019）。

支持性活动　指为解决问题提供支持的辅助活动，这种辅助包括团队合作、工程设计过程指导、相关知识准备等。

任务的分类　根据项目化学习的实践特点和目标，可以将任务分为探究型任务、设计型任务、制作型任务、展示型任务、评鉴型任务。

课程内容

一、任务的内涵

任务是学习者在解决问题过程中完成的活动或者行动。这里的学习任务是一个较为宽泛的词，但必须具备一定的特征。任务的本质是活动，并具有一定的目标指向。在项目化学习中，任务通常可以分为两种。

第一种是核心任务。核心任务是指沿着项目主线，为解决驱动性问题而进行的活动。这类任务围绕驱动性问题而展开，将驱动性问题分解成多个有学习逻辑关系或者知识链关系的学习活动。每个学习活动具有目标性、限制性，最终为解决驱动性问题服务。

在"交通工具狂想曲"项目中，学生观察当时的交通情况，发现"交通拥堵"和"交通污染"两个主要问题，小组围绕这两个交通问题的解决展开讨论并进行设计。在这个过程中，学生基于该问题不断思考、设计、制作，完成专家组学习、方案设计、实践制作、交流展示、评价等一系列核心任务，最终各小组设计出能解决驱动性问题的产品。（可观看项目化学习慕课 2-1）

思考：项目化学习中的"任务"与传统学习中的"任务"有什么异同点？

任务：以你所在学校曾经实施过的某一个项目为例，梳理该项目中设计了哪些任务。

　　第二种是非核心任务，也可以理解为支持性活动。支持性活动指为解决问题提供支持的辅助活动。通常在学习知识、技能、方法，促进合作等方面发挥支持功能。

思考：在项目化学习中，任务与核心任务应该如何设计？设计的标准是什么？

任务：请梳理项目化学习中核心任务与支持性活动之间的关系。

二、任务的类型

　　依据不同的标准，项目化学习中的任务可以有不同的分类。根据项目化学习的实践特点和目标可以将任务分为探究型任务、设计型任务、制作型任务、展示型任务、评鉴型任务，下面对这五种任务类型展开介绍。

（一）探究型任务

探究型任务主要是运用已有知识和技能研究学习或现实生活中的问题，通过资源搜索、整理分析、实地观察、反复测试等方式得到解决问题的方法。探究型任务的目标指向对事物规律的探究，是一种引导学生发现问题、分析问题、解决问题的任务类型。

思考：观看项目化学习慕课 2-1，结合杭州市卖鱼桥小学"交通工具狂想曲"项目的驱动性问题，想一想探究型任务的设计意义是什么。

任务：请结合你所授学科的某一个知识点，设计一个探究型任务。

（二）设计型任务

学生在经历探究任务的过程并发现规律以后，基于解决问题的目标，考虑各类因素，调用所需的知识，设计该问题的解决方案，包括产品名称、设计图、功能解释等。设计型任务是指向产品方案的任务类型，是学生将思维内容以书面形式呈现出来的重要一环。

思考：想一想，设计型任务在生成解决方案的过程中需要考虑哪些设计因素？

任务：设计型任务以提出解决方案为目标指向。请你寻找生活中待解决的一个问题，并为该问题设计一个简单的解决方案。

（三）制作型任务

制作型任务是基于产品，合理使用各类工具、材料，制作符合设计图纸和评价标准的产品模型或真实产品的任务类型。制作型任务指向产品，重点关注学生实践操作的过程，是培养学生使用工具、操作设备、运用材料能力的重要途径，也是实现将理论转化为实际应用的有效任务类型。

思考：观看项目化学习慕课 2-1 "入侵检测报警装置" 项目学生操作片段，想一想，在制作型任务实施过程中，教师扮演了什么角色？

任务：请基于你所完成的设计型任务，根据设计，制作一个简单的产品模型。

（四）展示型任务

通过运用语言文字交流、汇报、表演等形式进行展示。该类型任务旨在培养学生的情感态度与价值观，丰富学生的活动经历、现场体验等。在项目化学习活动中，展示型任务几乎贯串整个活动过程。展示型任务的目标指向观点、知识、作品的呈现和阐述，是项目化学习活动中对外输出的重要一环。

思考：观看项目化学习慕课 2-1，结合 "交通工具狂想曲" 项目中学

生交流的视频片段，想一想，展示型任务可能出现在项目化学习过程的哪些环节？

📝 任务：请根据你制作的产品模型，设计一个展示方案。展示形式可以多样，介绍性文字、广告脚本、海报等都可使用。

（五）评鉴型任务

项目化学习中，在呈现设计图、产品、展示方案等之后，学生根据评价指标、量表，对学习过程中的表现、能力和产品的质量、性能等进行评价，这就属于评鉴型任务。评鉴的方式应多样，维度应多元，鼓励评鉴主体广泛参与。评鉴型任务的目标指向学习反思，学生通过评鉴他人展开批判性思考，也能通过具体的评鉴活动提升自我认知能力。

❓ 思考：在项目展示过程中，如何帮助学生开展更加科学合理、精准细致、全面专业的评鉴交流活动？

📝 任务：在评鉴过程中，请指出可以从哪些方面评价学习产品的质量。

🔍 拓展阅读

问题是劣构的、变化的、开放的、综合的、合作的……，而项目是未来真实世界的典型形态，项目往往是劣构的，在了解客户需求的基础上给出专业的建议，确定合理的目标；寻求各种资源，探索达成的路径；项目往往是一个长期的复杂任务，会受到外部世界的各种影响，因此应对变化成为常态，需要不断进行调整。（刘徽，2019）

基于项目学习的设计思维培养阶段重在让学生通过项目合作的方式获得设计思维能力，而面向设计思维的课程设计学习阶段则是引导学生切换教师身份，将已获得的设计思维能力应用于课堂设计，同时学习和掌握培养其教学对象的设计思维的方法和过程。（千梦圆，2021）

一个高质量的项目化学习应该满足五个典型的核心要素，即真实的驱动性问题、有持续的探究与实践、指向核心知识的再建构和思维的迁移、公开成果的展示和多元的评价。

项目化学习评价的一个核心是客观真实地评价学习者在项目中体现的核心概念迁移能力以及问题解决能力，将学生对实际问题的解决过程和方法作为考查对象，聚焦应用、数据分析、建模和制订方案等高阶认知目标。（王云，2021）

延伸任务

　　根据你对五种任务类型的认识，请你为自己目前正在实施的项目或将要实施的项目设计合适的任务类型。

　　我正在实施或将要实施的项目：＿＿＿＿＿＿＿＿＿＿＿＿＿＿＿＿＿＿。

　　我设计的任务类型有：＿＿＿＿＿＿＿＿＿＿＿＿＿＿＿＿＿＿＿＿＿＿＿。

　　我在此项目中是这样设计任务的：＿＿＿＿＿＿＿＿＿＿＿＿＿＿＿＿＿＿

　　＿＿＿＿＿＿＿＿＿＿＿＿＿＿＿＿＿＿＿＿＿＿＿＿＿＿＿＿＿＿＿＿＿。

第二课

核心任务的标准

学习地图

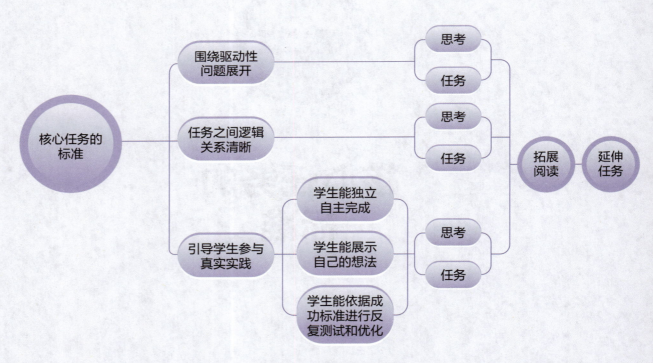

图 2-1　第二课学习地图

🎯 研修目标

❶ 掌握核心任务的标准。

❷ 学会分析项目中的任务是否为核心任务。

📖 核心概念

真实实践 让学生像专家一样思考并解决问题，为学生提供资源、条件和团队合作的机会，推动学生有效实践。

📝 课程内容

核心任务的标准

基于对任务的理解、对任务类型的认识、对任务功能的把握，进一步思考核心任务应该具备哪些标准。

（一）围绕驱动性问题展开

项目化学习强调让学生围绕真实而有意义的驱动性问题展开一系列探究活动。要让"学生的学"真正落地，必须研究指向驱动性问题的学习任务的设计和实施。

首先，核心任务要能够解决驱动性问题。学生通过完成一系列任务，完成方案、建模、演讲或展示等，展示出不同的学习成果。

其次，核心任务立足于学习目标，贴近学生的最近发展区，任务内容简约、清晰，学生有能力完成该任务。

最后，核心任务要建立明确清晰的成功标准和评价机制，使学生的学习成果可观、可测。学生知道任务成功要做些什么；教师也能对学生的任务完成情况做出评价，了解学生的掌握情况。

如在"交通工具狂想曲"项目中，教师以"如何设计一款经济环保的有利于低碳出行、减少拥堵的未来交通工具"为驱动性问题。为解决该驱动性问题，教师设计了以下五大任务（见图2-2）。

学习交通工具设计　　　　　完成交通工具模型的
需要具备的知识和技能　　　测试和改进

分析交通工具设计　　　进行交通工具的　　　举行交通工具产品发布会并
需要考虑的因素　　　　设计和模型制作　　　反思项目化学习过程

图2-2 "交通工具狂想曲"项目任务图

学生在该任务中通过设计图纸、制作模型、测试模型、迭代改进，最终制作出了符合评价标准的交通工具，各个任务与驱动性问题密切相关，完成了这些任务后，驱动性问题迎刃而解。

各个任务均立足于学习目标，且在学生完成能力范围内。此外，该项目通过学生手册、投票颁奖、评价量表三种方式对学生的学习进行评价。经过产品的终端检测和产品验收（小车行驶测试、抗风测试、防雨测试和载人测试）以及举办产品推广会（学生从动力、结构、外观、品牌、成本五方面介绍交通工具的亮点），师生之间相互观摩并根据评价量表选出最佳作品奖、最佳合作奖等。经过自评、专家组评、拼图组评，最终评选出五名最佳设计师。

思考：上述项目中五大任务与驱动性问题之间有哪些联系？

任务：请基于"如何设计制作一款有利于清理桌面橡皮屑的简易手持吸尘器"这一驱动性问题，设计项目任务。

（二）任务之间逻辑关系清晰

任务的设计要前后关联，层层深入，由驱动性问题出发，设置多个任务，这些任务构成一串任务链，使整个学习过程呈阶梯式层层推进，任务之间的逻辑关系清晰明确，使学生明确各任务要求。完成任

务的过程就是有序解决驱动性问题的过程。

观看项目化学习慕课2-2，在"生态小水池·智慧大未来"项目中，为解决驱动性问题"如何利用智慧技术来改造校园生态水池"，教师设计了以下四个任务（见图2-3）：

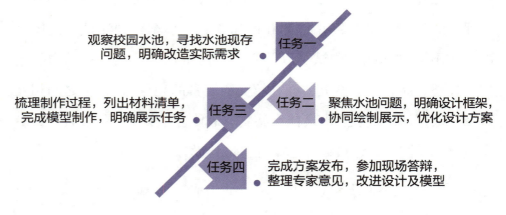

观察校园水池，寻找水池现存问题，明确改造实际需求　任务一

梳理制作过程，列出材料清单，完成模型制作，明确展示任务　任务三　任务二　聚焦水池问题，明确设计框架，协同绘制展示，优化设计方案

任务四　完成方案发布，参加现场答辩，整理专家意见，改进设计及模型

图2-3 "生态小水池·智慧大未来"项目任务图

其中任务一给学生提供问题情境，学生通过采访、收集信息，以角色扮演的形式，了解各种角色对校园水池现存问题及改造的看法。接着，任务二学生就"利用智慧技术来改造校园生态水池"设计方案，绘制设计图。经评价、改进设计图后，开始任务三——建模测试。最后，任务四学生展示模型，汇报交流，接受专家问答评价。纵观整个项目，各个任务之间呈线性逻辑关系，任务之间相互联系，层

层递进，环环相扣。

🤔 思考：请根据上述项目中的四个任务，思考这几个任务之间有怎样的逻辑关系。

📝 任务：通过本环节的学习，请针对基于"如何设计制作一款有利于清理桌面橡皮屑的简易手持吸尘器"这一驱动性问题设计的项目任务，梳理任务之间的逻辑关系，并改进任务设计。

（三）引导学生参与真实实践

核心任务要让学生经历真实实践。学生通过学习，最终围绕真问题展开真实践，获得真发展。

观看项目化学习慕课 2-2，以杭州市卖鱼桥小学的"交通工具狂想曲"项目为例，引导学生参与真实实践的核心任务应该满足以下几点要求（见图 2-4）。

❶ 学生能独立自主完成

这里的独立完成指学生自己完成，依据任务需要，可以是个人完成，也可以小组合作完成。在"交通工具狂想曲"项目中，继驱动性问题之后，提出任务"学习交通工具设计需要具备的知识和技能"。学生以拼图合作学习形式展开，学习相关知识和技能。学生在此过程

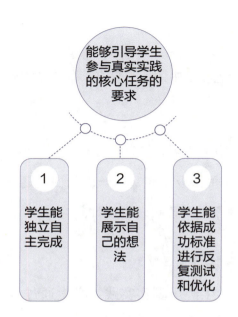

图 2-4 能引导学生参与真实实践的
核心任务应该满足的要求

中先在专家组完成学习，再将学习所得带回拼图组进行分享。学生只有进行了真学习后，才能将学习所得真正转化成自己的知识，并分享给同伴。

❷ 学生能展示自己的想法

真正的实践应该是学生能够在完成任务的过程中，按照自己的想法解决问题。当小组进入任务三实现交通工具的设计和模型制作时，每个小组都有自己的想法，拼图组学完知识后，利用所学知识和自己的想法，设计出未来的交通工具。最终在展示的过程中，我们发现各小组都围绕着未来交通工具完成制作，并且每个产品都不一样。

❸ 学生能依据成功标准进行反复测试和优化

真正的实践应该有明确的标准，学生会根据成功标准不断地对产品进行调试，自发迭代改进。在展示产品后，学生发现问题，并能提出改进意见，这就是真实实践。

因此，核心任务能引导学生发挥自己的能力，实现自己的想法，小组合作或独立完成项目，并能在项目实施过程中不断依据成功标准优化迭代产品，即学生能参与真正的实践。

思考：结合教学经验，思考能够引导学生参与真实实践的核心任务需要满足哪些要求。

任务：针对基于"如何设计制作一款有利于清理桌面橡皮屑的简易手持吸尘器"这一驱动性问题而改进的项目任务，判断这些任务是否满足"引导学生参与真实实践"这一标准，并做出改进。

拓展阅读

梳理任务规划与项目框架

2018 年，我们提出了 STEM（Science，Technology，Engineering，and Mathematics）教学中的两类学习任务。一是核心任务，指沿着项目主线，为解决项目提出的问题而进行的活动；二是支持性活动，指为解决问题提供支持的辅助活动，这种辅助包括团队合作、工程设计过程引导、相关知识准备等。在《STEM 学习项目与指导策略》中我们进一步进行梳理，每个项目都呈现了任务规划与项目框架。任务规划包括子任务、每天学习任务、学习要点及与项目整体的关系。项目框架呈现了项目主线和教学主线两条逻辑线。项目主线呈现核心任务；教学主线指实际教学的环节，既包括核心任务，也包括支持性活动。通过梳理，让读者清晰地看到各任务之间的逻辑关系。

延伸任务

杭州市西湖风景名胜区是国家 AAAAA 级旅游景区，世界各地游客慕名而来。但是游览西湖存在许多不便捷的地方，如大件行李无处存放、节假日人群拥挤、厕所供求紧张等，如何减少游览西湖的阻力，问题解决已刻不容缓。请你根据这个情境，提炼出驱动性问题，并围绕此问题设计任务。

第三课

核心任务的设计

📖 学习地图

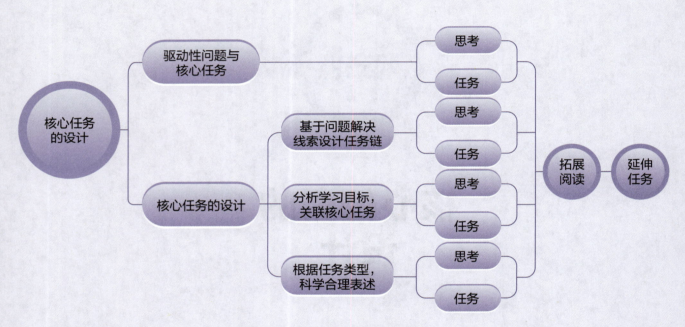

图 3-1　第三课学习地图

🎯 研修目标

❶ 知道基于驱动性问题设计核心任务的基本方法。

❷ 能根据具体的驱动性问题设计合适的任务链并进行科学合理的表述。

📖 核心概念

任务链　基于驱动性问题设计出来的、指向驱动性问题解决的一系列任务。

📝 课程内容

一、驱动性问题与核心任务

核心任务的设计要围绕驱动性问题展开。驱动性问题是项目活动的核心，贯串整个项目活动。核心任务则是为了解决驱动性问题而设计的分解任务，任务的达成最终指向驱动性问题的解决。在一个项目活动中有很多任务，但不是所有任务都是核心任务，有的任务是支持性活动，是为核心任务的顺利开展服务的。驱动性问题与核心任务之

间的关系如图 3-2 所示。

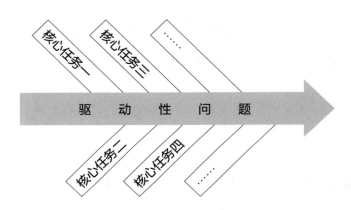

图 3-2　驱动性问题与核心任务关系图

思考：驱动性问题与核心任务之间的关系是怎样的？项目学习中的所有任务都是核心任务吗？

任务：请设计一个项目，设定驱动性问题，并设计至少三个核心任务来解决这个驱动性问题。

二、核心任务的设计

（一）基于问题解决线索设计任务链

驱动性问题是一个真实情境下的问题，而好任务的首要标准就是要围绕驱动性问题展开。因此，我们在设计核心任务时就应该按照解决问题的线索，把驱动性问题拆解成一个个核心任务，而不是按照我们的学科教学逻辑来设计。

以温州市实验中学的"智能门禁系统的设计与制作"项目为例（可观看项目化学习慕课 2-3），具体阐述如何基于问题解决的逻辑来设计核心任务链。此项目的驱动性问题是如何制作一个与真实办公室门功能一样、等比例缩小的门禁系统模型。根据现实中工程设计的流程，要制作一个门禁系统，首先应该学会做一扇门，然后使门禁系统能够自行供电，还要使这扇门在里面和外面能同时控制，再升级到这扇门能自动关闭。根据这样的逻辑，该项目被分解成了以下若干任务（见图 3-3）。

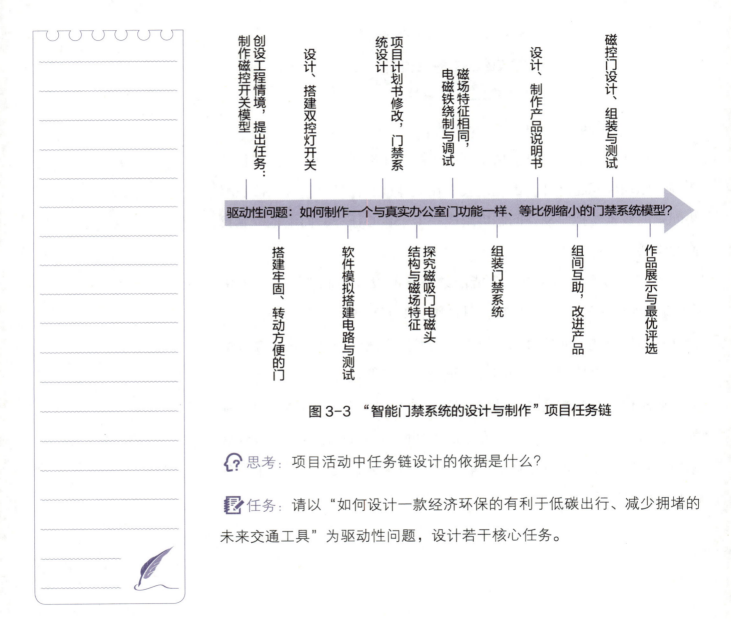

图 3-3 "智能门禁系统的设计与制作"项目任务链

思考：项目活动中任务链设计的依据是什么？

任务：请以"如何设计一款经济环保的有利于低碳出行、减少拥堵的未来交通工具"为驱动性问题，设计若干核心任务。

（二）分析学习目标，关联核心任务

好的驱动性问题实质上是一个富有情境性的核心问题，它指向若干学科的核心知识。解决驱动性问题的过程就是相关学科的核心知识在情境中再建构与创造的过程。因此，在设计核心任务时，要将事先预设好的学习目标按照学科逐一拆分，再将各个任务与学科目标进行对应和关联。比如，温州市实验中学的"智能门禁系统的设计与制作"项目依据学习目标进行任务分解（见图 3-4）。

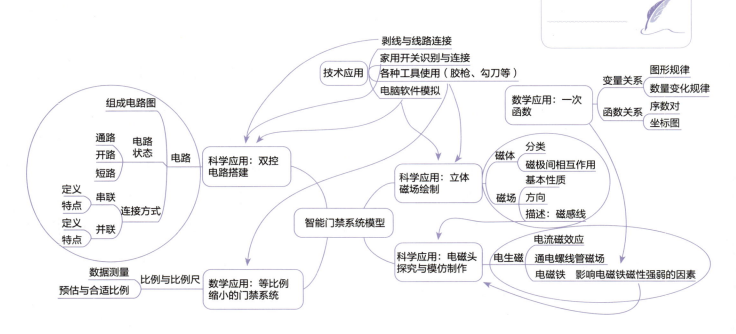

图 3-4　温州市实验中学"智能门禁系统的设计与制作"项目依据学习目标进行的任务分解

思考：如何将学习目标拆解到一个个核心任务中？核心任务之间有怎样的关系？

任务：请依据驱动性问题"如何设计一款经济环保的有利于低碳出行、减少拥堵的未来交通工具"，分析这个项目的学习目标。

（三）根据任务类型，科学合理表述

项目化学习中的任务类型多种多样，有探究型、设计型、制作型、展示型、评鉴型等，要根据任务的不同类型选择合适的方式，将其科学合理地表达出来，促进学生的理解和内化。

在表达探究型、设计型等任务时，除了清楚阐明学生活动的目标之外，要求可以开放一些，给学生充分的思考和想象的空间。比如，"智能门禁系统的设计与制作"项目的第三个任务是根据教师提供的电路图和电路元件符号表，用软件模拟搭建电路实物。这是一个探究型任务，教师在表述时比较开放，清楚阐述了任务要求，但没有提供任何思路和提示，只是给学生提供了充足的探究材料，如电路元件符号表、电路图、电脑软件等。这样能够让学生充分发挥主观能动性，体现探究的意义。

在布置制作型等任务时，要将要求细化，明确产品与知识间的联系。比如，"智能门禁系统的设计与制作"项目的第一个任务是搭建

一扇牢固、转动方便的门。教师在表述这个任务时，对成品提出了具体要求，这扇门要牢固而且能自由转动，帮助学生明确了任务达成的标准，同时还提出了两个支架性问题：第一，门由哪些部件组成？第二，门为什么能自由转动？教师通过支架性问题引导学生思考关于门的相关知识和制作要点。

在布置评鉴型和展示型等任务时，要给出明确的指向，让学生明白自己表达、评判的重点。比如，"智能门禁系统的设计与制作"项目的最后一个任务是进行产品展览，这是一个展示型和评鉴型融合的任务。教师在描述任务时，详细向学生解释了产品展览会中需要展示的内容、展览的形式、注意事项等，还特别强调了产品说明书的制作内容。在解释投票环节时，教师详细地说明了评选的规则。

思考： 如何在项目活动中清楚表达任务？

任务： 请根据设计的任务链，科学合理地表述相关任务。

虽然在本课中我们是按照任务链的设计、如何关联学习目标和核心任务以及任务的表述等的顺序依次进行阐述的，但是实际上核心任务设计是一个互动过程，以上几个方面的思考是可以同时进行的，并无严格的先后顺序。在项目化学习的实施过程中，可以根据不同的学情，对任务进行相应调整。任务设计是一个不断更新和迭代的过程。

拓展阅读

项目化学习设计的阶段

巴克教育研究所将项目化学习大体分为四个阶段：引入阶段、建构知识和技能阶段、作品完成阶段、作品呈现阶段。

在国际小学课程（International Primary Curriculum，简称 IPC）中，项目化学习的阶段有六个：启动、背景知识研究、解释主题、研究活动、记录活动、退出。

夏雪梅博士提出项目化学习可以按照六个阶段展开：

1. 入项活动。入项活动的主要目的是通过真实或模拟的情境让学生对主题学习产生浓厚的兴趣或认知冲突，提出驱动性问题。

2. 知识与能力建构。这个阶段的主要目的是让学生建立与以往所学知识或已有经验的关联，探索问题和已有知识、将要学习的核心知识间的联系。

3. 探索与形成成果。组成项目小组，形成探索问题解决的路径和初步成果。

4. 评论与修订。项目小组接受教师、同伴或外部专家的建议与评价，也对他人的成果进行评价，修订成果。

5. 公开成果。举办项目化学习成果展，邀请相关人员参与。让学生有仪式感和获得感。

6. 反思与迁移。反思活动过程中的各类实践和目标达成情况，分享在类似情境中迁移的实例。（夏雪梅，2018）

延伸任务

请根据驱动性问题"如何根据学校现有场馆的优缺点，设计一个与现实等比例缩小的、适合学生活动的多功能场所模型"，设计至少三个相互关联的任务，并写出适合在课堂上向六年级学生阐述的对任务的描述性语句。

第四课

支持性活动的设计

学习地图

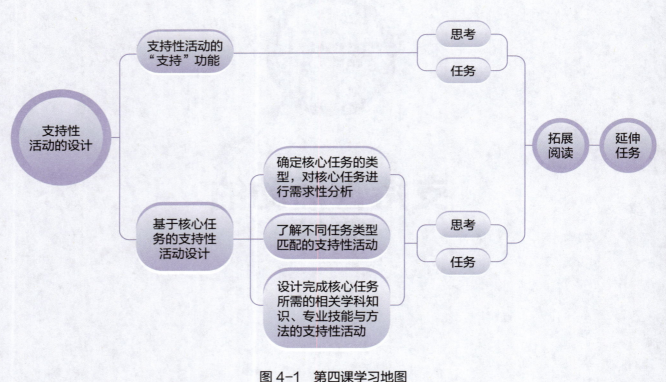

图 4-1　第四课学习地图

🎯 研修目标

❶ 知道基于核心任务设计支持性活动的基本流程。

❷ 能够根据核心任务分析出对支持性活动的需求。

❸ 根据核心任务的需求设计恰当的支持性活动。

📖 核心概念

学习工具 本意指辅助学习的工具，本书中学习工具指教师专门为辅助学生学习设计的调查问卷、访问提纲、学习单、任务单、思维导图和评价量表等。

📝 课程内容

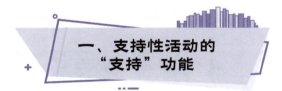

一、支持性活动的"支持"功能

当完成核心任务所需的知识、技能、方法与学生当前的知识、技能、方法存在差距时，教师需要设计支持性活动来帮助学生补齐短板，支持学生具备完成核心任务的条件，从而进一步推动驱动性问题的解决。

　　根据核心任务与支持性活动的关系，支持性活动对核心任务的"支持"功能大致体现在三方面：一是补充完成核心任务所需的相关学科知识，为学生完成核心任务奠定必要的知识基础；二是培养学生完成核心任务所需的专业技能与方法，让学生在完成核心任务时有"技"可施、有"法"可循；三是支持小组合作文化建设，主要形式是开展游戏式小组活动，增强小组成员间的信任度与凝聚力，保障核心任务的完成。其中，游戏式小组活动贯串整个项目，教师依据项目需要设计具有合作功能的支持性活动。

思考： 所有的活动都是支持性活动吗？

任务： 观看项目化学习慕课 2-4，请从杭州市文海实验学校的"未来太空基地建设"项目中任选一个核心任务，将其中开展的支持性活动记录下来，并说明每个支持性活动的作用（见表 4-1）。

表 4-1　支持性活动记录单
核心任务：_____
支持性活动 1：_____　　　　作用：_____；
支持性活动 2：_____　　　　作用：_____；
支持性活动 3：_____　　　　作用：_____；
……

二、基于核心任务的支持性活动设计

基于核心任务设计支持性活动，需要遵循一定的流程和方法。本文结合具体的案例进行说明。

（一）确定核心任务的类型，对核心任务进行需求性分析

支持性活动的"支持"对象是核心任务，我们应当根据核心任务的需求来设计支持性活动。不同的任务类型具有不同的任务性质和特点，确定了任务的类型，支持性活动的设计将更加明确。前面提到，根据项目化学习的实践特点和目标，可以将任务分为探究型任务、设计型任务、制作型任务、展示型任务、评鉴型任务。确认任务类型后要从学科知识、专业技能与方法两个方面简要分析是否需要设计支持性活动。

（二）了解不同任务类型匹配的支持性活动

由于任务性质与特点的差异，不同的任务类型需要的支持性活动也不同。我们从相关学科知识、专业技能与方法两个方面列举了不同任务匹配的支持性活动。如表 4-2 所示。

表 4-2　不同类型的任务及匹配的支持性活动

任务类型	相关学科知识	专业技能与方法
探究型	开展任务探究需要的背景知识	科学探究方法：对比实验法、控制变量法、等效替代法…… 其他方法：调查法、访谈法、观察法、文献研究法……
设计型	设计要素与角度	三视图、线条、图形、立体的画法，阴影的运用
制作型	常见工具的使用常识、材料的认识、审美基础知识	根据材料性质选择合适的制作方法、制作的常规流程、制作成品的多种方式（如木艺雕刻、3D 打印、激光切割等）
展示型	作品的呈现方式（模型、报告、海报、表演、演讲等）	演讲方法、海报设计、PPT 制作
评鉴型	合理的评鉴维度、合理的评述方式、评鉴维度相关的知识	评价的方法、评价工具的使用方法（如借助平板电脑打分）

（三）设计完成核心任务所需的相关学科知识、专业技能与方法的支持性活动

❶ 设计完成核心任务所需的相关学科知识支持性活动

当完成核心任务所需的相关学科知识与学生当前的知识水平存在差距时，需要设计学科知识支持性活动；若学生当前知识水平足以支持其完成核心任务，则无需设计。

❷ 设计完成核心任务所需的专业技能与方法支持性活动

在完成某些特定任务时可能需要一些专业技能与方法，比如设计

型任务可能需要懂得三视图画法、阴影的运用等专业技能。因此，设计支持性活动时应分析核心任务是否需要专业技能与方法：若需要，可提供相关支持性活动；若不需要，则无需设计。

专业技能与方法类的支持性活动专业性比较强，不适合学生自主研究，通常需要教师用实例讲解、亲身示范等方式帮助学生理解。为了帮助学生快速理解与应用专业技能与方法，教师可引入恰当的学习工具，向学生提供解决问题的路径等。

无论是相关学科知识支持性活动还是专业技能与方法支持性活动，在设计时均可考虑引入学习工具，发挥学生的主动性，培养学生的高阶思维。不同任务类型匹配的学习工具如表 4-3 所示。

表 4-3 不同任务类型匹配的学习工具

任务类型	学习工具
探究型	问卷调查表、实验记录单、访谈提纲等
设计型	设计方案所包含的基本要素、设计方案的不同呈现方式等
制作型	工具（材料）任务单、信息筛选记录单、里程碑表、日程表、进度表
展示型	汇报流程、报告的基本格式、演讲的框架
评鉴型	评价量表、KWL（已知—想知—新知）表格、建议与改进记录单

以"未来太空基地建设"项目为例（可观看项目化学习慕课 2-4），该项目的第二个核心任务是"太空站的设计"。"太空站的设

计"属于设计型任务，从学科知识方面来说，学生对此是陌生的，因此需要设计支持性活动。

学生需要分组完成"太空站的设计"任务单，任务单内容包括：太空站包含多少个类型的舱室，每个舱室的名称、面积、体积、作用，太空站准备放置哪些种群以及种群在群落中的角色（生产者、消费者、分解者），种群的大致数量和种群密度。

参加本项目学习的是七年级学生，生态系统、种群、消费者、分解者等知识是八年级和九年级才学习的内容，因此学生并不具备相关知识基础。太空站舱室功能设计对七年级学生来说比较陌生。

基于以上分析，在开展核心任务"太空站的设计"前，教师应设计帮助学生了解太空站舱室和生态系统相关知识的支持性活动。

太空站舱室设计是专业化程度比较高的知识，因此很难通过教师讲解或者学生自主探究获得，专业领域的视频或者动画演示这种直观的方式能够让学生深入浅出地理解相关内容，因此，教师选取了和需求契合度非常高的"月宫一号"视频素材。

生态系统、种群、消费者、分解者等知识是学生即将要学习的，符合学生认知层次，因此，可以让学生自学，教师进行引导与点拨。

教师设计的第一个支持性活动是让学生观看"月宫一号"视频，分享所得。通过观看该视频，学生对生态系统有了初步认识，对一些概念有了自己的理解。教师设计的第二个支持性活动是让学生填写"生态系统"学习任务单，随后教师讲解。学生完成学习任务单之后有一段思考的时间，然后教师讲解生态系统相关知识，加深学生的认识。

通过以上两个活动，学生对太空站的舱室设计和生态系统知识有了基本认识和了解，学习目标属于"理解"层次。但是核心任务利用太空站的舱室设计和生态系统知识设计太空站的学习目标属于"创造"层次，两个目标认知层次跨度较大，学生无法一下子跨越，因此，教师设计了第三个支持性活动——再次观看视频，完成"月宫一号分析报告"和"月宫一号组成部分"任务单，这两张任务单的结构与"太空站的设计"任务单的结构完全一致，旨在提高学生的认知层次。

这三个支持性活动内在逻辑严谨，顺序不可调整：活动一用"月宫一号"视频让学生初步感知，学生借此提出疑惑；活动二学生自学相关知识，试图解答疑惑，教师讲解，解答学生困惑；活动三综合运用活动一和活动二的知识，分析"月宫一号"后填写报告。

此外，通过第二个支持性活动中的"生态系统"学习任务单、第三个支持性活动中的"月宫一号分析报告"和"月宫一号组成部分"任务单等学习工具，梳理了完成任务需要具备的知识，学习工具在支

持性活动中发挥了积极的作用。"太空站的设计"实际上是指太空站的功能设计，任务单已包含设计方案框架，对设计专业方面的技能与方法没有提出明确要求，所以无需设计。

思考：为完成核心任务，需要哪些支持性活动？

任务：

1. 基于理解，阐述基于核心任务设计支持性活动的流程。

2. 试分析"未来太空基地建设"项目中"撰写研究性报告、制造基地模型、制作海报"等任务对支持性活动有哪些需求，请简述理由，并填写表 4-4。（授课对象是七年级学生）

表 4-4　支持性活动需求表
需求 1：_____，理由：_____；
需求 2：_____，理由：_____；
需求 3：_____，理由：_____；
……

通过上述支持性活动的设计过程我们可以发现，基于核心任务设计支持性活动的流程可用图 4-2 表示：

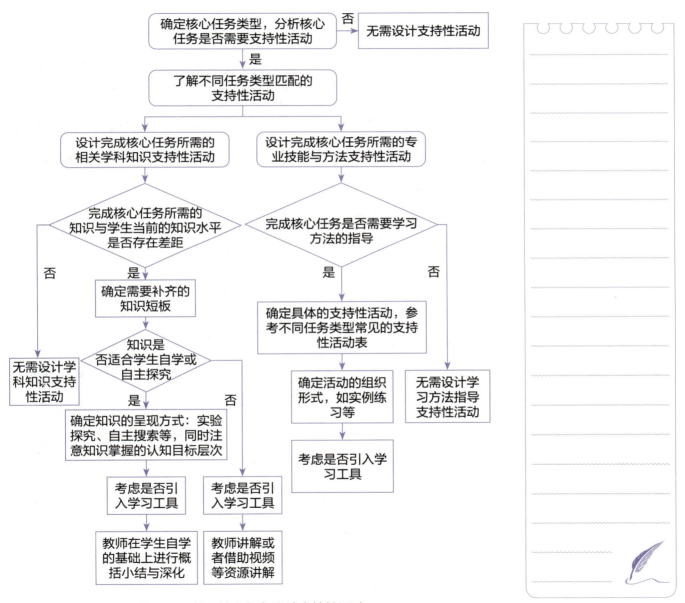

图 4-2 基于核心任务设计支持性活动

拓展阅读

项目化学习支架

支架最初被定义为"为孩子或新手解决问题、执行任务或达到目标提供的帮助，前提条件是没有这些帮助他们难以完成"。……随着教育中技术应用的不断深入，支架在教育研究和学习科学中的意义越来越宽泛，逐渐被等同于支持。支架提供者不仅仅局限于教师或更有能力的他人，还包括技术及其构成的学习环境。

项目化学习支架体现在项目化学习设计和项目化学习过程支持两个维度。项目化学习设计中的支架旨在降低或消除学习者的外部认知负荷，分解内部认知负荷，基于学习者群体的认知水平提供支架。项目化学习过程支持支架旨在从群组或个体层面对学习者的认知活动和元认知状态进行动态诊断与干预，保持适当的认知负荷，促进学习者积极的认知建构活动。

项目化学习设计支架主要以静态支架的形式被嵌入到学习环境中，包括问题设计、内容设计、学习环节设计、认知活动空间设计以及学习过程管理。

项目化学习过程支持支架主要是对学习者认知和元认知的诊断与干预。教师的干预体现在以下方面：（1）同伴交互；（2）反思活动；（3）建模活动。同伴的干预主要体现在以下方面：（1）头脑风暴；（2）参与同伴交互，对互动内容进行反思，提出新的见解；（3）对个人或小组制品进行评论，提出改进建议。（李梅，2019）

延伸任务

从自己的项目中选择一个核心任务，按照基于核心任务设计支持性活动的流程（见表4-5），分析核心任务的需求，设计支持性活动。

表 4-5 支持性活动设计表

项目名称：＿＿＿＿＿＿＿

核心任务：＿＿＿＿＿＿＿

需求 1：＿＿＿＿＿＿＿＿＿＿＿＿＿＿＿＿＿＿＿＿＿＿＿

支持性活动 1：＿＿＿＿＿＿＿＿＿＿＿＿＿＿＿＿＿＿＿＿＿

需求 2：＿＿＿＿＿＿＿＿＿＿＿＿＿＿＿＿＿＿＿＿＿＿＿

支持性活动 2：＿＿＿＿＿＿＿＿＿＿＿＿＿＿＿＿＿＿＿＿＿

需求 3：＿＿＿＿＿＿＿＿＿＿＿＿＿＿＿＿＿＿＿＿＿＿＿

支持性活动 3：＿＿＿＿＿＿＿＿＿＿＿＿＿＿＿＿＿＿＿＿＿

……

第五课

任务管理的设计

学习地图

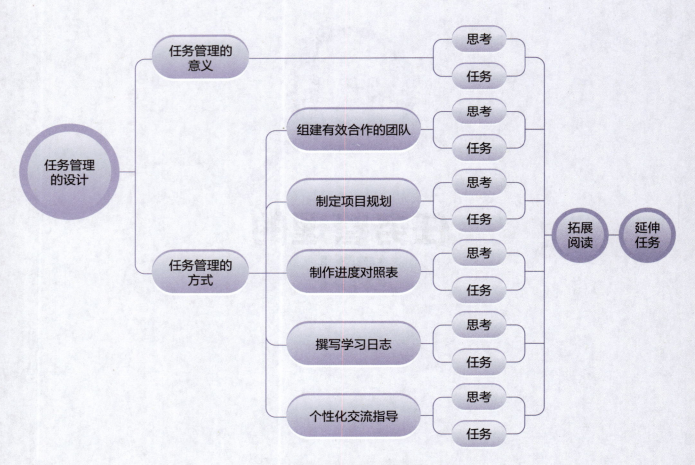

图 5-1　第五课学习地图

研修目标

❶ 能理解任务管理的意义，并形成在项目中重视任务管理的意识。

❷ 能理解并应用多种任务管理的方式。

核心概念

任务管理 通过多种方式控制任务的进程和效果。

项目规划 教师为了如期达成目标，便于学生全面了解项目概况而制作的计划书。

学习日志 学生用来记录任务完成的进度情况，包括解决问题时的困惑与突破、反思失败原因的工具。

课程内容

一、任务管理的意义

项目任务都有规定的完成时间。教师在设计任务时会根据任务的综合特点以及学生的能力水平规定一个较为合理的完成时间。但在任务进行过程中，会有多种因素影响任务的进程及效果。教师需要利用各种合适的时机培养学生自我管理、自我监控的能力，以便用更有条理的方式监督和指导团队，管理任务及项目的进展。（哈勒曼 等，2019）

思考：影响项目进程的因素有哪些？

任务：回忆自己曾经做过的项目（没有项目的可以传统课堂任务代替），思考哪些问题影响了项目的进程，自己又是以什么方式解决的，并填写表 5-1。

表 5-1　影响项目进程的因素及解决方式	
项目描述	
影响进程的问题	解决方式

二、任务管理的方式

（一）组建有效合作的团队

能够有效合作的团队往往能事半功倍。组建一个良好的团队对已经有工作经验的成年人也是一件难事，更何况经验不丰富的学生。因此，学生组建团队要更有规划，同时教师要给予一定的监督，必要时干预。

磨刀不误砍柴工，在项目开始前要花点时间让学生为即将到来的团队工作做好准备。如果团队由彼此不熟悉的学生组建而成，则要先进行团建活动，让学生了解彼此。比如杭州市学军小学的项目"生态小水池·智慧大未来"利用拼图的方法组建全新的小组：学生根据个人喜好抽取图片，能将图片拼成一个完整图形的为一个小组。组建完成后要进行团建游戏活动，以培养学生的团队意识。

组建完团队，没有合作基础的学生要先学习如何进行团队合作。比如在宁波市北仑区绍成小学的"入侵检测报警装置"项目中，教师为学生提炼小组合作要点，指出要"学会倾听、学会表达、学会赞美"，并将具体建议印在了团队活动手册上，便于学生及时查看及回顾（见图 5-2）。

人员分工
团队名称：_____
我的姓名：_____
团队分工：程序编写（　　　）　创意设计（　　　）　材料管理（　　　）
　　　　　制作加工（　　　）　汇报展示（　　　）　其他（　　　）
温馨提示： 在项目化学习过程中，每位同学都有自己的任务和职责，但是各种角色分工并不是长期固定的，组内成员要根据实际情况进行调整，互相帮助，实现小组角色的互换，增进组员间的互动。

小组合作须知

* 学会倾听

　　1. 认真倾听别人讲话，不随意打断别人讲话。2. 他人发言时请注视说话人，自己发言时也请注视倾听你的人，发言时可以合理运用肢体语言和面部表情。3. 认真聆听，并记住关键细节，不理解的地方向人请教；在别人讲完后，有不同意见的可以和他人交流。4. 围绕主题清晰地阐述发言者的论述。

* 学会表达

　　我认为……

　　我同意 ×× 的观点，因为……

　　我有一个不同的想法，因为……

　　我同意你的观点，因为……

　　我有一个问题，关于……

　　我发现……

　　我认为……会发生，因为……

　　今天我学到了……

> *** 发声音量控制**
> 0——安静
> 1——轻声对某人说话
> 2——组内交流，不影响其他组的交流
> 3——个人对着全班同学发言，声音响亮，但是不能叫喊
> 4——室外活动，音量可以更大一些

* 学会赞美

　　认同别人的设计时，大方地说一句："你真棒！"

　　当个人意见与小组意见不一致时，不要急于反驳，也不要盲目顺从，要倾听一下他人的想法，然后思考一下，再表述自己的想法，从而做出正确的判断。

　　制作过程中如有同学操作失误，不要急于批评，请先说一声"没关系，我帮你"。项目化学习结束时，记得对自己的伙伴说一句赞美的话："我觉得你在（　　　　）中表现得非常棒！"

图 5-2　小组合作要点

有了合作基础后，给学生充分的讨论时间，以项目特色为基础进行团队文化建设，并且根据个人的特长进行没有人员遗漏的团队分工，每项分工的具体职责必须有明确的规定，职责之间不能相互矛盾。比如杭州市卖鱼桥小学"交通工具狂想曲"项目中，学生的分工及职责就与项目主题相得益彰。

- 动力设计师　研究电能动力大小的影响因素。
- 结构设计师　了解汽车的空间结构，绘制汽车空间设计图。
- 外观设计师　了解制作汽车外观可用的材料，设计外观图。
- 品牌推广师　设计 2—3 款车标初稿。
- 成本精算师　了解各类车型特点及销售情况，确定车型与性能，规定成本价，选择主部件，计算主部件成本。

可以请全班围绕"有效协作"这一主题进行讨论，把讨论结果制成量规。也可以直接给学生提供一份已经制定好的清单，但一定要花时间帮助他们阅读和理解量规。请观看项目化学习慕课 2-5 "摩天营救"项目，教师对团队合作中重要的行为进行了解读。

思考：回忆平时的课堂或活动，学生在团队合作中存在哪些问题？

任务：收集 2—3 个团建游戏，简单介绍该游戏的亮点是什么，这个游戏如何促进团队合作（见表 5-2）。

表 5-2　团建游戏表

团建游戏名称	
准备材料	
游戏过程	
亮点	

（二）制定项目规划

项目规划是项目方为了如期达成目标，便于学生全面了解项目概况而做的计划，一般会物化为一份项目计划书（见表5-3）。一份好的项目计划书具有目标明确、关注进程、敢于竞争、过程调控灵活、团队展示优秀、经费预算合理等特点。

以"智能门禁系统的设计与制作"项目为例，在学生明确了项目任务后，教师请各组学生讨论并填写本组的项目计划书，请学生思考在完成任务的过程中自己可能会用到哪些知识，并给予学生利用各种工具查阅资料的权限。

表 5-3　项目计划书

项目计划		
项目名称		
小组		日期	

这个项目要完成的任务是什么?

为了完成这个项目,我们可能需要解决哪些具体的挑战? 其中最大的挑战是什么?

我们计划做哪些调研工作?(关于所需要的知识、技能)

我们需要完成以下工作:	
做什么?	怎么做?

在项目结束时,我们将展示我们的学习目标:	
在项目结束时,我们展示什么?	怎么展示?

项目计划书可以使阶段性任务更加明确，能让学生和教师及时关注项目进程，并对过程进行灵活调控，同时，也能引导学生从团队展示出发对项目任务进行逆向设计。

思考：如果让你设计项目计划书，你认为表中至少应该包含哪些内容？

任务：

1. 请你站在学生的角度，填写表 5-3。

2. 填完项目计划书后，你认为这份计划书有没有可以改进的地方？或者哪一部分内容设计得特别好？

（三）制作进度对照表

教师在跟进项目任务的时候，需要了解总体进度，需要知道每个人的学习进展怎么样，需要知道哪几个小组更需要指导，哪些小组可以独立学习。这就需要设计一个安排合理的时间进度表。可以通过贴进度条或使用小卡片记录小组的进展状况，引导学生或者小组承担自我管理的责任，进行项目反思和行为调整。内容可包括大任务分解的各个子任务及其负责人、子任务的紧急程度、截止时间、是否已完成的标识等。

在项目化学习过程中，教师需要在不同的项目组中穿插巡视，给他们必要的指导。可设置一些项目进度检查点，确保大家都在按进度计划进行。学生和教师需要经常阅读和检查项目规划，一旦发现工作滞后或产生了其他困难，大家都要采取行动。比如，教师根据进度滞后的原因有意识地给予学生合作技巧方面的指导，或调整项目任务的难易度等。

　　例如，"智能门禁系统的设计与制件"项目就是请学生在项目第一天明确总任务并讨论填写项目计划书后，独立思考并拆解总任务，将子任务逐个填写到项目里程碑表中（见表5-4），并将表格贴于桌面，以便随时查看。

表 5-4　项目里程碑表

项目里程碑（重要程度不分先后）	
里程碑（阶段目标）	是否完成
_____	☐
_____	☐
_____	☐
_____	☐

　思考：在任务完成过程中，哪些要素的呈现能促进学生自我反思并做

出调整？

任务：如果将"智能门禁系统的设计与制作"中的填写项目里程碑表改成用小卡片记录小组的进展状况，你认为可以怎么使用小卡片？

（四）撰写学习日志

为保证核心任务进度，要尽可能地少布置容易分散学生精力和时间的子任务。可以组织学生写学习日志，包含项目日记或者其他日志性文件，记录学生项目化学习的过程。学习日志能够很好地记录任务完成的进度情况，包括解决问题时的困惑与突破，也可引导学生反思失败的原因，帮助他们克服那些阻碍成功的困难，如时间管理、组织分工、准备程度、施工过程等。

比如"智能门禁系统的设计与制作"项目的每日学习日志（见表5-5），学生通过反思已完成的工作、思考下一步计划调控项目进度。

表5-5　每日学习日志

小组：	日期：
今天我们的学习目标是：	

续表

我们成功地完成了以下工作：
我们下一步的计划是：
我们最大的担心 / 问题 / 困惑是：
今天我们学到了什么？

　　有些任务管理可能嵌于过程性评价量表中，比如"生态小水池·智慧大未来"项目就将对团队合作、问题解决、交际能力的反思设计在设计阶段自评表里（见表5-6），这能有效促进下一阶段任务的执行和操作。

表 5-6　设计阶段自评表

团队：＿＿＿＿＿＿　　姓名：＿＿＿＿＿＿

	过程性评价内容	学生自评
团队合作	能主动分工协作	☺☺☺☺☺
	意见不统一时能讨论解决	☺☺☺☺☺
	善于帮助组员前进	☺☺☺☺☺
问题解决	善于发现问题	☺☺☺☺☺
	善于思考与实践	☺☺☺☺☺
	能有效解决问题	☺☺☺☺☺
交际能力	主动表达自己	☺☺☺☺☺
	交流逻辑清晰	☺☺☺☺☺
创新能力	有独特的想法	☺☺☺☺☺

思考：学习日志和项目计划之间有什么关联？

任务：请研读"生态小水池、智慧大未来"项目设计阶段自评表，思考设计者如何借助量表促进学生反思。如果用学习日志来引导学生反思，你将如何设计用来监控设计阶段进度的学习日志？

（五）个性化交流指导

教师在项目监督过程中，在仔细观察后针对小组进展或个人进展，通过言传身教给学生以指导，提出反馈意见，师生间时刻保持沟通。

比如在"智能门禁系统的设计与制作"项目中，教师除了在模型制作阶段进入组内支持学生解决问题并提醒进度，还会在项目反思阶段根据不同组的情况引导学生进行反思，使其找到解决策略。

思考： 为了有针对性地进行交流指导，教师应该在项目进行过程中关注哪些方面？

任务： 观看项目化学习慕课 2-5 中"智能门禁系统的设计与制作"项目，关注并整理教师在哪些方面给予了学生个性化指导，这些指导起到了什么作用。

拓展阅读

采用项目会议能够更好地推进项目进程。（夏雪梅，2020）

为了提升学生的项目讨论质量，有些学校每天或定期组织"圈谈""项目组会""儿童会议"，不管名字叫什么，内容都是学生们交流在项目进程中遇到的问题、项目进展和后续方向。这种以学生为主的讨论不仅可以锻炼学生的口头表达能力，而且是推进项目进程的重要方法。

◎项目小组轮流提出本项目中经过讨论还是难以解决的问题；

◎其他同学倾听并提出解决办法；

◎同伴评议；

◎总结提炼。

延伸任务

如果你将开展下面这个项目化学习，参与项目的学生之间比较熟悉，请你选择两种方式进行任务管理的设计，可以是一个项目过程，也可以是不同的项目过程（见表5-7）。

表 5-7 "认识我们的动物邻居"项目进程表

项目名称	认识我们的动物邻居
驱动性问题	如何为我们学校的网站制作网页，以帮助人们了解生活在校园里及附近的动物？
项目过程	项目启动 基础知识建构 组织团队和任务 专注探究具体学科知识 设计、制作产品 展示和评价

参考文献

管光海，于佳，2019．STEM 学习项目与指导策略［M］．杭州：浙江教育出版社：2-3．

哈勒曼，拉尔默，梅根多勒，2019．PBL 项目学习：小学篇［M］．张毅，胡静，译．北京：光明日报出版社：89-92．

李梅，2019．在线环境下项目化学习支架探究［J］．现代远距离教育（1）：3-9．

刘徽，2019．项目化学习：面向真实世界的问题解决［J］．上海教育（Z2）：4．

千梦圆，2021．基于项目式学习的教育技术学生设计思维培养研究［D］．昆明：云南师范大学：31-37．

王云，2021．项目化学习的评价设计［J］．上海课程教学研究（4）：59-65．

夏雪梅，2018．项目化学习设计：学习素养视角下的国际与本土实践［M］．北京：教育科学出版社：95-96．

夏雪梅，2020．项目化学习的实施：学习素养视角下的中国建构［M］．北京：教育科学出版社：172-174．

浙江省教育厅教研室　组织研制

张　丰　管光海　总主编

项目化学习
慕课研修手册

本册主编 / 汪湖瑛

如何培养学生的
高阶思维

RUHE PEIYANG XUESHENG DE
GAOJIE SIWEI

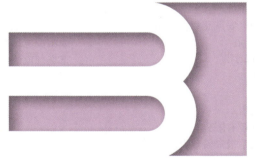

教育科学出版社
·北京·

出 版 人　李　东
策划编辑　池春燕　殷　欢
项目统筹　殷　欢
责任编辑　何　薇
版式设计　锋尚设计　孙欢欢
责任校对　白　媛
责任印制　叶小峰

图书在版编目（CIP）数据

如何培养学生的高阶思维 / 汪湖瑛主编；浙江省教育
厅教研室组织研制 . — 北京：教育科学出版社，2022.1（2025.1 重印）
　（项目化学习慕课研修手册：9 册套装 / 张丰，管光海
总主编）
　ISBN 978-7-5191-2840-1

　Ⅰ . ①如… 　Ⅱ . ①汪… ②浙… 　Ⅲ . ①思维能力—能
力培养 　Ⅳ . ① B842.5

中国版本图书馆 CIP 数据核字（2021）第 231551 号

出 版 发 行	教育科学出版社			
社　　　址	北京·朝阳区安慧北里安园甲 9 号	邮　　编	100101	
总编室电话	010-64981290	编辑部电话	010-64981277	
出版部电话	010-64989487	市场部电话	010-64989009	
传　　　真	010-64891796	网　　址	http://www.esph.com.cn	
经　　　销	各地新华书店			
制　　　作	北京锋尚制版有限公司			
印　　　刷	北京市大天乐投资管理有限公司			
开　　　本	889 毫米 ×1194 毫米　1/20	版　　次	2022 年 1 月第 1 版	
印　　　张	34.6	印　　次	2025 年 1 月第 4 次印刷	
字　　　数	270 千	定　　价	248.00 元（全 9 册）	

编委会

总 主 编：张　丰　管光海

本册主编：汪湖瑛

参 编 者：胡开奇　谢飞跃　姚盟盟

　　　　　谢　磊　宣凌杰　冯娉婷

目录

码 上 学 习

扫码进入本书慕课

前言

项目化学习：教师研修的学习设计

《中共中央 国务院关于深化教育教学改革全面提高义务教育质量的意见》指出："着力培养认知能力，促进思维发展，激发创新意识。……探索基于学科的课程综合化教学，开展研究型、项目化、合作式学习。"项目化学习正是综合体现上述精神的学习活动。它既是落实跨学科学习的重要形式，也是改进学科教学的新的突破口。浙江省自 2016 年启动 STEAM教育探索以来，逐渐聚焦项目化学习。2020 年，浙江省教育厅教研室策划开展"防疫情"项目化学习案例征集、"项目化学习网络公开课"、"项目化学习博览会"等系列活动，奏响了项目化学习推进"三部曲"。

"项目化学习网络公开课"是一次组织严密、专业深入、参与面广、关注度高的教研活动，其目的是让老师们有机会解构多类型的项目化学习与指导的过程。活动前期，我们先就项目化学习关键要素进行研究，提炼

了素养导向、真实情境、真实实践、高阶认知和真实评价等要素，然后面向全省征集展示项目，要求参展项目充分体现这些关键要素，且是学校已经实施过、较为成熟、具有推广价值的项目。最终确定的各具特色的 8 个项目于 2020 年 9 月 21—25 日通过中国教研网进行了为期一周的现场直播展示。这是浙江省聚焦项目化学习，探索素养立意的新学习形态的标志性活动。8 所展示学校均建构了较为成熟的项目化学习活动组织与指导模式，为全省乃至全国项目化学习的推广提供参考，为项目化学习的推进奠定基础。本次活动完整保留了 8 个项目的现场资料，包括教学课件、教学设计、课程资源包、学生学习手册、教师观课手册、直播视频等。这些资料弥足珍贵，也是研究项目化学习设计与实施的有效素材。

项目化学习慕课的开发创意源于基于网络公开课的项目化学习校本研修。此前，老师们要用 10 余个小时才能看完一个完整的项目。如何提高教师研修的效率？如何给教师更有针对性的引导？我们选择了 3 个较为典型的项目（分别体现课程标准、有效合作、设计思维），以项目进程为序，以关键要点为纲设计 5—7 节微课，结合视频讲解或提示，帮助教师准确有效地理解项目化学习设计与实施的方法要领。不过，对初级入门的教师来说，光

看典型项目剖析还不够，还需要建立起对项目化学习的整体理解，以及对关键问题的准确把握。于是，我们通过文献研究以及对一线教师的需求分析，确定了 6 个项目化学习设计与实施的关键问题，开发相应的慕课，涉及主题包括驱动性问题、项目任务、高阶思维、学习支架、组织策略、评价量表等，最终形成第一系列"聚焦关键问题的项目化学习慕课"（6 门），以及第二系列"基于典型案例的项目化学习慕课"（3 门），共有微课 43 节。

《项目化学习慕课研修手册》（以下简称《研修手册》）的开发启动于 2021 年 3 月。我们于 6 月底完成慕课测试版上线，10 月底完成慕课修订与《研修手册》的编写，短短半年的开发过程也一样经历了确定研修主题、研发研修课程纲要、分析网络公开课视频、拍摄慕课、研制《研修手册》以及建设配套资源等多个细致环节。

此次出版的项目化学习套装产品包括上述两个系列的 9 门慕课以及相配套的 9 本研修手册，构成"资源＋支架"的学习设计。具体如下。

第一系列：聚焦关键问题的项目化学习慕课

慕课 1——"如何设计驱动性问题"（含研修手册，下同）。包括驱动

性问题的含义、类型、特点、设计及使用，系统梳理了驱动性问题的设计要点。

慕课2——"如何基于驱动性问题设计项目任务"。包括任务及任务的类型、核心任务的标准、核心任务的设计、支持性活动的设计、任务管理的设计，阐述了驱动性问题、核心任务、支持性活动三者之间的关联以及核心任务、支持性活动的设计方法。

慕课3——"如何培养学生的高阶思维"。以布卢姆教育目标分类学中的高阶思维为参考，在总体介绍判断认知层级的两种常见方法的基础上，具体介绍分析、评价、创造三种高阶思维的概念内涵及培养策略。

慕课4——"项目化学习中的学习支架"。介绍了学习支架的来源、定义、类型，并结合项目启动、实施、成果展示三个阶段说明不同支架的作用、使用流程、操作要点等。

慕课5——"项目化学习的组织策略"。介绍了组织策略的分类，并提供了10余个组织策略的基本概念、使用方法、操作流程等。

慕课6——"项目化学习评价量表的设计与应用"。介绍了项目化学习中表现性评价量表的结构、维度、尺度等的设计与应用。

第二系列：基于典型案例的项目化学习慕课

慕课7——"智能门禁系统的设计与制作——基于课程标准的项目化学习"。以智能门禁系统的设计与制作为例，介绍了基于课程标准设计项目、设计驱动性问题、创设学习任务、提供支持性活动、成果展示与交流、项目管理六个方面的内容。

慕课8——"交通工具狂想曲——基于有效合作的项目化学习"。以交通工具的设计为例，介绍了驱动性问题的提出、拼图合作学习的组织、项目产品的有效设计与改进、模型的制作与测试、学习成果的展示与评价五个方面的内容。

慕课9——"婴儿产品改进设计——基于设计思维的项目化学习"。以婴儿产品改进设计为例，探索基于设计思维的项目化学习如何开展，将设计思维的内涵、价值嵌入项目化学习中，呈现了基于设计思维的项目化学习开展过程中教师的具体指导策略与方法。

在《研修手册》中，每一课都设置了"学习地图""研修目标""核心概念""课程内容""拓展阅读""延伸任务"六大板块，在课程内容部分还设置了"思考""任务"等小栏目，为研修者提供引导任务与思维支架。

综合来看，本套《研修手册》有以下三个方面的特点。

一是注重理例结合。9门慕课及相配套的研修手册以项目化学习的设计与实施为主线，围绕教师项目化学习实践的关键问题，结合真实课例进行阐释与分析。读者无论从第一系列的关键问题切入，还是从第二系列的典型案例开始，都能从理例结合的辅导中掌握项目化学习实践的方法与要义。

二是注重任务驱动。成年人的学习应该是结合实践的反思与体验，光阅读与观看未必能形成真正的能力。本套《研修手册》十分注重读者参与的交互性设计，读者在阅读研修手册、观看慕课视频的同时，可随着主题引导下循序渐进的任务，经历思考与探索的过程，在反思与体验中自然进步。

三是注重过程生成。本套《研修手册》基于实践开发，汇集了一线教师项目化学习实践中关心的问题、解决问题的方法。这些问题与方法并不是静态的知识，它们能为进一步发现问题、提出解决方法提供对话和探究的基础。如果你还没有经历项目化学习实践，阅读本套《研修手册》可以了解实践中的问题并思考更多问题；如果你已经是项目化学习的实践者，阅读这套

书可能会有很多的共鸣，并不断思考自己在实践中的解决方案。

　　本套《研修手册》是基层教研员与骨干教师协作完成的作品。慕课 1、慕课 2 由浙江省杭州市拱墅区教育研究院卢夏萍主持，慕课 3、慕课 4、慕课 5 由杭州市上城区教育学院汪湖瑛主持，慕课 6 由杭州市拱墅区教育研究院狄海鸣主持，慕课 7 由温州市实验中学徐墨涵主持，慕课 8 由杭州市卖鱼桥小学郭红梅主持，慕课 9 由杭州绿城育华亲亲学校陆颖主持。参与慕课开发与手册研制的老师多达 69 名。浙江省教育厅教研室管光海博士负责产品的整体规划与全程指导。杭州绿城育华亲亲学校蔡文艺、杭州市上城区教育评估与监测中心冯娉婷参与了样章的研制工作。感谢同志们高效、创造性的劳动，感谢教育科学出版社教师教育编辑部编辑们的慧眼与巧笔，让我们携手又为项目化学习的推进提供了灵动与实在的新资源。

　　限于能力与视野，慕课与手册中肯定还有一些不足之处，敬请读者批评指正。

张　丰

2021 年 10 月 26 日

第一课

什么是
高阶思维

📖 学习地图

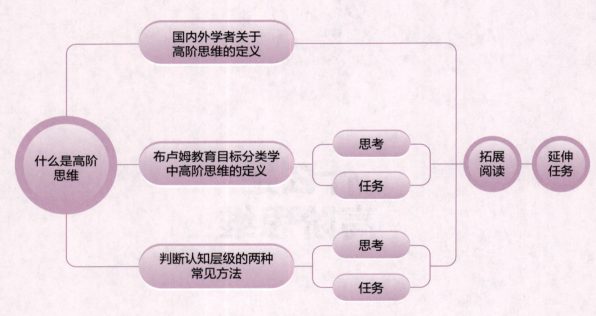

图1-1　第一课学习地图

🎯 研修目标

❶ 了解国内外学者关于高阶思维的定义。

❷ 认识布卢姆教育目标分类学中高阶思维的定义。

❸ 掌握判断认知层级的两种常见方法。

📖 核心概念

高阶思维　发生在较高认知层次上的心智活动或较高层次的认知能力，是处理较复杂问题或任务时所需要的一种思维。

📝 课程内容

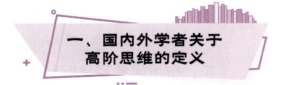

一、国内外学者关于高阶思维的定义

思维的本质是认知过程，这是心理学家库恩、米特纳等提出的。我国有学者提出，思维是人类实践活动中以感觉经验为基础，通过大脑对事物的分析与综合、抽象与概括，形成概念并运用概念进行判断和推理，以认识事物的一般和本质特征及规律性联系的过程。（朱智贤 等，2002）教育学家布卢姆在教育目标分类中将认知思维分为记

忆、理解、应用、分析、评价、创造六个层次。思维活动有低阶思维和高阶思维之分，分别对应着不同的认知形态和活动表现。

下面罗列了部分学者对高阶思维所下的定义中的关键动词（见表1-1）。

表1-1　国内外学者对高阶思维所下的定义中的关键动词

学者	关键动词
布卢姆（美国教育学家、心理学家） 安德森（美国南卡罗来纳大学研究者）	创造、分析、评价
斯滕伯格（美国心理学家）	分析、实践、创新
钟志贤（江西师范大学教授）	求解、决策、批判、创造

二、布卢姆教育目标分类学中高阶思维的定义

本课中所介绍的高阶思维，参考了安德森等编著的《布卢姆教育目标分类学修订版（完整版）：分类学视野下的学与教及其测评》一书（见图1-2）。书中布卢姆将认知领域的教学目标从低到高分为六个层次：记忆、理解、应用、分析、评价、创造（见图1-3）。其

中，记忆、理解、应用属于低阶思维；分析、评价、创造属于高阶思维。

图1-2 《布卢姆教育目标分类学修订版（完整版）：分类学视野下的学与教及其测评》

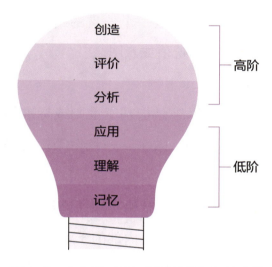

图1-3　布卢姆对认知领域教学目标的分类

关于分析、评价、创造这几种高阶思维，《布卢姆教育目标分类学修订版（完整版）：分类学视野下的学与教及其测评》一书给出了如下定义。

❶ 分析思维

分析思维是指将材料分解成它的组成部分，并确定各部分之间的相互关系，以及各部分与总体结构之间的关系。

分析思维包括区别、组织和归因三个具体的认知过程。区别是指根据相关性和重要性来区分总体结构的各个部分。组织是指在呈现的信息之间建立起系统的联系，涉及辨认信息或情境的要素以及识别这些要素如何构成一个连贯的结构。归因是指能够推断交流背后的观点、倾向、价值或意图。

❷ 评价思维

评价思维是指基于准则或标准做出判断。最常使用的准则包括质量、效果、效率、一致性等，这些准则可能是由学生或其他人决定的。

评价思维包括检查和评论两个具体的认知过程。检查涉及检验一项工作或一件产品内部的矛盾或错误之处。例如，学生检验结论是否能从前提中得出、数据是否支持假设等。评论涉及基于外部准则和标准对产品或工作进行判断，是我们所说的批判性思维的核心。

❸ 创造思维

创造思维是指将要素组成内在一致的整体或功能性整体。在许多项目化学习案例中，为培养学生的创造思维，都会将生成一个产品作为目标，在生成产品的过程中引发学生思考，使其逐步形成创造思维。

通常而言，创造思维的形成有三个阶段：产生、计划和生成。

(阶段一) 产生，指的是形成问题最初的解决方案或根据问题提出满足要求的最初假设。

(阶段二) 计划，指的是针对形成的解决方案或者假设提出具体的解决步骤，或是根据总体目标设计出具体的解决问题的流程。

(阶段三) 生成，指的是执行计划，按照规定和要求创造一个产品。

思考： 请按照布卢姆教育目标分类学对下面 6 个教学问题进行判断，看以下哪些问题的解决需要运用高阶思维。

（1）小明有 10 元钱，可以买多少根单价 2 元的棒棒糖？

（2）判断使用能量守恒定律还是动量守恒定律更适合解决动力学问题。

（3）《七律·长征》体现了作者什么样的思想感情？

（4）春天的第一天是几月几号？

（5）如何设计一个未来太空基地？

（6）"夏至"是什么意思？

任务： 请你结合自己所教学科，设计 1—2 个高阶思维认知层级的教学问题。

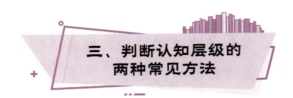

三、判断认知层级的两种常见方法

能够准确判断认知层级，有助于我们在教学设计中有目的地引导学生高阶思维的发展。下面罗列了两种可以帮助我们快速、准确地判断认知层级的方法。

关键策略

◎判断方法1：解构思维过程

解构学生的思维过程，然后参照动词表，能让我们深度理解思维过程，从而判断其认知层级。

以项目化学习慕课3-1中的这个例子为例：诗歌《七律·长征》体现了作者什么样的思想感情？在回答这个问题时，学生通过挖掘作者的创作背景，分析作者的创作意图，最后组织语言表达出作者的思想感情（见图1-4）。

结合前测，体验方法

| 判断方法1
解构思维过程 | 《七律·长征》体现了作者什么样的思想感情？ | 分析 |

⇩

挖掘作者的创作背景
分析作者的创作意图

图1-4　解构思维过程

◎判断方法 2：抓住关键动词

查表（见表 1-2）对照关键动词，就能快速判断认知活动属于哪个层级。分析层级对应的动词包括分析、组织、辨别、归因、解构、挖掘；评价层级对应的动词包括核查、评论、评判、决策；创造层级对应的动词有生成、假设、头脑风暴、计划、产生、发明、设计。

表 1-2　各认知层级对应关键动词

层级	关键动词
创造	生成、假设、头脑风暴、计划、产生、发明、设计
评价	核查、评论、评判、决策
分析	分析、组织、辨别、归因、解构、挖掘
应用	执行、实施、计算、运用
理解	说明、描述、解释、重述、归纳、分类、举例、对比
记忆	回忆、记忆、识别、定义、陈述

思考：尝试使用"解构思维过程"的方法，判断解决以下两个问题需要达到哪个认知层级。

（1）判断使用能量守恒定律还是动量守恒定律更适合解决动力学问题。

（2）如何设计一个未来太空基地？

📝 **任务**：运用表 1-2 中的动词表述所教学科的教学问题，并尝试解构其思维过程。

🔍 拓展阅读

我国学者钟志贤认为，高阶思维是发生在较高认知水平上的心智活动或较高层次的认知能力，主要由问题求解、决策、批判性思维、创造性思维这些能力构成。

基于高阶思维，我们要发展人的高阶能力。你知道什么是高阶能力吗？

钟志贤教授提出，高阶能力是以高阶思维为核心的能力整体，主要包括十大能力：创新、问题求解、决策、批判性思维、信息素养、团队协作、兼容、获取隐性知识、自我管理和可持续发展。

有兴趣的老师可以进一步阅读以下文献进行学习：

（1）钟志贤教授发表在《电化教育研究》2004 年第 11 期上的文章《教学设计的宗旨：促进学习者高阶能力发展》。

（2）钟志贤教授的博士论文《面向知识时代的教学设计框架——促进学习者发展》。

延伸任务

判断解答下列 6 个问题是否需要运用高阶思维，如果需要运用高阶思维，又分别对应分析、评价、创造中的哪一项。

（1）端午节是农历几月初几？

（2）"春风又绿江南岸"一句诗中，"绿"字独有韵味，请赏析。

（3）如果地球的轨道是圆形的，那么地球上的季节会发生怎样的变化？

（4）为什么在南半球四季的顺序会与北半球完全相反？

（5）如果一年中最长的一天是在六月，为什么北半球在八月最热？

（6）怎样设计一场"数学嘉年华"活动？

第二课

分析思维的
培养策略

📖 学习地图

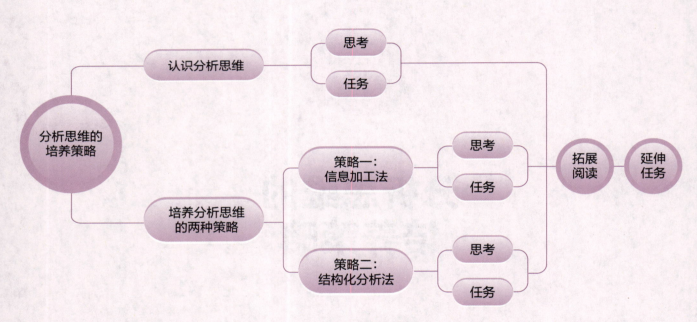

图 2-1 第二课学习地图

🎯 研修目标

❶ 了解分析思维的认知层级。

❷ 掌握培养分析思维的两种策略。

📖 核心概念

分析思维 将材料分解成它的组成部分，并确定各部分之间的相互关系，以及各部分与总体结构之间的关系。分析思维包括区别、组织、归因三个具体的认知过程。

发展学生的分析思维、提高学生的分析技能是许多学科的教学目标，各学科的老师经常把"学会分析"作为他们教学的重要目标之一。本课我们将通过具体的课堂实例来阐述分析思维的概念和培养分析思维的两种策略。

📝 课程内容

一、认识分析思维

高阶思维中的分析思维指的是将材料分解成它的组成部分，并确

定各部分之间的相互关系，以及各部分与总体结构之间的关系。学会分析本身就是一种学习目标，但分析思维有时被当作理解思维的外延，有时也被视为评价思维、创造思维的开端。

分析思维包括区别、组织、归因三个具体的认知过程。其中，区别是指根据相关性和重要性来区分总体结构的各个部分，也就是说，将相关信息和无关信息区分开来，然后专注于相关信息。组织是指在呈现的信息之间建立起系统的联系，它关注的是相关信息如何构成一个连续的结构。归因是指能够推断交流背后的观点、倾向、价值或意图，简而言之，就是要确定相关信息背后的意图。

思考：分析思维的三个具体认知过程之间的关系是怎样的？

任务：根据你对分析思维及其包含的三个具体认知过程的认识，参考以下示例，简单地介绍一个培养学生分析思维的教学案例。

语文课上，教师让学生阅读鲁迅的《朝花夕拾》，了解鲁迅从童年、少年到青年的生活和成长经历，然后绘制反映鲁迅成长历程的鱼骨图。

二、培养分析思维的两种策略

◎策略一：信息加工法

在项目化学习中，信息加工法是进行分析的基本方法。

使用流程：首先，根据特定目的将相关信息和无关信息区分开来；其次，对相关信息进行整理、分类和组织；最后，在组织好的信息和特定目的之间建立关联，从而得到服务于特定目的的有益启发。

信息加工的对象有多种类型，如视频、文献资料、访谈记录、实验数据等。信息加工法旨在对信息进行粗加工，常用的提问方式有：你可以从中获得哪些有用的信息？你能发现其中的规律吗？你从资料中获得了哪些启发？……这种粗加工往往不能直接达到目的，还需要教师辅以引导性的问题。因此，运用信息加工法虽然容易，但对教师的课堂掌控能力和引导能力要求很高。

请观看项目化学习慕课3-2，从视频案例中进一步了解信息加工法。

？ 思考：信息加工法是培养分析思维的入门方法，请你结合教学体会说说信息加工法的优势和不足。

📝**任务**：请你结合所教学科，设计一个信息加工法框架图，引导学生体验分析的三个认知过程。

◎**策略二：结构化分析法**

　　在项目化学习中，结构化分析法是一种高效地对信息进行筛选、加工和分析的方法。教师通过提供表单等，为学生搭建思维支架，引导学生将杂乱的信息按照一定的标准进行排列，从而更好地发现规律。

　　用这种方法提高分析效率的关键在于教师能提供有力的支架。常用的支架形式有问题链、提示词、表单、鱼骨图、树形图等（见图2-2）。提示词是引导学生走向终点的指路牌，如果学生遇到陌生的提示词，还需要教师先进行解释说明，以防止学生走弯路。应用结构化分析法需要教师在项目化学习前期根据学情和项目特质进行周密的设计。在使用过程中，该方法应变性较差，学生很难获得教师预设之外的更多规律。因此，这对教师的专业素质和经验、能力提出了很高的要求。

　　信息加工法和结构化分析法各有千秋，在项目化学习中，可兼用两种方法，使其相互补充，以最大限度地发挥优势。如何兼用两种方法呢？一是先发散后聚集：先用信息加工法激发学生的思维，再用结构化分析法聚焦分析的目的。二是应变化、动态化。教师在使用

太空站的设计					
包含多少个类型舱室?					
	舱室 1	舱室 2	舱室 3	舱室 4	舱室 5
名称					
面积					
体积					
数量					
作用					

太空站准备放置哪些种群?				
序号	哪些种群	属于	大致数量	种群密度
1				
2				
3				

太空站中物质能量如何进行循环?（图示表示）

表单

问题链

提示词

鱼骨图

树形图

······

图 2-2 结构化分析法常用的支架形式

信息加工法的过程中应充分了解学情，以便对支架进行完善，避免疏漏。

❓ 思考：除了信息加工法和结构化分析法，你在教学中还用过哪些培养分析思维的策略？

📝 任务：尝试在所教学科中综合运用信息加工法和结构化分析法来培养学生的分析思维，并说说其优势。

拓展阅读

　　具备良好的分析思维在生活中的重要性不言而喻。拿结构化分析法背后蕴含的结构化思维来说，首先，结构化思维能使我们的思维更加全面，更加系统化，乃至将复杂的问题简单化。这就是为什么做同样的工作时，有人轻松自如，也有人做起来头昏脑涨，事倍功半，甚至白费力。这就是建立结构化思维与没有建立结构化思维的区别。

　　其次，结构化思维能使我们更好地与人沟通，让对方更好地理解我们的意图，有利于我们与对方建立更好的联系和信任。

　　特别要指出的是，在互联网时代，结构化思维意义更深远，因为互联网所带来的信息大爆炸呈现出信息碎片化的趋势，这个趋势还在不断延续。如何在众多信息中理出头绪，建立恰当的体系，使信息纳入有序的行列，是我们必须首要考虑的。

　　结构化就是将所有信息收集起来，并且进行有序的排列，让它们不再零散、凌乱，使原本纷繁复杂的事物有了条理性。就像我们在计算机中建立目录，首先要有根目录，在此基础上再划分出子目录，这个目录结构就如同一棵参天大树，虽然枝条万千，但都联系在一起，按照相同的结构发育、生长，并牢牢地依附于主干和根基。所以，我们要保护好根基，因为它掌控着整个树木的生命。没有宏观的掌控，后面的工作就难以开展。

延伸任务

学生正在制作"未来食物清洗机"的说明书，请你设计结构化分析表单，引导学生分析如图 2-3 所示的洗碗机说明书，为学生制作未来食物清洗机说明书提供支持。

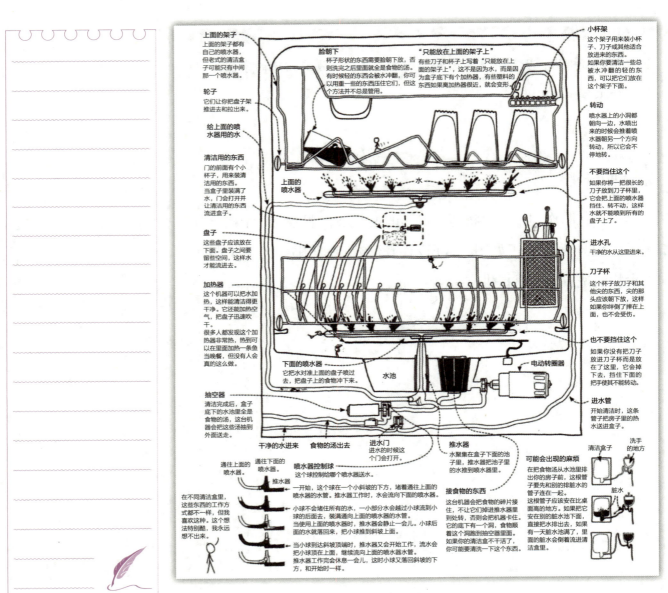

图 2-3 洗碗机说明书

第三课

评价思维的
培养策略

📖 学习地图

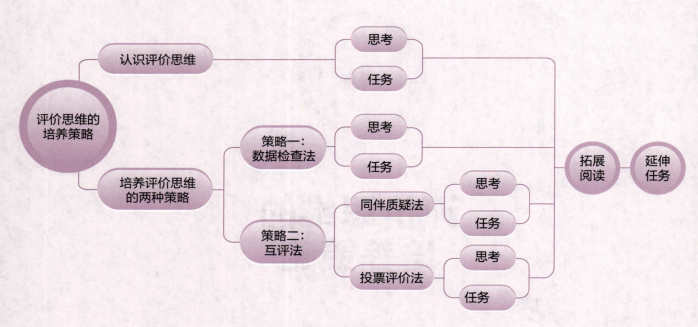

图 3-1　第三课学习地图

 研修目标

❶ 了解评价思维的认知层级。

❷ 掌握培养评价思维的两种策略。

❸ 在日常教学中能够运用培养评价思维的两种策略。

核心概念

评价思维 基于准则和标准做出判断的思维过程，通常包括检查和评论两个认知过程。

课程内容

一、认识评价思维

评价思维中的"评价"指的是基于准则和标准做出判断，包括检查（判断内部一致性）和评论（基于外部准则进行判断）两个认知过程。评价思维过程需要对照检查和批判性地对一个论点或概念形成看法。这种看法没有标准答案，要求学生根据证据、运用推理做出判断。常用的准则有质量、效果、效率的一致性等。标准可以是定量

的，也可以是定性的。

检查：涉及检验一项工作或一件产品内部的矛盾或错误之处。检查的近义词包括检验、查明、监控和协调。

评论：涉及基于外部的准则和标准对产品或工作进行判断，是我们所说的批判性思维的核心。评论的近义词是判断。

思考：用自己的语言说明什么是评价思维。

任务：结合所教学科，设计一个能发展学生评价思维的学习活动。

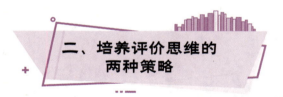

二、培养评价思维的两种策略

◎策略一：数据检查法

数据检查法是指通过数据采集、整理、分析、建模，检查实验结果与假设的匹配度。

在项目化学习过程中，学生先要明确任务的可探究性，然后通过表单收集多个维度的实验数据，再运用工具（如 Excel 表）对数据进行分析，根据分析结果进行综合评估，得出结论，最后，根据数据进行建模并加以应用。

　　数据检查法为学生提供了可视化的证据，支持了学生思维发展。运用数据检查法，学生将数据视为可以帮助他们做出明智决定的工具，形成数据思维，从自己收集的数据中建构出意义，对真实生活产生影响。

思考： 请分析数据检查法的优点。

任务： 结合你最近实践的项目化学习案例，引导学生使用数据检查法对实验数据进行分析并形成一定结论。

◎策略二：互评法

　　互评法是指学习者之间基于评价标准和准则对彼此的工作相互做出评估和判断。这里有一个关键点：评价标准和准则。在项目化学习中，评价标准和准则一般要在项目启动阶段由师生共同制定。教师要帮助学生明确评价标准和准则中各条目的含义。

　　在项目化学习过程中，首先，学生要把评价标准与自身已有经验联系起来，并且与现实生活、个人思想和观点进行对照，从而在头脑中形成个性化的评价标准。接着，学生要向同伴表达自己的判断，与同伴进行互动，并达成共识。最后，学生和同伴共同建构新的评价标准，并以这样的标准对彼此的学习、作品做出最终的价值判断。

互评法从传统的师生单向评价变成同伴之间的多向评价，能培养学生的分析、监控、推理等认知能力，提高学生的自主学习能力，同时，能增进学生的人际关系。这里介绍两种互评法。

互评法一：同伴质疑法

同伴质疑法指同伴间交流观点、互评指正、提出疑问的评价方法，主要用在方案设计优化阶段。

请观看项目化学习慕课3-3，了解并分析视频案例中同伴质疑法的具体实施过程。

思考：在课堂中，针对小组方案或产品，学生可以采取哪些策略促进方案或者产品的优化？请阐述学生是如何通过同伴质疑法实现产品或方案优化的。

同伴质疑法的流程是：质疑者首先观察同伴的设计方案，接着从标准、现实生活、已有经验等多个维度进行综合考量、预判，找到设计中的漏洞，然后组织语言提出疑问。在这个过程中，学生把自己的思考、观点与标准、现实生活进行糅合，不仅理解了学习内容，还建构了自己关于学习内容的意义体系。

任务：请在项目化学习过程中引导学生运用同伴质疑法综合考量同伴的作品并提出疑问。

互评法二：投票评价法

投票评价法指用电子设备或者其他标记物对同伴的作品进行投票的评价方法，主要用在成果展示阶段。

思考：你在教学中用过哪种投票评价法？具体是怎样实施的？

投票评价法的流程是：投票时，学生首先要熟悉评价标准（这是投票的依据），然后认真观察同学的产品或方案，建立产品或方案（具象）与标准（抽象）之间的关联，判断两者之间的契合度，从而做出自己的价值判断。

通过对具象成果的观察，将抽象的标准与具体的产品或方案相关联，培养学生的综合分析能力以及推理、判断、决策能力。

任务：与传统的教师评价法相比，投票评价法有哪些优势？请结合你的实践经验加以阐释。

拓展阅读

新修订的课程标准倡导实施发展性评价，强调将学生作为评价主体，注重发挥评价主体的个人价值，重视提升评价对象的参与意识与主体意识，努力培养全面发展的学生。这需要教师、学习者的评价角色发生范式转变，扭转教师主导评价、学生被动接受评价的现状，提倡学生、教师、同伴、家长多主体共同参与评价活动。发展性评价对于学生的发展是有价值的，因此，有必要为学生创造更多的自我评价或同伴互评的机会，锻炼学生进行自我评价的能力。以阅读活动为例，对丰富阅读评价主体的建议主要有以下几点。

一、学生自评

引导学生自评，可以使学生明确阅读的目标，在目标的指引下，积极主动地进行阅读。学生通过自评，可以培养自我监控能力、自我反思能力，针对自身表现进行有效的评价反馈，并努力向着最高水平前进，发展成为批判性思考者、独立学习者和自我监控评估者。发挥学生自我评价的作用，能有效避免评价过程流于形式，真正达到以评促学的目的。

适合学生自评的评价表能够帮助学生了解自己的学习、监控自己的学习，从而更好地促进学习。通过对照阅读目标，采用合理的阅读方法提高阅读效率，学生能获得更大的自信与成就感。

二、同伴互评

鼓励学生参与评价是过程性评价的特有优势，档案袋评价中的同伴评价表也为同伴参与评价提供了良好的条件。同伴互评是评价中不可或缺的一部分，应该在教育中发挥重要作用。同伴互评是一种增强学习动力的有效方法，它通过让学生参与评价过程来增强学生的学习积极性。它旨在使学生从单纯的知识接受者转变为积极的学习者和参与者，参与学习和评价过程，并在这个过程中发展批判性思维和创造力。同伴互评也是学生之间的合作过程。学生参与对他人的评价，能增强自己做出理智选择和判断的能力。此外，学生从同龄人那里获得反馈也有助于他们学习同伴的优点，促进自己的发展和进步，并建立积极的同伴关系。

延伸任务

引导学生在项目化学习活动中运用数据检查法和互评法对作品进行优化与迭代，并思考教师在其中发挥的作用。

第四课

创造思维的
培养策略

学习地图

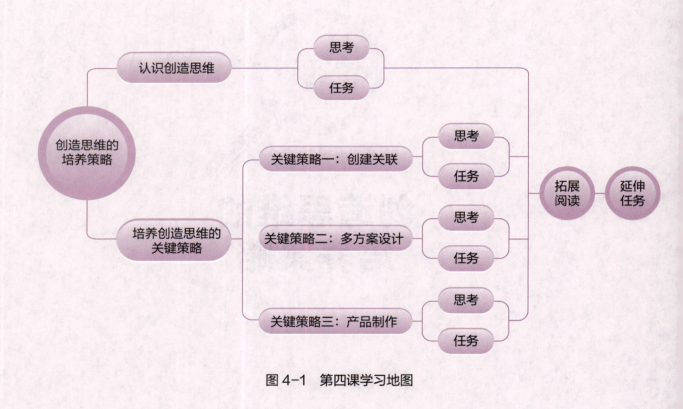

图 4-1　第四课学习地图

🎯 研修目标

❶ 了解创造思维的概念和形成创造思维的三个阶段。

❷ 掌握培养创造思维的三种策略。

📖 核心概念

创造思维 将要素组成内在一致的整体或功能性整体的思维过程，包括产生、计划和生成三个阶段。属于创造类别的目标要求学生在心里将某些要素或者部件重组为不明显存在的模型或结构，从而生成一个新产品。

📝 课程内容

一、认识创造思维

高阶思维中的创造思维指的是将要素组成内在一致的整体或功能性整体的思维过程。在许多项目化学习案例中，为培养学生的创造思维，都会将生成一个产品作为目标，在生成产品的过程中引发学生思考，逐步发展其创造思维。

通常来说，创造思维的形成有三个阶段：产生、计划和生成。第一个阶段是产生，指的是形成问题最初的解决方案或根据问题提出满足要求的最初假设。第二个阶段是计划，指的是针对产生的解决方案或者假设形成具体的解决步骤，或是根据总体的目标设计出解决问题的具体流程。第三个阶段是生成，指的是执行计划，按照规定和要求创造一个产品。

思考：谈谈你对创造思维的理解。

任务：通过一个创造力测试游戏来检测一下自己的创造力水平，并进一步理解创造思维的概念。

你能想到的衣架的用途有哪些？请在两分钟内写出尽可能多的答案。

请你将两分钟内想到的衣架用途的数量除以 2，就可以算出你平均每分钟能想到几种用途。图 4-2 展示了测试结果的全球平均数据。

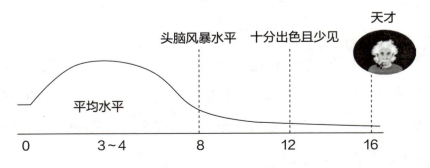

图 4-2　关于衣架用途的创造力测试结果

这个数据分布从 3~4（平均水平），到 8（头脑风暴水平），再到 12（十分出色且少见），最后到 16（爱因斯坦般的天才）。你的水平处在什么位置？

关于衣架的用途，我们首先会认为"用途"是标准的、普通的、合乎情理的用处，标准生成常规，常规思维一般属于平均水平。这个创造力测试想要检测的是什么？是常规以外的思维。创造思维就是打破常规界限，将要素重新组织成一个新的模型或结构的思维模式。

请观看项目化学习慕课 3-4，了解相关内容。

二、培养创造思维的关键策略

如何打破常规，培养创造思维呢？针对创造思维形成的三个阶段，我们提出以下三个关键策略。

◎**关键策略一：创建关联**

要实现创造，首先要理解核心概念或问题，用发散思维找到与核心概念或问题有关的各种事物，找到的相关事物越多就意味着越有可能找到更多、更好的解决方案或形成更加符合要求的产品。因此，

培养创造力的第一个策略是创建关联。

如何才能让学生尽可能多地在事物之间创建关联呢？其实，当大脑同时思考两件事时，就会自主进入"协同效应模式"，找到两件事的关联点，从而产生新想法。因此，创建关联的基本方式

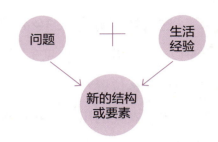

图4-3　创建关联的基本方式

是：把问题和生活经验进行联系，从而产生新的结构或要素（见图4-3）。在教学过程中，创建关联的一种常见的工具便是思维导图。

思考：请以衣架为中心意象，运用创建关联这一策略，写下你能想到的关联事物，形成思维导图。

图4-4是一份创建关联的作品，我们一起来看一下。首先，在纸上写出中心意象——衣架；然后，在五个一级分支上写上你所能想到的与"衣架"相关的五个词；接着，在一级分支上再画出五个分支，找到新的二级分支关联……。通过思维不断发散，越来越多的想法在我们的大脑中产生。

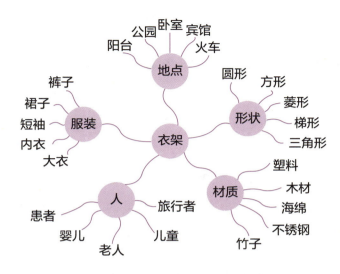

图 4-4 以衣架为中心意象的思维导图作品

📋**任务**：请以茶杯为中心意象，写下你能想到的关联事物，形成思维导图。

◎**关键策略二：多方案设计**

　　学生建立事物间的关联后，打开了思路，有了天马行空的想法，这就为第二阶段的多方案设计奠定了基础。多方案设计是发展学生创造思维的重要阶段。本阶段，通过教师引导、学生个人思考、小组合作，整合出最具创新性或最有帮助的解决方案。因为生活经验、知识阅历等不同，学生对问题会有不同的看法，因此，他们个人形成

的方案往往各有特色，各有优点和不足。

思考： 在课堂中，针对某一个任务要求，教师可以采取哪些策略激发学生设计尽可能多的方案？在有了多个设计方案后，教师又应当如何利用这些方案促进学生思维的发展？

我们来看一看湖州市湖师附小教育集团的"摩天营救"案例是如何用多方案设计促进学生高阶思维发展的。（具体内容请观看项目化学习慕课3-4）

视频一说明：学生先用 5 分钟设计个人方案，然后和组内同学互学方案，产生更多想法，最后记录可行方案。这是从发散到聚合的思维过程。

视频二说明：学生用 30 分钟时间运用平板电脑搜索高空逃生方案，这是在第一阶段聚合的基础上再发散的思维过程。

视频三说明：全班分享各小组的方案，然后每组以出场券的形式写下自己小组选定的最有价值的方案。这是一个再聚合的思维过程。

通过发散、聚合、再发散、再聚合，最终产生最佳方案，进入产品制作环节。

任务：从方案设计到方案优化整合，是创造思维培养的关键。请你运用相关教学策略，支持学生完成这个关键步骤。

◎关键策略三：产品制作

项目化学习的最终结果常常以产品的形式呈现，因此，产品制作是形成创造这一高阶思维的第三阶段，也是将优化后的方案落地的阶段。这一阶段能让学生将所学内容与实际相联系，根据产品制作过程中遇到的实际问题不断调整，并在同伴交流中不断优化方案、迭代产品。

思考：学生在产品制作阶段通常会遇到哪些挑战？作为教师，我们应当如何引导学生应对这些挑战？

产品制作阶段学生可能会面临的挑战：

（1）产品制作过程有时很混乱，进展很慢。

（2）在产品制作过程中，挫折、失败常常使学生产生放弃的念头。

引导学生应对挑战的策略：

（1）给学生充分的时间。

（2）给学生适时鼓励，如可以组织分享和反思会，鼓励学生鼓足勇气迎接挑战。

（3）开展针对性指导，如可以组织产品论证和修改会。

就产品制作来说，重要的不是制作出一个产品，而是制作出产品之后，分析产品与需求，不断优化、迭代，将产品打磨得更加完善。这是形成创造思维最重要的过程。

📝**任务**：请结合自己设计的项目案例，尝试设计一份产品评价量表，引导学生完成产品制作后进行自评改进。

🔍 拓展阅读

目前，关于创造力有以下四个常见理论。

第一个理论：创造力的 4P 模型。该模型认为创造力由四个部分构成：创造性产品（product）、创造性个体（person）、创造性过程（process）和创造性环境（press/environment）。创造性产品聚焦于创造者所取得的成果。创造性个体强调人格在个体创造行为中所起的重要作用。创造性过程指创造是一种心理活动历程，包括学习、思考、问题解决等过程。创造性环境强调创造力的产生、表达和发展与个体所处的环境有着密切的关系。有研究者归纳出能促进创造力发展的环境因素包括自由的空间、充足的资源、认同与鼓励、有适当的挑战性和充裕的时间等；阻碍创造力发展的环境因素包括过多的限制、不恰当的评价、资源缺乏等。

第二个理论：创新过程的一般模型。该理论强调创造力产生的过程。认同该理论的研究者们都致力于创造力产生过程的研究。比如，有学者认为创造力产生的过程应该分为准备期、酝酿期、豁朗期和验证期，具体来讲，就是个体先搜集信息，使信息逐渐丰富，然后发现解决问题的方法，最终解决问题并再检验，使之完善。

第三个理论：创造力的 4C 模型。"4C"指迷你创造力（Mini-C）、日常创造力（Little-C）、专业创造力（Pro-C）和杰出创造力（Big-C）。迷你创造力指学习过程中内在的创造性，表现为对经验、行动或事件所做的新颖且有个人意义的诠释，如学生在课堂上设计基础科学实验就能体现迷你创造力。日常创造力几乎人人都有，体现在我们日常生活的各个方面。专业创造力主要指在创造性领域里表现出来的专业水准，如美术设计人员把某种构想通过一定的表现手法使其视觉化的创作过程。杰出创造力只有伟人才具备，要能创造出天才作品或取得巨大成就。创造力的 4C 模型预示了个体创造性理想的发展轨迹，即要经历不同的水平与阶段。

第四个理论：创造力的游乐场理论。该理论以游乐场为隐喻，将创造力分为先决条件、一般主题层面、领域和微领域，并将创造力的一般性成分和特殊性成分联系起来，说明这两种成分在层级结构中是如何在不同程度上重叠的。也就是说，创造力既具有一般性成分，即都要求新颖和适用性，又因领域或任务要求产生细微的差别。

延伸任务

请以"设计一款适合中小学生的智能家用书桌"为驱动性问题，设计一份教学方案。重点关注以下方面：

（1）所涉及的核心概念有哪些？如何引导学生打开思路，关联更多相关概念？

（2）采用什么策略能够让学生形成尽可能多的符合设计思路的方案？如何优化整合方案？

（3）采用什么评价方式能够让学生不断优化方案、迭代自己的产品？

参考文献

安德森，等，2009．布卢姆教育目标分类学修订版（完整版）：分类学视野下的学与教及其测评［M］．
　　蒋小平，张琴美，罗晶晶，译．北京：外语教学与研究出版社．

杜威，2010．我们如何思维［M］．伍中友，译．北京：新华出版社．

卢斯卡，2017．思考的力量［M］．北京：中国友谊出版公司．

孙崇勇，李淑莲，张文霞，2016．中国大学生创造性 4C 认知量表修订［J］．人类工效学，22（3）：17-22．

王春阳，王后雄，2021．指向核心素养的高阶思维研究［J］．教学与管理（理论版）（6）：1-5．

张文娟，常保瑞，钟年，等，2016．文化与创造力：基于 4P 模型的探析［J］．北京师范大学学报（社
　　会科学版）（2）：25-36．

钟志贤，2004．教学设计的宗旨：促进学习者高阶能力发展［J］．电化教育研究（11）：13-19．

周蕾，2018．中小学生创造思维及其影响因素的研究［D］．西安：陕西师范大学．

朱智贤，林崇德，2002．思维发展心理学［M］．北京：北京师范大学出版社．

浙江省教育厅教研室　组织研制

张　丰　管光海　总主编

项目化学习慕课研修手册

本册主编 / 汪湖瑛

项目化学习中的学习支架

XIANGMUHUA XUEXI ZHONG DE XUEXI ZHIJIA

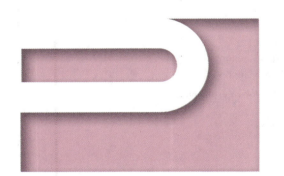

教育科学出版社

·北京·

出版人 李 东
策划编辑 池春燕 殷 欢
项目统筹 殷 欢
责任编辑 欧阳国焰
版式设计 锋尚设计 孙欢欢
责任校对 马明辉
责任印制 叶小峰

图书在版编目（CIP）数据

项目化学习中的学习支架 / 汪湖瑛主编；浙江省教育厅教研室组织研制 . —北京：教育科学出版社，2022.1（2025.1 重印）

（项目化学习慕课研修手册：9 册套装 / 张丰，管光海总主编）

ISBN 978-7-5191-2840-1

Ⅰ．①项⋯ Ⅱ．①汪⋯ ②浙⋯ Ⅲ．①教学研究 Ⅳ．① G420

中国版本图书馆 CIP 数据核字（2021）第 233386 号

出版发行	教育科学出版社				
社 址	北京·朝阳区安慧北里安园甲 9 号		邮 编	100101	
总编室电话	010-64981290		编辑部电话	010-64989527	
出版部电话	010-64989487		市场部电话	010-64989009	
传 真	010-64891796		网 址	http://www.esph.com.cn	
经 销	各地新华书店				
制 作	北京京久科创文化有限公司				
印 刷	北京市大天乐投资管理有限公司				
开 本	889 毫米 ×1194 毫米 1/20		版 次	2022 年 1 月第 1 版	
印 张	34.6		印 次	2025 年 1 月第 4 次印刷	
字 数	270 千		定 价	248.00 元（全 9 册）	

编委会

总 主 编： 张 丰 管光海

本册主编： 汪湖瑛

参 编 者： 沈 强 方金晶 吕 琦

王娅妮 吴璐璐 钭梅杰

寿佳欣 沈云娟 周 鑫

目录

码 上 学 习

扫码进入本书慕课

前言

项目化学习：教师研修的学习设计

《中共中央 国务院关于深化教育教学改革全面提高义务教育质量的意见》指出："着力培养认知能力，促进思维发展，激发创新意识。……探索基于学科的课程综合化教学，开展研究型、项目化、合作式学习。"项目化学习正是综合体现上述精神的学习活动。它既是落实跨学科学习的重要形式，也是改进学科教学的新的突破口。浙江省自 2016 年启动 STEAM 教育探索以来，逐渐聚焦项目化学习。2020 年，浙江省教育厅教研室策划开展"防疫情"项目化学习案例征集、"项目化学习网络公开课"、"项目化学习博览会"等系列活动，奏响了项目化学习推进"三部曲"。

"项目化学习网络公开课"是一次组织严密、专业深入、参与面广、关注度高的教研活动，其目的是让老师们有机会解构多类型的项目化学习与指导的过程。活动前期，我们先就项目化学习关键要素进行研究，提炼

了素养导向、真实情境、真实实践、高阶认知和真实评价等要素，然后面向全省征集展示项目，要求参展项目充分体现这些关键要素，且是学校已经实施过、较为成熟、具有推广价值的项目。最终确定的各具特色的 8 个项目于 2020 年 9 月 21—25 日通过中国教研网进行了为期一周的现场直播展示。这是浙江省聚焦项目化学习，探索素养立意的新学习形态的标志性活动。8 所展示学校均建构了较为成熟的项目化学习活动组织与指导模式，为全省乃至全国项目化学习的推广提供参考，为项目化学习的推进奠定基础。本次活动完整保留了 8 个项目的现场资料，包括教学课件、教学设计、课程资源包、学生学习手册、教师观课手册、直播视频等。这些资料弥足珍贵，也是研究项目化学习设计与实施的有效素材。

项目化学习慕课的开发创意源于基于网络公开课的项目化学习校本研修。此前，老师们要用 10 余个小时才能看完一个完整的项目。如何提高教师研修的效率？如何给教师更有针对性的引导？我们选择了 3 个较为典型的项目（分别体现课程标准、有效合作、设计思维），以项目进程为序，以关键要点为纲设计 5—7 节微课，结合视频讲解或提示，帮助教师准确有效地理解项目化学习设计与实施的方法要领。不过，对初级入门的教师来说，光

看典型项目剖析还不够，还需要建立起对项目化学习的整体理解，以及对关键问题的准确把握。于是，我们通过文献研究以及对一线教师的需求分析，确定了 6 个项目化学习设计与实施的关键问题，开发相应的慕课，涉及主题包括驱动性问题、项目任务、高阶思维、学习支架、组织策略、评价量表等，最终形成第一系列"聚焦关键问题的项目化学习慕课"（6 门），以及第二系列"基于典型案例的项目化学习慕课"（3 门），共有微课 43 节。

《项目化学习慕课研修手册》（以下简称《研修手册》）的开发启动于 2021 年 3 月。我们于 6 月底完成慕课测试版上线，10 月底完成慕课修订与《研修手册》的编写，短短半年的开发过程也一样经历了确定研修主题、研发研修课程纲要、分析网络公开课视频、拍摄慕课、研制《研修手册》以及建设配套资源等多个细致环节。

此次出版的项目化学习套装产品包括上述两个系列的 9 门慕课以及相配套的 9 本研修手册，构成"资源 + 支架"的学习设计。具体如下。

第一系列：聚焦关键问题的项目化学习慕课

慕课 1——"如何设计驱动性问题"（含研修手册，下同）。包括驱动

性问题的含义、类型、特点、设计及使用，系统梳理了驱动性问题的设计要点。

慕课2——"如何基于驱动性问题设计项目任务"。包括任务及任务的类型、核心任务的标准、核心任务的设计、支持性活动的设计、任务管理的设计，阐述了驱动性问题、核心任务、支持性活动三者之间的关联以及核心任务、支持性活动的设计方法。

慕课3——"如何培养学生的高阶思维"。以布卢姆教育目标分类学中的高阶思维为参考，在总体介绍判断认知层级的两种常见方法的基础上，具体介绍分析、评价、创造三种高阶思维的概念内涵及培养策略。

慕课4——"项目化学习中的学习支架"。介绍了学习支架的来源、定义、类型，并结合项目启动、实施、成果展示三个阶段说明不同支架的作用、使用流程、操作要点等。

慕课5——"项目化学习的组织策略"。介绍了组织策略的分类，并提供了10余个组织策略的基本概念、使用方法、操作流程等。

慕课6——"项目化学习评价量表的设计与应用"。介绍了项目化学习中表现性评价量表的结构、维度、尺度等的设计与应用。

第二系列：基于典型案例的项目化学习慕课

慕课 7——"智能门禁系统的设计与制作——基于课程标准的项目化学习"。以智能门禁系统的设计与制作为例，介绍了基于课程标准设计项目、设计驱动性问题、创设学习任务、提供支持性活动、成果展示与交流、项目管理六个方面的内容。

慕课 8——"交通工具狂想曲——基于有效合作的项目化学习"。以交通工具的设计为例，介绍了驱动性问题的提出、拼图合作学习的组织、项目产品的有效设计与改进、模型的制作与测试、学习成果的展示与评价五个方面的内容。

慕课 9——"婴儿产品改进设计——基于设计思维的项目化学习"。以婴儿产品改进设计为例，探索基于设计思维的项目化学习如何开展，将设计思维的内涵、价值嵌入项目化学习中，呈现了基于设计思维的项目化学习开展过程中教师的具体指导策略与方法。

在《研修手册》中，每一课都设置了"学习地图""研修目标""核心概念""课程内容""拓展阅读""延伸任务"六大板块，在课程内容部分还设置了"思考""任务"等小栏目，为研修者提供引导任务与思维支架。

综合来看，本套《研修手册》有以下三个方面的特点。

一是注重理例结合。9门慕课及相配套的研修手册以项目化学习的设计与实施为主线，围绕教师项目化学习实践的关键问题，结合真实课例进行阐释与分析。读者无论从第一系列的关键问题切入，还是从第二系列的典型案例开始，都能从理例结合的辅导中掌握项目化学习实践的方法与要义。

二是注重任务驱动。成年人的学习应该是结合实践的反思与体验，光阅读与观看未必能形成真正的能力。本套《研修手册》十分注重读者参与的交互性设计，读者在阅读研修手册、观看慕课视频的同时，可随着主题引导下循序渐进的任务，经历思考与探索的过程，在反思与体验中自然进步。

三是注重过程生成。本套《研修手册》基于实践开发，汇集了一线教师项目化学习实践中关心的问题、解决问题的方法。这些问题与方法并不是静态的知识，它们能为进一步发现问题、提出解决方法提供对话和探究的基础。如果你还没有经历项目化学习实践，阅读本套《研修手册》可以了解实践中的问题并思考更多问题；如果你已经是项目化学习的实践者，阅读这套

书可能会有很多的共鸣，并不断思考自己在实践中的解决方案。

本套《研修手册》是基层教研员与骨干教师协作完成的作品。慕课1、慕课2由浙江省杭州市拱墅区教育研究院卢夏萍主持，慕课3、慕课4、慕课5由杭州市上城区教育学院汪湖瑛主持，慕课6由杭州市拱墅区教育研究院狄海鸣主持，慕课7由温州市实验中学徐墨涵主持，慕课8由杭州市卖鱼桥小学郭红梅主持，慕课9由杭州绿城育华亲亲学校陆颖主持。参与慕课开发与手册研制的老师多达69名。浙江省教育厅教研室管光海博士负责产品的整体规划与全程指导。杭州绿城育华亲亲学校蔡文艺、杭州市上城区教育评估与监测中心冯娉婷参与了样章的研制工作。感谢同志们高效、创造性的劳动，感谢教育科学出版社教师教育编辑部编辑们的慧眼与巧笔，让我们携手又为项目化学习的推进提供了灵动与实在的新资源。

限于能力与视野，慕课与手册中肯定还有一些不足之处，敬请读者批评指正。

张　丰

2021 年 10 月 26 日

第一课

什么是学习支架

📖 学习地图

图 1-1　第一课学习地图

🎯 研修目标

❶ 了解学习支架的来源、定义及重要性。

❷ 知道学习支架的常见类型及常见形式。

📖 核心概念

学习支架 本书中的"学习支架"内涵为：在项目化学习中，教师根据学生的需要在适当的时机为学生提供帮助，在学生解决当下问题后撤去帮助，将学习主动权逐步转移给学生。

📝 课程内容

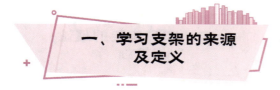

一、学习支架的来源及定义

"支架"又称"脚手架"，它其实是为工地现场的工人施工操作而搭建的。建筑工地脚手架是保障工程顺利进行的一种辅助性工具，当工程结束后，这个脚手架便会被拆除。

美国心理学家伍德沃斯（Woodworth）最先将"支架"引入教育领域，他把"支架"描述为"同行、成人或有成就的人在另外一个人的学习过程中所施予的有效支持"。

普利斯里（Pressly）等人认为，"支架是根据学生的需要为他们提供帮助，并在他们能力增长时撤去帮助"。道奇（Dodge）则从支架暂时性的角度去定义，"支架是在学习过程某个特定点建立的一种提供帮助的临时结构，帮助学生完成一个具有挑战性的任务，这种任务在没有帮助的情况下他们无法独自完成"。

思考： 查阅相关资料，说说你对学习支架的理解。

任务： 设计一张表格，能可视化展现学习支架的来源和定义。

二、学习支架的理论基础

维果茨基的"最近发展区"理论认为，学生的发展有两种水平：一种是学生的现有水平，另一种是学生可能的发展水平，两者之间的差距就是最近发展区。维果茨基的社会文化学说中一个重要的信条便是"搭建脚手架"这一概念。儿童依靠成人的帮助搭建起学习的框架，这对儿童的认知与心理发展是最为重要的。"最近发展区"与"搭建脚手架"之间的关系在支架式教学这一教学模式中得到了最为真切的描述。在支架式教学中，教师作为文化的代表引导着教学，使学生掌握、建构、内化那些能使其从事更高认知活动的技能。这种掌握、建构和内化是与其年龄和认知水平相一致的，一旦他们获得了这种技能，便可以更多地对学习进行自我调节。

思考： 查阅相关资料，进一步了解维果茨基的"最近发展区"理论。

任务： 结合自己所教学科，为学生搭建学习支架，帮助学生获得新知。

三、学习支架的类型及作用

根据分类标准不同，学习支架的分类也具有多元性。项目化学习强调学生在一段时间内通过对真实且富有挑战性的问题进行持续研究，达到对核心知识的再建构和思维迁移，培养学生的批判性思维以及问题解决与合作分享等能力。因此，结合项目化学习的特征，从学习支架发挥作用的角度，我们将学习支架分为5种常见类型。

1 情境型学习支架

在项目启动阶段，可以给学生创设一个真实的情境，情境来自学生生活，目的是增强学习内容的吸引力，帮助学生获得真实感受，激发学生学习兴趣和社会责任感。情境型学习支架饱含各种可能问题发现的契机，引导学生观察、发现、思考，从中提取需要解决的问题，并精制驱动性问题。

2 策略型学习支架

在项目实施阶段，学生针对真实且富有挑战性的问题要设计解决方案。在设计方案前，教师根据学生可能遇到的问题提供方法指导；在解决问题过程中，教师根据学生发展变化选择相应方式方法予以帮助指导；最终促使学生解决问题。

3 资源型学习支架

在项目实施阶段，学生会面临资源缺乏、无法继续的情况。因此，为支持学生完成学习任务、实现目标，教师可给学生提供解决问题的学习资源或进行导航，其中包括相关的网络地址、参考书目、文献索引以及其他多种媒体资源，从而减少学生查找资源的盲目性。还可以给学生提供相应的社会资源，提高学生的理解力。

4 交流型学习支架

在整个项目化学习阶段，师生、生生间离不开交流和分享。因此，教师可提供交流型学习支架，为学生提供交流的主题和机会，指导学生交流的方法、技巧等，使学生知道如何与他人进行交流学习，认识到与他人交互协作学习的重要性。通过信息分享、观点碰撞，达到鼓励、启迪的作用，为通过方案解决问题打下基础。

5 评价型学习支架

在整个项目化学习阶段，不管是过程还是结果，教师需要为学生提供自评或互评的方法和机会，目的是让学生明确各个阶段处于哪种状态，离目标还有多远，最终目标是否实现，从而调控小组和个人的学习进程，维持学习动机，感知学习目标，促进反思与迭代。

思考：除了以上5种常见的学习支架，结合平时学科课堂教学，你觉得还有其他哪些类型的学习支架呢？

任务：将评价型学习支架嵌入你所教学科的课堂教学之中，并写下学习支架使用后的反思。

四、学习支架的常见形式

前面我们介绍了学习支架的 5 种类型，每一种类型的学习支架通常都会有多种呈现形式，我们在这里列举 5 种常见形式。

1 举例说明

举例说明是指教师通过提供具体范例来引导学生进行认知和理解。范例中往往包含特定主题学习中最重要的探究步骤或最典型的成果形式，教师可以利用范例将思维过程结构化、具象化，促使学生在感知的基础上进行应用迁移。

2 提出问题

提出问题是项目化学习过程中最常见的学习支架形式。在学生学习目标和现有认知水平之间的最近发展区内，教师通过设置问题，帮助学生搭建思维阶梯，驱动其进行思考和探究。作为学习支架的问题，要有较强的引导性和可操作性。

3 提出建议

提出建议是教师在充分了解学情的基础上给予学生直接支持和帮助的一种有效方式。主要用于导学，为学生提供一个整体有序的学习思路，引导学生逐步开展学习，从而避免盲目和无序。其样式可以是导学图、提示语等。

4 操作指导

操作指导是指在学生观察、采访、实验、制作等实践环节中，教师提供相应的操作规程，以保障操作的科学性和安全性，从而提高学生的学习质量和学习效率。一般以手册或指南的形式呈现，起到导行导知作用。

5 图示表格

图示表格具有直观性和概括性，可化繁为简，突出重点，是常见常用的学习支架形式之一。教师通过图形、表格等搭建框架、梳理内容，引导学生将知识系统化、序列化和可视化，提高学生全面分析、比较归纳等能力。

思考：学科不同，对学习支架选择也会有一定区别。想一想，你所教学科往往采用哪种形式的学习支架？假如要使用新的学习支架，你会做何选择？请说明理由。

任务：在你的同一个教学环节中，尝试使用不同形式的学习支架支持学生学习，然后对比效果，分析学习支架形式与学习质量之间的关系。

接下来请你观看项目化学习慕课 4-1，结合视频深入了解什么是学习支架。

拓展阅读

通过在知网上查阅文献，你可以发现除了本书详细介绍的 5 种类型的学习支架，还有其他类型的学习支架，比如任务型学习支架。

任务型学习支架：教师通过对项目化学习任务的分析与加工，帮助学生明确和分解在完成学习目标的过程中需要做哪些事情，从而使学生获得不同层次的具体研究任务，并深入理解每一项任务，从而逐渐形成自己对完成此类任务的思路。（张丽霞 等，2011）

延伸任务

对某个项目化学习案例中的学习支架进行分类整理，并尝试优化其中的 1—2 个学习支架。

第二课

项目启动阶段的学习支架

📖 **学习地图**

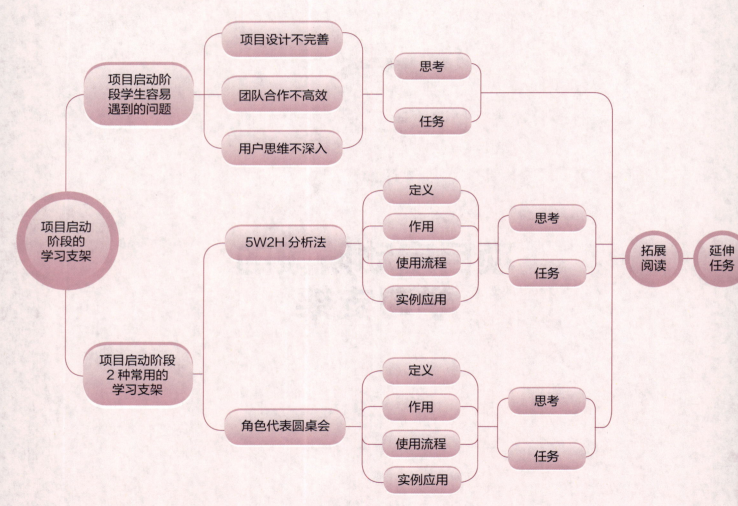

图 2-1　第二课学习地图

🎯 研修目标

❶ 了解项目启动阶段学生容易遇到的问题。

❷ 知道项目启动阶段学习支架的作用和使用流程。

❸ 掌握项目启动阶段 2 种常见的学习支架。

📖 核心概念

项目启动阶段 整个项目的起点，学生在这个阶段需要明确自己的项目设计目标与方向，制订合理的项目实施计划，规划好最终展示的成果。可以说本阶段学生规划的好与坏直接影响整个项目的质量。

📝 课程内容

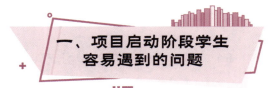

一、项目启动阶段学生容易遇到的问题

1 项目设计不完善

项目启动阶段是整个项目化学习研究的起点。学生在进行项目整体设计的时候，需要考虑的因素有很多，但是由于实践经验、社会经历缺乏等因素，学生在设计时往往会"丢三落四"，难以把项目目

标、项目实施路径、预期成果等设计清楚。

2 团队合作不高效

项目的目标达成需要整个项目组团队合作的力量。学生进行小组分工时，如果没有根据成员的能力、项目的要求、各阶段的任务需求进行合理安排，那么在项目的实践过程中，成员间的"摩擦"就会降低团队的合作效率。

3 用户思维不深入

学生在项目设计、产品制作过程中，比较容易出现"自我中心"的问题，对产品的实际使用对象考虑不充分，并较少从用户角度出发考虑问题，学生的"共情"能力还有待提升。

思考：在项目启动阶段，你认为学生还会遇到哪些问题？

任务：针对其中一个问题，设计相应的学习支架帮助学生解决问题。

接下来请你观看项目化学习慕课 4–2，结合视频一起来了解项目启动阶段 2 种常用的学习支架。

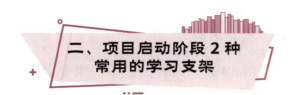

二、项目启动阶段 2 种常用的学习支架

1 5W2H 分析法

（1）5W2H 分析法的定义

5W2H 分析法又叫"七问"分析法。5W 包括：What（是什么和要做什么）、Why（为什么）、Who（对象是谁，谁来做）、When（什么时间开始和结束，什么时机最佳）、Where（什么地点）。2H 包括：How（怎样做）、How much（做到什么程度，成本多少）。

（2）5W2H 分析法的作用

- 5W：具体分析项目目标，明确项目设计需求。

通过 5W 问题，学生一个问题一个问题地对项目进行分析，从而细化分析方向，让分析更加有依据，更容易操作，帮助学生明确整个项目的设计需求与目标。

- 2H：明确项目实施方式与成果要求。

通过 2H 问题，学生能够很好地知道大家需要收集的材料，知道最终成果展示的要求与目标，能够做到"以终为始"。2H 问题能够指引整个项目的实施。

（3）5W2H 分析法的使用流程

- 提供支架，解释说明。

教师给学生提供 5W2H 分析法的量表，并解释说明"5W"与"2H"的具体意义。

- 组织交流，分析问题。

教师组织学生进行讨论交流，利用 5W2H 分析法对驱动性问题进行深入的分析。

- 汇总意见，得出结论。

讨论结束后，将讨论的结果进行汇总，最终形成完整的 5W2H 分析表。

（4）5W2H 分析法实例应用（以"婴儿产品改进设计"中 5W2H 分析法使用为例）

在该课例中，教师一开始就提供了 5W2H 分析法的表格，并对该学习支架进行了说明。学生在教师的引导帮助下进行观察、交流，收集相关信息，并分析问题。再通过小组合作、全班分享汇报的形式进行反馈，师生共同汇总意见，得出结论，从而完成该项目的 5W2H 分析表。

最终教师借助 5W2H 分析法帮助学生明确了项目"是什么""怎么做"，具体地分析了项目目标，明确了设计需求，借助 2H 问题帮助学生明确整个项目的实施方式与成果要求。

提供支架名词释义		组织交流分析问题		汇总意见得出结论

5W2H 分析表	
What	
Why	
Who	
When	
Where	
How	
How much	

What	"婴儿产品改进设计"项目
Why	为减轻长辈的负担，给弟弟妹妹提供更多的关心和照顾
Who	婴儿、家长
When	设计制作时间只有 5 个半天
Where	使用地点根据场景而定
How	基于以上分析，我们该怎么做？怎样更好地完成婴儿产品的改进设计？
How much	最终需要交付：平面设计图、立体设计模型、设计过程性说明书（学生手册）、其他设计材料

图 2-2　"婴儿产品改进设计"中 5W2H 分析法使用示例

思考：在日常学习生活中，你是否使用过"是什么，为什么，怎么做"这样的分析方法呢？它与 5W2H 分析法有何异同？

任务：请用 5W2H 分析法对你身边的某产品进行分析并提出改进意见。

2 角色代表圆桌会

（1）角色代表圆桌会的定义

角色代表圆桌会指的是学生通过前期采访，了解某个群体的需求后，以全员平等的圆桌会的形式表达这些角色的需求与意见。

（2）角色代表圆桌会的作用

- 真实体验，加强共情。

参与角色代表圆桌会，学生需要调查与分析不同角色的需求，在此基础上，扮演不同角色参与讨论。学生在经历了这样完整的调查了解、深入分析的过程之后，对用户需求了解得更加深入。角色代表圆桌会可以加强项目的真实性，有助于学生以用户思维进行思考、分析。

- 观点碰撞，提升深度。

在角色代表圆桌会上，学生作为一个群体的代表，他们天然地带有一种责任感、荣誉感，为自己代表的用户发声，从用户的角度考虑问题。在相互的观点碰撞中，能够产生新的灵感，提升项目设计的深度与广度。

（3）角色代表圆桌会的使用流程

- 开展角色调查。

引导学生进行问题分析，明确与问题相关的若干角色代表。

- 记录用户需求。

对相应角色进行采访，明确用户需求。

- 组织圆桌讨论。

根据采访中表达的诉求，扮演不同角色阐述观点，形成问题链。

- 精制驱动性问题。

对不同角色的需求进行提炼总结，分析解决问题的约束条件。

（4）角色代表圆桌会实例应用（以"生态小水池·智慧大未来"项目中角色代表圆桌会使用为例）

在该案例中，角色代表圆桌会的使用分为四个环节。第一环节——开展角色调查。教师引导学生进行问题分析，明确与问题相关的若干角色代表（如保安、环卫工人、校长、科学老师、体育老师、家长等），组织学生撰写采访提纲、告知注意事项等，为后面环节做准备。第二环节——记录用户需求。学生基于前期提炼的若干问题，对相应角色进行采访，并记录角色提出的需求。第三环节——组织圆桌讨论。该环节也是该学习支架运用过程中的重点环节。学生根据第二环节中采访对象所表达的需求，扮演不同的角色阐述观点，召开角色代表圆桌会开展讨论，对存在争议的问题进行讨论。第四环节——精制驱动性问题。在教师的引导下，学生对不同角色的需求进行提炼总结，并分析解决问题的约束条件，为后续的方案制定奠定基础。

| 开展角色调查 » | 记录用户需求 » | 组织圆桌讨论 » | 精制驱动性问题 |

角色调查

用户需求记录表

组织圆桌讨论

我代表的角色	保安 / 校长……
需求	需求 1
	需求 2
	……
疑问	疑问 1
	疑问 2
	……
建议	建议 1
	建议 2
	……

图 2-3　"生态小水池·智慧大未来"中角色代表圆桌会学习支架使用示意

 思考：在项目化学习过程中，你认为哪些环节适合以角色代表圆桌会的形式展开，请说明理由。

任务：请你尝试在自己的项目化教学中运用角色代表圆桌会这一学习支架帮助学生精制驱动性问题。

拓展阅读

除了上述 5W2H 分析法和角色代表圆桌会，在项目启动阶段，还可以应用其他的学习支架，如问题树分析法。

问题树分析法是一种以问题清单形式来分析存在的问题及其相互关系的方法。首先将一个已知问题作为主干，然后开始思考这个问题与哪些相关问题或子任务有关，每想到一点就给这个问题（也就是树干）加一个"树枝"，并标明这个"树枝"代表什么问题，一个大的"树枝"上还可以有小的"树枝"。依此类推，直到找出所有相关的问题。（拉塞尔，2001）

通过问题树分析法来剖析问题，一般有三个步骤：第一步是明确"主干问题"，列出问题树框架；第二步是将主干问题分解成第一层级的若干个相关问题（子任务）；第三步把所能想到的"树枝问题"按照子任务分类归纳，最终形成完整的"问题树"。

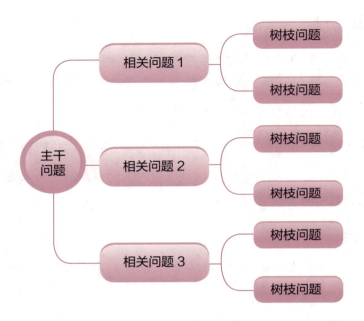

图 2-4　问题树分析法的架构

延伸任务

　　你要到某市实验小学五年级某班开设某堂项目化学习公开课，要完成这个任务，你将要解决一系列的问题，请尝试使用 5W2H 分析法或问题树分析法来剖析存在的问题。

第三课

项目实施阶段的
学习支架

学习地图

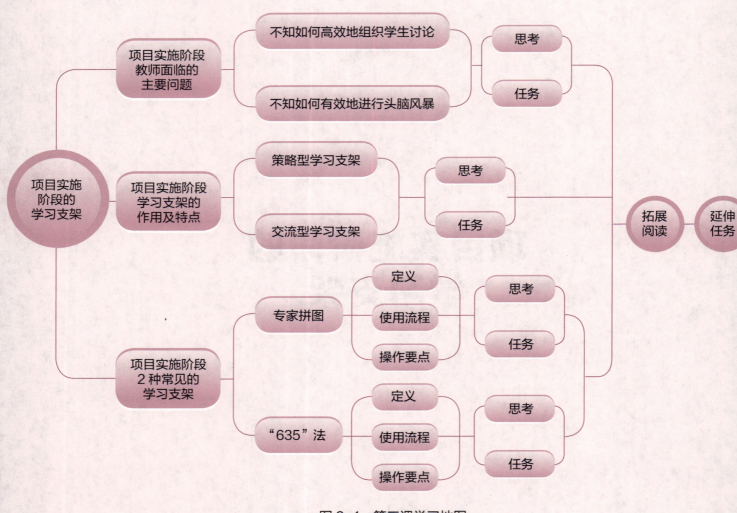

图 3-1　第三课学习地图

研修目标

❶ 了解项目实施阶段教师面临的主要问题。

❷ 知道项目实施阶段学习支架的作用及特点。

❸ 掌握项目实施阶段 2 种常见的学习支架。

核心概念

项目实施阶段 项目实施阶段包括建立知识、理解、技能阶段和发展、评论、修订产品阶段。在建立知识、理解、技能阶段，学生学得越多，问的问题也就越深刻。在发展、评论、修订产品阶段，学生可以应用自己所学的知识解决驱动性问题。前一阶段和后一阶段是循环往复的，因为如果学生需要改进他们的作品，则需要更多的知识并增进理解和培养技能。（拉尔默 等，2019）

项目实施阶段的学习支架 在建立知识、理解、技能阶段，教师的主要工作是给学生提供策略型学习支架等，尽可能独立地回答学生的问题。在一个项目中，学生不仅要学习内容，而且要创造高质量的产品。因此，在发展、评论、修订产品阶段，教师的主要工作是给学生提供交流型学习支架等，尽可能鼓励学生发挥创造力。（拉尔默 等，2019）

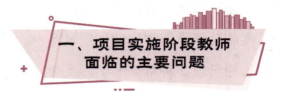

课程内容

一、项目实施阶段教师面临的主要问题

1 不知如何高效地组织学生讨论

在项目实施阶段，学生一般需要通过讨论来联系新知和问题。在这个阶段，往往会碰到这样的情况：用于解决问题的新知识涉及领域比较广，如在"交通工具狂想曲"项目中，需要考虑动力、结构、外观、品牌和成本 5 个设计因素，每个因素又包含许多新知识，如果让学生逐一学习后再来解决问题，时间耗费太多，延缓项目进度，同时知识容易碎片化，不利于个体学习与整体项目推进。所以，如何高效地组织学生进行讨论就成为教师面临的主要问题。

2 不知如何有效地进行头脑风暴

在项目实施阶段，需要学生通过头脑风暴来开发产品。在这个阶段，可能会碰到以下情况：有些不善于发言或不喜欢发言的学生会被边缘化，难以达到全员参与；发言学生说出自己的创意时，会对组内正在构思的学生产生干扰，难以产生更多的创意；整个过程实际耗时很多，效率低下。所以，如何有效地组织学生进行头脑风暴，让全体学生参与，并且思维活跃、专注创意，也是教师面临的主要问题。

接下来请你观看项目化学习慕课 4-3，结合视频一起来了解项目实施阶段一些常用的学习支架。

思考：你在项目实施过程中，遇到过哪些困难或问题？

任务：在自己实施的项目中，观察并分析学生面临的主要问题并尝试使用学习支架予以支持。

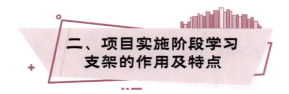

二、项目实施阶段学习支架的作用及特点

1 策略型学习支架

策略型学习支架一般用于建立知识、理解、技能阶段。常见的策略型学习支架有专家拼图和世界咖啡。这 2 种学习支架的使用方法详见"三、项目实施阶段 2 种常见的学习支架"和"拓展阅读"部分。

（1）作用

- 组内成员从自己所学知识领域进行多角度解释说明，对产品进行多方面设计，使得产品的设计更加全面。

- 学生学习新知后，有充分的机会展示、分享所学的知识，从而实现学以致用。

- 小组成员在一个项目中相互补充、运用新知，提高团队合作能力。

（2）特点

- 最大限度地提高课堂参与度和互动性，给每个学生发言的机会。

- 有清晰的学习目标和要解决的问题，使用支架后有明确的方案产生。

2 交流型学习支架

交流型学习支架一般用于发展、评论、修订产品阶段。常见的交流型学习支架有"635"头脑风暴法（以下简称"635"法）、叠加法和创意墙等。

（1）作用

- 短时间内形成足够多的创意，为产品提供更多的可能的设计。

- 帮助学生学会高效思考，提高创新能力。

（2）特点

- 搁置评价：没有错误的答案，创设安全的表达氛围，激发学生的创造力。

- 限定时间：适当的压力能让学生产生更多想法。

思考：项目实施阶段还可以使用哪些类型的学习支架？请结合自己实施的项目说明其作用和特点。

任务：结合所教学科，运用交流型学习支架帮助学生获得更多创意。

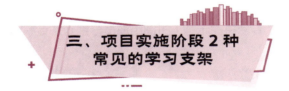

三、项目实施阶段2种常见的学习支架

1 专家拼图

（1）专家拼图的定义

专家拼图是指按照实践和学习将学生进行两次分组，学生实践的小组称为拼图组，是长期组合；学生学习的小组称为专家组，是临时组合。如图3-2、图3-3所示，先将8名学生平均分成2个拼图组，每个拼图组各4人，再根据拼图组人数，将学习任务分割成4个模块。每个模块组建1个专家组，拼图组的每个成员分别到一个专家组中学习需要的知识，直至熟练，成为该模块专家，然后回到自己原来的拼图组，运用各自的专家知识合作解决实际问题。

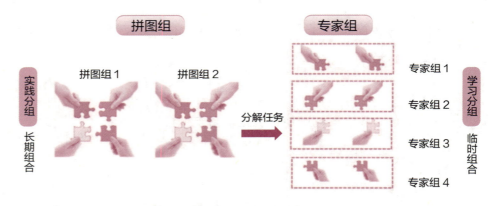

图 3-2　专家拼图示意（拼图组成员分别到各专家组学习）

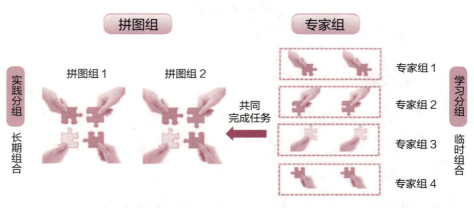

图 3-3　专家拼图示意（各专家组成员学习后回相应的拼图组实践）

（2）专家拼图的使用流程

教师通过活动，组建拼图组并进行组员分工；各组相同分工的学生组成临时专家组，共同学习某一专业知识；学完后回到拼图组，在组内分享自己所学的知识；拼图组使得各部分知识得到整合，小组共同完成整个任务。

（3）专家拼图的操作要点

- 根据学生需要，由学生选择视频、文本、图片等方式学习相应的知识。

- 展开关于文本等相关资料的讨论，将其与学习问题关联起来。

- 提供机会让学生分享信息、交换意见，讨论他们对学习内容的理解以及如何将知识应用于这个项目。

思考：专家拼图适合用在怎样的项目主题之中？

任务：请你尝试在项目中为学生提供专家拼图这一学习支架，分析它在实践中的优点与不足。

2 "635"法

（1）"635"法的定义

"635"这3个数字的内涵为：6个人在5分钟内每人写下3个创意，

循环6次后可在30分钟内获得108个创意（如图3-4所示）。"635"法是引导学生开动脑筋，促进学生互相启发，短时间内产生更多方案的一种学习支架。

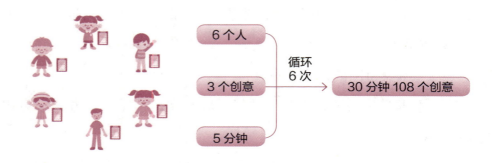

图3-4 "635"法示意

（2）"635"法的使用流程

教师提供便利贴并介绍使用方法；个人在便利贴上绘制设计方案；每人在前一名组员方案的基础上提出改进方案；循环6次，产生108个方案；全班交流，对如何筛选方案提出建议；组内讨论，各小组从108个方案中选出一定数量的、可行的、最有创意的设计方案。

（3）"635"法的操作要点

• 循环后期构思方案比较困难，需要坚持，可在其他学生的方案的基础上加以改进。

• 教师应避免参与头脑风暴，否则学生可能倾向于贴合教师的想法，这样容易限制学生思维发散。若教师需要参与，可在最后一个发言。

思考：教师使用"635"法的过程中，应避免哪些影响学生发散思维的情况？

任务：请你尝试在项目中向学生提供"635"法这一学习支架，分析它在实践中的优点与不足。

拓展阅读

- 世界咖啡（适合于学生同时讨论不同话题）。

每张桌子设置固定数量的座位和一个话题，每张桌子有一位桌主。由学生根据自己感兴趣的话题，自愿承担该话题的桌主。桌主事先准备好讨论的话题，其他学生自选进入任意桌子，讨论中桌主记录讨论成果。一定时间后讨论结束，各桌向全班汇报讨论成果。第一轮结束后，桌主不动，其他学生进入另一张桌子，开始新一轮讨论。（博思，2019）

- 叠加法：是的，而且……

团队可以首先确定一个所有成员都认可的主想法，然后大家一

起在主想法的基础上补充。第一名学生说出自己补充主想法的点子，之后下一位成员运用"是的，而且……"的句式，加上自己的想法，补充前一个人的想法。无论前一个人的想法多么有争议，其他成员都不应评判这一想法，并及时记录这一叠加的过程。

● 创意墙。

在公共空间的墙壁上贴出征集想法的问题，在给定时间内，团队成员可以把自己的想法写在便利贴上贴到问题下面，几天后再回收、整理便利贴上的答案。（博思，2019）

延伸任务

有人认为，专家拼图和"635"法比较耗时，不适用于常态课堂教学，对此你有什么看法？建议你在教学实践中尝试优化其中一种学习支架，使之更具普适性。

第四课

成果展示阶段的学习支架

学习地图

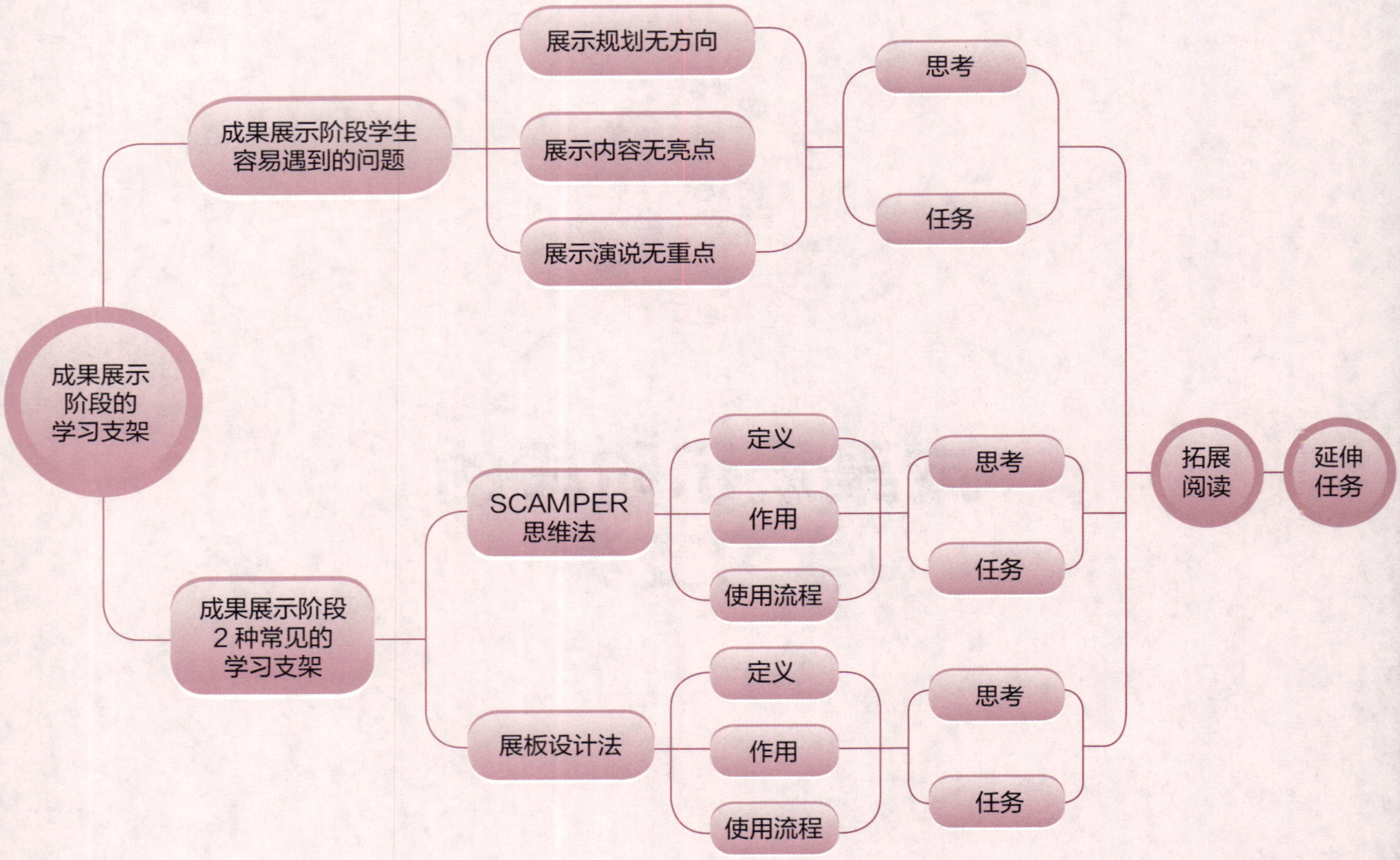

成果展示阶段的学习支架

成果展示阶段学生容易遇到的问题
- 展示规划无方向
- 展示内容无亮点
- 展示演说无重点
- 思考
- 任务

成果展示阶段2种常见的学习支架

SCAMPER思维法
- 定义
- 作用
- 使用流程
- 思考
- 任务

展板设计法
- 定义
- 作用
- 使用流程
- 思考
- 任务

拓展阅读

延伸任务

图 4-1　第四课学习地图

研修目标

❶ 了解成果展示阶段学生容易遇到的问题。

❷ 知道成果展示阶段学习支架的特点和作用。

❸ 掌握成果展示阶段 2 种常见的学习支架。

核心概念

项目化学习成果 项目化学习成果是指在项目化学习结束时产生的作品、产品、报告等。项目化学习要同时考查学生个体和团队在项目中的进展，为此，成果是需要同时面向个体和团队的学习成果。成果不仅是做出东西，更是要解决真实问题，体现对核心概念的理解，展现个体和团队在此过程中的深入理解与探究。

课程内容

在本阶段，学生需要进行成果展示并进行项目的总结和反思。对于学生来说进行成果公开展示是一个综合性比较强、难度比较高的任务，需要教师根据学生需要提供合适的学习支架，帮助学生进行展示、总结。

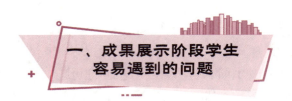

一、成果展示阶段学生容易遇到的问题

1 展示规划无方向

对于学生来说，对自己完成的成果进行一个简单的介绍是让他喜欢并感到自豪的任务，但是作为项目化学习中非常重要的成果展示阶段的展示，我们不仅要让学生展示"成果"，也要让学生将学习"过程"展示出来。如果学生在项目实践过程中没有进行比较完整的积累记录，以及较好的计划，在最终展示环节时就容易变成"无头苍蝇"，杂乱无章，毫无头绪。

2 展示内容无亮点

项目化学习需要为学生创设真实情境来进行实践，成果展示阶段也是如此。作为一个真实的成果展示，吸引力非常重要。如果学生的展示中没有呈现出自己的亮点，整个成果展示环节千篇一律，那么学生的探究兴趣就会下降，不利于学生相互间的评价与学习。同时，对于学生自身而言，没有将自己的亮点展示给大家，是一个非常遗憾的结果。

3 展示演说无重点

成果展示阶段对成果的介绍需要学生来进行讲解、演说。在准备演说内容时，有些学生容易走偏，把所有的内容都拿出来介绍，没有重点，这对成果介绍的效果会起到反作用。

接下来请你观看项目化学习慕课 4-4，结合视频一起来了解成果展示阶段 2 种常用的学习支架。

思考： 你在项目成果展示阶段遇到过哪些问题？

任务： 针对学生展示演说无重点的情况，设计一个学习支架帮助学生更好地介绍成果。

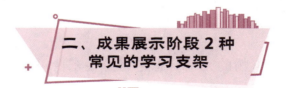

二、成果展示阶段 2 种常见的学习支架

1 SCAMPER 思维法

（1）SCAMPER 思维法的定义

SCAMPER 思维法又叫"奔驰法"，是由美国教育学家、心理学家艾伯尔（Eberle）提出的一种思维工具。它包含7种不同的思考维度，分别是：替代（Substitute）、合并（Combine）、改造（Adapt）、修改（Modify）、改变用途（Put to other uses）、去除（Eliminate）、逆向或重组（Reverse or Rearrange）。SCAMPER思维法提示人们可以从多角度考虑问题，对成果进行完善。

（2）SCAMPER思维法的作用

SCAMPER思维法作为一种常见的创意思考工具，能够通过提供一套恰当的概念框架来帮助学习者寻找灵感，将学习者的智慧从一个水平提升到另一个更高的水平，它主要有以下作用：

- 帮助学生寻找到一些改进的灵感，完善成果展示的内容。
- 给学生展示时的内容呈现提供表达的框架。

下面我们结合实例对SCAMPER思维法中包含的7种思考维度进行解析。

替代：分析事物的元素，思考有哪些东西可以替换。通过替换很小的地方或一个部分，就能获得很好的创新效果。

例如，显微镜是医生诊断疟疾的必备工具之一，但对于疟疾肆虐的非洲来说，显微镜价格昂贵，体积大且较重，不方便乡间医生使用。于是，美国斯坦福大学的生物工程师制造了纸板折叠显微镜，用纸板替代普通显微镜的结构。纸板显微镜可以很方便地折叠，价格只相当于人民币 35 元，它的发明大大减轻了医生的负担。

合并：将事物的元素分解出来，思考与其他东西进行结合，达到 1+1>2 的效果。

例如，在印度的农村，学生很不注意卫生，没有用肥皂洗手的习惯。针对这个问题，一家卫生健康公司发现当地的学生用粉笔做练习题后会主动洗手，于是他们便将肥皂与粉笔结合起来，制作出肥皂粉笔。学生在洗手时残留在手上的粉笔灰会变成肥皂，以此保障学生的健康。

改造：对原有的事物进行审视，发现它的特质和功能，并进行改造和优化。

例如，在一些不发达地区，有的注射针筒在使用后不会立即被销毁，而会重复使用，因此造成疾病的传播。一家医药公司发现了这个问题，将针筒改造成可显示使用情况的注射针筒。这种针筒应用了特殊的材料，使用后就会从透明变成红色，这样病人就能知道针筒是不是已经被使用过了。

修改：我们对事物进行审视后，通过放大、缩小等方法改变其特性，从而达到对原有产品的更新升级。

例如，小孩的身体发育速度很快，今年买的鞋子可能到明年就穿不下了，对于贫困地区的人们这无疑增添了经济负担。针对这个问题，一家公司发明了可以自主调整大小的鞋，鞋头设计了暗扣，家长

可以根据孩子脚的实际大小进行调整。

改变用途：将原事物应用于其他地方，创造出新的用法。

例如，跟显微镜一样，离心机是另一种常用的医学分析仪器，但在贫困地区，医院往往买不起离心机。针对这个问题，美国斯坦福大学的生物工程师从儿童玩具转盘中得到了启发，用纸盘、拉绳和塑料手柄制作出了简易离心机，仅需90秒就可以将血清从血液中分离出来。

去除：做减法，将原本事物的元素分解开，看看有哪些元素是可以去除或省略的，去除产品中消费者不喜欢的元素，从而创造出新的事物。

例如，立陶宛的工程师将公交车外壳的颜色去除，发明了透明的公交车，从而减轻了公交车的重量，提高了能源的使用效率。

逆向或重组：即反向思维，将事物的特性列出，并尝试将其中的某些特性翻转过来，通过反常规的方式突出产品的特点。

例如，在世界很多地方血液储备不足，以至于有很多人因缺少血液而无法接受手术。一家医疗公司开发了专门用于回收血液的装置，将手术患者的血液经过过滤后，反向输给患者，以此降低对血液的需求。（陈染 等，2020）

（3）SCAMPER 思维法的使用流程

出示学习支架	▶▶	结合实例理解	▶▶	选择要素展示	▶▶	精准实施评价
讲解 SCAMPER 思维法的使用方式		帮助学生理解 7 种思考维度的具体内涵		根据实际选择相关的要素作为汇报素材进行展示		其他学生可以根据 SCAMPER 思维法中的 7 个思考维度对该次汇报给出评价、建议

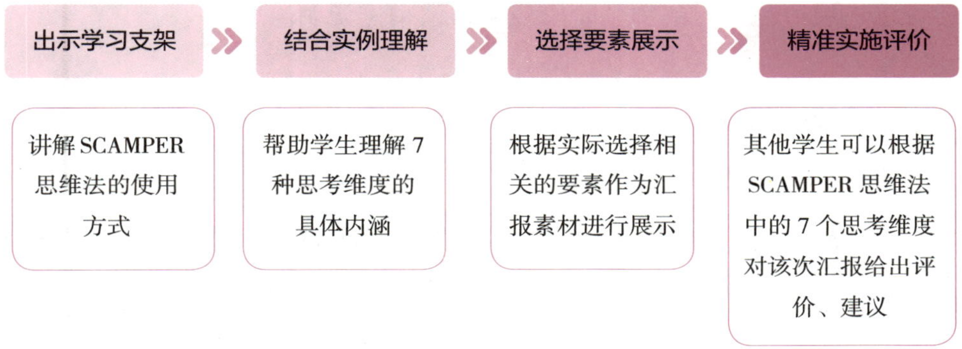

图 4-2　SCAMPER 思维法的使用流程

表 4-1　SCAMPER 思维法分析量表

思考维度	维度分析及改进
替代（Substitute）	
合并（Combine）	
改造（Adapt）	
修改（Modify）	
改变用途（Put to other uses）	
去除（Eliminate）	
逆向或重组（Reverse or Rearrange）	

思考：结合慕课 4-4 中的第一个课例，思考在项目反思环节中，SCAMPER 思维法具体发挥了什么样的作用。

任务：SCAMPER思维法除了可以应用在学习成果的展示阶段，你认为还可以在项目化学习的哪个阶段应用？请举例说明。

2 展板设计法

（1）展板设计法的定义

展板设计法是一种成果展示阶段的呈现方法，教师通过对整个项目的目标进行分析归纳，整理出最关键的几个要点，设计出一个展示模板，学生通过模板中内容的引导进行模块化的构思，丰富自己的展示内容。其载体可以是多样的，不局限于展板，演示文稿、海报设计等各种呈现方式都可以运用。

（2）展板设计法的作用

- 结构化呈现项目实施过程，有助于学生的反思与提升。

学生将展板设计与成果展示相结合，不仅能呈现结果，也能将整个项目实施过程再现出来，不仅完成了成果展示阶段的基本要求，也有助于学生对整个项目经历进行深入的反思并提升学生的设计思维。

- 利用展板设计模板的规定，引导学生聚焦成果展示重点。

展板设计法通过展示模块结构化的设计，引导学生有侧重地筛选自己的汇报内容，让整个汇报聚焦在研究主题上。

● 培养学生语言表达、信息处理、整体设计等多方面的能力。

展板设计法包含设计、制作、汇报等多个环节，需要学生对自己的项目有足够的总结和提炼，整个过程不仅锻炼了学生的信息处理能力和语言表达能力，而且在设计制作展板的过程中，还需要发挥学生美术创作、书写设计等方面的能力。

（3）展板设计法的使用流程

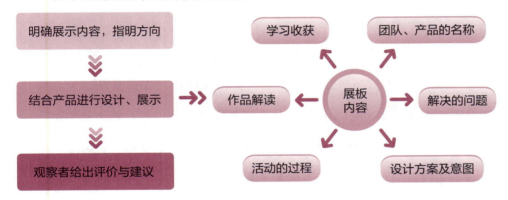

图 4-3　展板设计法的使用流程

教师要对提供的设计模板中各个板块的展示目标进行解释，让学生明白设计的目的，明确设计方向。

比如，"解决的问题"板块，需要描述遇到的挑战和解决的方法；"活动的过程"板块，应体现任务的分解、团队的分工、研究内容的收集与处理等；"学习收获"板块中则可以谈谈在项目中学到了什么，可以通过关键词、举例来进行阐述。

思考：结合慕课4-4中的第二个课例，思考展板设计法有什么优势。

任务：请你在自己的项目中尝试运用展板设计法，帮助学生更清晰更有条理地介绍自己的成果。

拓展阅读

除了上述 SCAMPER 思维法、展板设计法，在成果展示阶段，还可以应用其他的学习支架，如专家答辩法。我们总是强调让学生在"做中学"，但如何才能让学生获得更加真实的学习体验，促进知识在真实情境中迁移呢？不妨试试专家答辩法。

专家答辩法是指学生在教师的监控和导向作用下，以答辩为主，通过明确探索目标、个人独立探索、小组合作答辩、主辩接受质疑、评比计分竞赛、全班共同研讨这些环节来完成学习任务的一种学习支架形式。

图4-4　专家答辩法示意

对于专家答辩法学习支架，有如下实施建议。

在使用专家答辩法学习支架时，教师要帮助学生明确探索目标，要将答辩、竞赛规则讲清楚，以免课堂纪律混乱，要让学生明确自己在该项目中的努力方向，使全体学生进入良好的准备状态。

学生在答辩时需要准备好自己小组的成果及过程性资料，并利用幻灯片、模型展示等方式向专家介绍自己小组的设计思路与产品用途。

在专家问答环节中，对于专家的提问，学生需要及时进行回答并清晰地表达自己的想法，最终专家从各个角度对各小组的方案或成果进行打分。学生要在答辩环节记录下专家的建议，并进行方案或成果的反思与修改。

表4-2　专家答辩记录表

小组名称			
组长		小组成员	
答辩人		答辩记录人	

请答辩记录人记录专家提出的问题和答辩人的回答情况。

问题1：

回答：

问题2：

回答：

年　月　日

专家答辩法是以真实的展示需求再次回应驱动性问题，以专家答辩驱动学生学习，明确项目目标，让学生积极参与到整个教学活动之中的一种学习支架。在教学活动中，通过独立发现问题、思考问题、解决问题等学习过程，学生能轻松愉快地掌握知识，真正体现教为主导、学为主体的现代教学思想。但一种学习支架无论怎样独特有效，总会有一定的局限性，因此要根据项目需求选择合适的学习支架进行成果展示。

延伸任务

请你想一想：如果将SCAMPER思维法和展板设计法结合在一起，会有怎样的神奇效果呢？期待老师们的探索与实践。

图4-5　延伸任务

参考文献

博思，2019. 项目学习PBL：21世纪成功要素[M]. 周进，译. 北京：光明日报出版社：77.

陈染，张宜婕，2020. SCAMPER：发散创意的7个路标[J]. 中国科技教育（1）：60-61.

拉尔默，梅根多勒，博思，2019. PBL项目学习黄金标准[M]. 胡静，张昱华，彭红玲，译. 北京：光明日报出版社：105.

拉塞尔，2001. 麦肯锡方法[M]. 赵睿，陈甦，岳永德，译. 北京：华夏出版社：30-40.

闫寒冰，2003. 信息化教学的学习支架研究[J]. 中国电化教育（11）：18-21.

张瑾，2017. STEM+教育中学习支架设计研究[J]. 现代教育技术，27（10）：100-105.

张丽霞，商蕾杰，2011. 虚拟课堂学习支架的类型及功能[J]. 中国电化教育（4）：27-31.

浙江省教育厅教研室　组织研制

张　丰　管光海　总主编

项目化学习
慕课研修手册

项目化学习的
组织策略

XIANGMUHUA XUEXI DE
ZUZHI CELÜE

本册主编 / 汪湖瑛

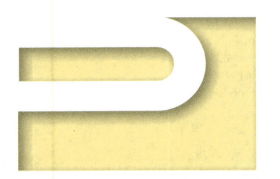
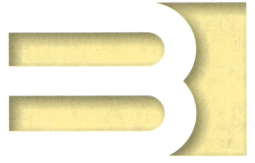

教育科学出版社
·北京·

出 版 人　李　东
策划编辑　池春燕　殷　欢
项目统筹　殷　欢
责任编辑　郑　莉
版式设计　锋尚设计　孙欢欢
责任校对　翁婷婷
责任印制　叶小峰

图书在版编目（CIP）数据

项目化学习的组织策略 / 汪湖瑛主编；浙江省教育
厅教研室组织研制 . — 北京：教育科学出版社，2022.1（2025.1 重印）
　　（项目化学习慕课研修手册：9 册套装 / 张丰，管光
海总主编）
　　ISBN 978-7-5191-2840-1

　　Ⅰ . ①项…　Ⅱ . ①汪…　②浙…　Ⅲ . ①课程—教
学研究　Ⅳ . ① G423.04

中国版本图书馆 CIP 数据核字（2021）第 231877 号

出 版 发 行	教育科学出版社			
社　　　址	北京・朝阳区安慧北里安园甲 9 号		邮　　编	100101
总编室电话	010-64981290		编辑部电话	010-64981357
出版部电话	010-64989487		市场部电话	010-64989009
传　　　真	010-64891796		网　　址	http://www.esph.com.cn
经　　　销	各地新华书店			
制　　　作	北京锋尚制版有限公司			
印　　　刷	北京市大天乐投资管理有限公司			
开　　　本	889 毫米 ×1194 毫米　1/20		版　　次	2022 年 1 月第 1 版
印　　　张	34.6		印　　次	2025 年 1 月第 4 次印刷
字　　　数	270 千		定　　价	248.00 元（全 9 册）

编委会

目录

码 上 学 习

扫码进入本书慕课

前言

项目化学习：教师研修的学习设计

《中共中央 国务院关于深化教育教学改革全面提高义务教育质量的意见》指出："着力培养认知能力，促进思维发展，激发创新意识。……探索基于学科的课程综合化教学，开展研究型、项目化、合作式学习。"项目化学习正是综合体现上述精神的学习活动。它既是落实跨学科学习的重要形式，也是改进学科教学的新的突破口。浙江省自 2016 年启动 STEAM 教育探索以来，逐渐聚焦项目化学习。2020 年，浙江省教育厅教研室策划开展"防疫情"项目化学习案例征集、"项目化学习网络公开课"、"项目化学习博览会"等系列活动，奏响了项目化学习推进"三部曲"。

"项目化学习网络公开课"是一次组织严密、专业深入、参与面广、关注度高的教研活动，其目的是让老师们有机会解构多类型的项目化学习与指导的过程。活动前期，我们先就项目化学习关键要素进行研究，提炼

了素养导向、真实情境、真实实践、高阶认知和真实评价等要素，然后面向全省征集展示项目，要求参展项目充分体现这些关键要素，且是学校已经实施过、较为成熟、具有推广价值的项目。最终确定的各具特色的 8 个项目于 2020 年 9 月 21—25 日通过中国教研网进行了为期一周的现场直播展示。这是浙江省聚焦项目化学习，探索素养立意的新学习形态的标志性活动。8 所展示学校均建构了较为成熟的项目化学习活动组织与指导模式，为全省乃至全国项目化学习的推广提供参考，为项目化学习的推进奠定基础。本次活动完整保留了 8 个项目的现场资料，包括教学课件、教学设计、课程资源包、学生学习手册、教师观课手册、直播视频等。这些资料弥足珍贵，也是研究项目化学习设计与实施的有效素材。

项目化学习慕课的开发创意源于基于网络公开课的项目化学习校本研修。此前，老师们要用 10 余个小时才能看完一个完整的项目。如何提高教师研修的效率？如何给教师更有针对性的引导？我们选择了 3 个较为典型的项目（分别体现课程标准、有效合作、设计思维），以项目进程为序，以关键要点为纲设计 5—7 节微课，结合视频讲解或提示，帮助教师准确有效地理解项目化学习设计与实施的方法要领。不过，对初级入门的教师来说，光

看典型项目剖析还不够，还需要建立起对项目化学习的整体理解，以及对关键问题的准确把握。于是，我们通过文献研究以及对一线教师的需求分析，确定了 6 个项目化学习设计与实施的关键问题，开发相应的慕课，涉及主题包括驱动性问题、项目任务、高阶思维、学习支架、组织策略、评价量表等，最终形成第一系列"聚焦关键问题的项目化学习慕课"（6 门），以及第二系列"基于典型案例的项目化学习慕课"（3 门），共有微课 43 节。

《项目化学习慕课研修手册》（以下简称《研修手册》）的开发启动于 2021 年 3 月。我们于 6 月底完成慕课测试版上线，10 月底完成慕课修订与《研修手册》的编写，短短半年的开发过程也一样经历了确定研修主题、研发研修课程纲要、分析网络公开课视频、拍摄慕课、研制《研修手册》以及建设配套资源等多个细致环节。

此次出版的项目化学习套装产品包括上述两个系列的 9 门慕课以及相配套的 9 本研修手册，构成"资源 + 支架"的学习设计。具体如下。

第一系列：聚焦关键问题的项目化学习慕课

慕课 1——"如何设计驱动性问题"（含研修手册，下同）。包括驱动

性问题的含义、类型、特点、设计及使用，系统梳理了驱动性问题的设计要点。

慕课2——"如何基于驱动性问题设计项目任务"。包括任务及任务的类型、核心任务的标准、核心任务的设计、支持性活动的设计、任务管理的设计，阐述了驱动性问题、核心任务、支持性活动三者之间的关联以及核心任务、支持性活动的设计方法。

慕课3——"如何培养学生的高阶思维"。以布卢姆教育目标分类学中的高阶思维为参考，在总体介绍判断认知层级的两种常见方法的基础上，具体介绍分析、评价、创造三种高阶思维的概念内涵及培养策略。

慕课4——"项目化学习中的学习支架"。介绍了学习支架的来源、定义、类型，并结合项目启动、实施、成果展示三个阶段说明不同支架的作用、使用流程、操作要点等。

慕课5——"项目化学习的组织策略"。介绍了组织策略的分类，并提供了10余个组织策略的基本概念、使用方法、操作流程等。

慕课6——"项目化学习评价量表的设计与应用"。介绍了项目化学习中表现性评价量表的结构、维度、尺度等的设计与应用。

第二系列：基于典型案例的项目化学习慕课

慕课 7——"智能门禁系统的设计与制作——基于课程标准的项目化学习"。以智能门禁系统的设计与制作为例，介绍了基于课程标准设计项目、设计驱动性问题、创设学习任务、提供支持性活动、成果展示与交流、项目管理六个方面的内容。

慕课 8——"交通工具狂想曲——基于有效合作的项目化学习"。以交通工具的设计为例，介绍了驱动性问题的提出、拼图合作学习的组织、项目产品的有效设计与改进、模型的制作与测试、学习成果的展示与评价五个方面的内容。

慕课 9——"婴儿产品改进设计——基于设计思维的项目化学习"。以婴儿产品改进设计为例，探索基于设计思维的项目化学习如何开展，将设计思维的内涵、价值嵌入项目化学习中，呈现了基于设计思维的项目化学习开展过程中教师的具体指导策略与方法。

在《研修手册》中，每一课都设置了"学习地图""研修目标""核心概念""课程内容""拓展阅读""延伸任务"六大板块，在课程内容部分还设置了"思考""任务"等小栏目，为研修者提供引导任务与思维支架。

综合来看，本套《研修手册》有以下三个方面的特点。

一是注重理例结合。9门慕课及相配套的研修手册以项目化学习的设计与实施为主线，围绕教师项目化学习实践的关键问题，结合真实课例进行阐释与分析。读者无论从第一系列的关键问题切入，还是从第二系列的典型案例开始，都能从理例结合的辅导中掌握项目化学习实践的方法与要义。

二是注重任务驱动。成年人的学习应该是结合实践的反思与体验，光阅读与观看未必能形成真正的能力。本套《研修手册》十分注重读者参与的交互性设计，读者在阅读研修手册、观看慕课视频的同时，可随着主题引导下循序渐进的任务，经历思考与探索的过程，在反思与体验中自然进步。

三是注重过程生成。本套《研修手册》基于实践开发，汇集了一线教师项目化学习实践中关心的问题、解决问题的方法。这些问题与方法并不是静态的知识，它们能为进一步发现问题、提出解决方法提供对话和探究的基础。如果你还没有经历项目化学习实践，阅读本套《研修手册》可以了解实践中的问题并思考更多问题；如果你已经是项目化学习的实践者，阅读这套

书可能会有很多的共鸣，并不断思考自己在实践中的解决方案。

本套《研修手册》是基层教研员与骨干教师协作完成的作品。慕课1、慕课2由浙江省杭州市拱墅区教育研究院卢夏萍主持，慕课3、慕课4、慕课5由杭州市上城区教育学院汪湖瑛主持，慕课6由杭州市拱墅区教育研究院狄海鸣主持，慕课7由温州市实验中学徐墨涵主持，慕课8由杭州市卖鱼桥小学郭红梅主持，慕课9由杭州绿城育华亲亲学校陆颖主持。参与慕课开发与手册研制的老师多达69名。浙江省教育厅教研室管光海博士负责产品的整体规划与全程指导。杭州绿城育华亲亲学校蔡文艺、杭州市上城区教育评估与监测中心冯娉婷参与了样章的研制工作。感谢同志们高效、创造性的劳动，感谢教育科学出版社教师教育编辑部编辑们的慧眼与巧笔，让我们携手又为项目化学习的推进提供了灵动与实在的新资源。

限于能力与视野，慕课与手册中肯定还有一些不足之处，敬请读者批评指正。

张　丰

2021 年 10 月 26 日

第一课

项目化学习的
组织策略概述

学习地图

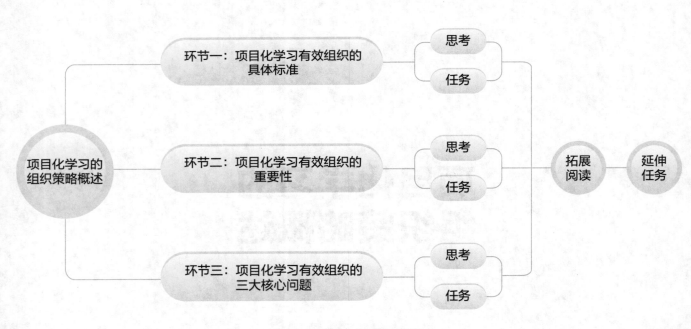

图 1-1　第一课学习地图

研修目标

❶ 了解黄金标准项目化学习教学实践评价量规中关于管理项目化教学活动的相关标准。

❷ 了解利用项目化学习的组织策略管理项目化学习课堂的意义。

❸ 初步了解项目化学习有效组织的三大核心问题及具体策略。

核心概念

项目化学习的组织策略 在项目化学习的组织过程中，采取科学的方法和使用有效的工具对项目流程进行系统而有序的组织，使整个项目结构合理化，最终高效达到预期的学习目标。

课程内容

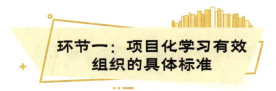

环节一：项目化学习有效组织的具体标准

黄金标准项目化学习中"管理教学活动"的相关内容

致力于推广项目化学习（Project-Based Learning，PBL）20 余年的美国巴克教育研究所（Buck Institute for Education）定义了黄金标准项

目化学习模型（以下简称"黄金标准 PBL"），围绕学生需要具备的核心知识与技能以及成功素养（success skills），提出项目化教学实践应包括七个要素（见图1-2）。

图1-2　黄金标准项目化教学七要素（Larmer et al., 2015）

其中，"管理教学活动"的评价量规主要包括以下三个标准：

• 课堂上有合理的个人和团队工作时间：既有全班讲解，也有小组辅导。

• 能够基于项目的客观情况和学生的个体需求进行均衡分组，学生拥有适当的发言权和选择权。

· 使用项目管理工具（小组日历、团队公约、学习日志等）来支持学生的自我管理，增强其独立自主和协作的能力。在项目实施期间，始终遵照课堂管理要求和班级公约，实现工作效益的最大化，既要设定可行的时间表、检查节点和截止日期，又要保证一定的灵活度。

思考：阅读"管理教学活动"评价量规的三个标准，概括项目化教学实践的核心思想。

任务：选取自己或他人的一个项目案例，运用"管理教学活动"评价量规进行评价，并根据标准对项目案例进行优化。

环节二：项目化学习有效组织的重要性

项目化学习的有效组织十分重要。拥有一个有效的项目管理策略工具箱是很有必要的，这些工具和策略能真正帮助教师在课堂中让项目顺利进行。

如在项目化学习的团队活动中，教师需要运用组织策略帮助学生学会如何自我管理，怎样与他人分工合作，以保障团队活动顺利开

展。团队公约、小组任务单等工具能有效帮助学生学会如何在项目中管理自己的学习和时间。项目日历表可以帮助学生在规定时间内有效开展项目。

思考：观看项目化学习慕课 5-1，简要分析国外 PBL 课堂是如何使用项目工具的。

任务：在自己设计的项目案例中，尝试使用项目管理工具，并说明使用原因、使用效果，分析该工具的功能特点。

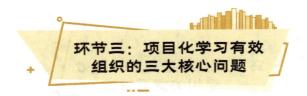

环节三：项目化学习有效组织的三大核心问题

通过分析项目化教学实践的黄金标准以及项目化学习组织的重要性，我们挖掘出项目化学习有效组织的三大核心问题：

核心问题 1：如何通过有效的学习进程管理保证教学进度和教学效果？

通过项目化学习进程管理策略，如项目墙、学习日志，能够在时间跨度较长的项目化学习过程中，让学生始终聚焦在项目目标上，保持对项目的专注度和参与的积极性。

核心问题 2：如何通过有效的活动组织促进学生深度学习？

通过项目化学习的组织策略，如鱼缸会议和循环问诊法（详见本书第三课），可以让学生个人或团队客观评价自身的学习情况，认真听取周围人的意见和建议，调整改进，促进全班深度交流。

核心问题 3：如何通过有效的团队管理促进学生真合作？

通过项目化学习团队管理策略，如组织团建活动、建立团队规则，对成员进行合理的管理，提高团队解决问题的能力与合作能力。

思考：项目化学习有效组织的三大核心问题反映了项目化学习组织管理的哪些特征？

任务：在你的项目案例中，你是否碰到过如何促进学生真合作的问题？你是如何解决这个问题的？

拓展阅读

美国巴克教育研究所创造的适用于 PBL 的黄金准则（Larmer et al.，2015），可以帮助教师进行测量校准并提高他们的实践能力。黄

金标准 PBL 的概念包含三个部分：（1）学生学习目标；（2）项目设计核心要素；（3）基于项目的教学实践。

项目化学习的目标，不仅关注课程标准下各科核心知识与技能的学习与掌握，同时也关注学生成功素养的培养，包括对批判性思维、解决问题的能力、团队协作能力和自我管理能力的培养。

黄金标准 PBL 项目设计核心要素主要包括以下七点（见图1-3）。

图1-3 黄金标准 PBL 项目设计核心要素

1．具有挑战性的问题

项目化学习的核心是解决一个有意义的问题。这个问题应该具有一定的挑战性，能促使学生积极思考、主动学习，激发学生的兴趣。它没有标准答案，同时又不能难到让学生望而却步。

2．持续探究

项目化学习的过程中，学生针对提出的问题，查找、整合和使用信息，持续开展具有深度、广度的探究。

3．真实性

项目的真实性，一方面体现在以解决真实世界的实际问题为目标，应用真实的工具和评估标准，成果或产品会产生真实的影响上；另一方面，若项目能真实地体现出学生个人的兴趣爱好或生活中关心的问题，也会为项目的真实性加分。

4．学生的发言权和选择权

学生需要对项目有自己的发言权和选择权，包括做什么和怎么做。

5．反思

学生和教师在项目过程中需要针对各个环节进行反思，包括学习的内容、探究和项目执行的有效性、项目成果的质量、项目中遇到的问题及解决方案。要从反思经历中学习。

6. 评价与修改

学生需要提出及接受意见和建议，并知道如何基于反馈来改进他们的执行方案、完善他们的产品。

7. 项目成果的公开展示

学生以小组协作的方式面向公众介绍、演示项目成果。

各位进行项目化教学实践的老师，如果你阅读了本课内容并观看了项目化学习慕课 5-1 后，对项目化学习的设计与组织过程还存在困惑，不妨继续深度了解黄金标准 PBL，希望可以有所启发！

延伸任务

通过拓展阅读，我们了解了项目设计的七个核心要素。请你尝试将其中的一两个核心要素运用到所教学科之中，并简要撰写实践反思。

第二课

项目化学习
进程管理

📖 学习地图

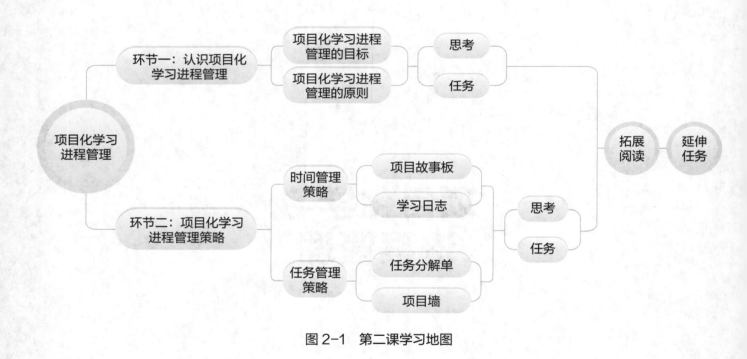

图 2-1　第二课学习地图

研修目标

❶ 认识项目化学习进程管理。

❷ 理解在项目化学习中进行进程管理的必要性。

❸ 学会使用几种项目进程管理策略，辅助学生记录、反思学习行为，推动项目进程。

核心概念

项目化学习进程管理 项目化学习中采用科学的方法确定进度目标，制订进度计划，进行进度控制，保证项目按时完成的过程。项目进程管理包括时间管理和任务管理。

课程内容

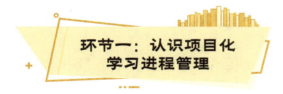

环节一：认识项目化学习进程管理

与传统的以教师为主导的课堂教学相比，项目化学习在学习时长、学习内容和组织形式上呈现出不同的特点（见图 2-2）。

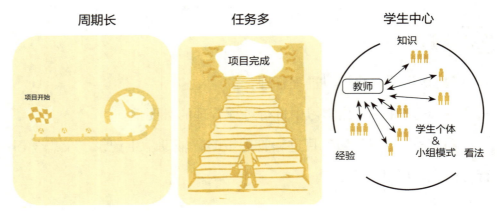

图 2-2　项目化学习的特点

学习时长上，项目化学习的周期更长，长则 3 到 4 周，短则 1 到 2 周。

学习内容上，学生在项目化学习过程中往往要完成多个任务，包括发现问题、调查分析、创想方案、建模测试、迭代优化等。

组织形式上，项目化学习以学生为中心，以团队合作为主要形式。

思考：请你思考在项目化学习过程中进行进程管理的必要性。

这种长周期、多任务、以学生合作为主的学习，如果缺乏学习进程管理，往往会出现随意无序、各自为政的现象。因此，引导学生进行项目化学习进程管理是非常必要的。

一、项目化学习进程管理的目标

项目化学习进程管理的主要目标是在规定的时间内，制订出合理的进度计划，在按照计划执行的过程中，定期检查实际进度是否与计划进度相一致，最终实现项目完成。

二、项目化学习进程管理的原则

1．以学生为中心

学生是项目化学习的主体，教师是项目化学习进程的组织者、引导者和促进者。学习者作为学习活动的主体，其具有的认知、情感、社会性等方面的特征都将对学习过程产生影响，学生积极主动地参与到项目进程中是项目化学习取得成功的决定因素。一个项目的进程管理更是要以学生发展为出发点。

2．自主性

项目化学习进程中，要给学生一定的自主权，让学生小组合作自主管理项目的进程，促进深层次学习。项目实施是一个逐步给学生赋能的过程，要让学生在实施中承担起学习的责任，发现自己的擅长之处，学会学习与思考。在初期的项目中，教师可以进行策略的示范，让学生学会分析问题与解决问题。在经历几次项目化学习后，学生一般可以比较熟练地自己规划项目的问题解决路径，组建团队和进行分工，做好项目管理。

任务：请对照项目化学习进程管理的原则，反思改进你正在开展的项目进程管理方式是否合理。

环节二：项目化学习进程管理策略

项目化学习进程管理策略是保障项目按时且高质量完成的科学有效的管理方式。进程管理重点在时间进度和内容进度上，因此，可以采用时间管理策略和任务管理策略进行有效管理。

一、时间管理策略

时间管理策略指向时间进度管理，通过制订合理的时间计划保证项目持续开展直至项目完成。项目故事板和学习日志是比较典型的时间管理工具。

关键策略

◎项目故事板——按时间顺序记录项目子任务完成情况

项目故事板的时间可以以"日"为单位，也可以以"周"为单位，记录方式主要是用文字描述，也可以粘贴照片，示例见图2-3。记录内容主要是项目完成情况、反思及下一步任务。项目故事板可以是装订好的小册子，也可以是一张大海报，由各小组指定组员填写，教师定期进行检查和指导。

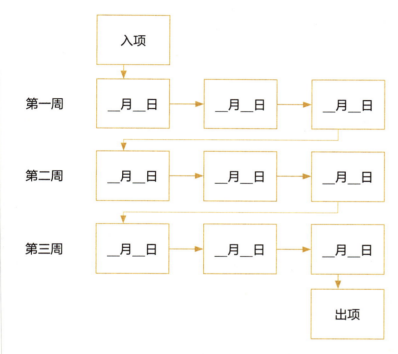

图 2-3　项目故事板示例

编制项目故事板前要进行详细的项目结构分析，系统地剖析整个项目结构构成，包括实施过程和细节，规范地分解项目。

任务：请你依照图 2-3 所体现的必要元素，结合正在开展或者准备开展的项目，设计项目故事板。

关键策略

◎学习日志——记录学生个体项目化学习活动进展

学习日志可以帮助控制项目进程，进行阶段性反思，提出有意义的问题，为下一步工作提出改进思路，推动整个项目的学习进程。

思考： 结合项目化学习慕课 5-2 视频中的学习日志表单填写，思考教师该如何使用学习日志。

基于不同的项目化学习活动，学习日志的内容不同，使用时机也不同。学习日志主要分为以下三类：反思类、进程管理类以及项目评价类。

- 反思类学习日志一般包括以下四个维度：回忆每天的学习活动，记录完成较好的方面，提出仍需改进的方面，反思改进的方法（见图 2-4）。

- 进程管理类学习日志更侧重于记录项目进度和完成节点（见图 2-5）。

- 项目评价类学习日志则更关注项目化学习进程中的评价（见表 2-1）。

每日学习日志

我做了什么？ | 完成较好的方面？ | 仍需改进的方面？ | 该如何改进？

图 2-4 反思类学习日志

每周学习日志

姓名：

周起始日：

本周感受：

本周我做了哪些事：

我做得不错的方面：

我遇到的问题：

老师的评价：

图 2-5 进程管理类学习日志

表 2-1 项目评价类学习日志 [1]

学习课题					
学习目标					
日期	分数	评价名称	评价类型	徽章	评价
				☺	
				☹	

---

[1] 表中"评价名称"可以包括项目前评价、项目中评价及项目后评价。"评价类型"可以分为形成性评价及终结性评价。教师可以在"评价"一栏用一两句话进行评价。

📝**任务**：对比三种类型的学习日志，选择其中一种，在自己的项目中实施，确保学生完整记录项目学习的进程，进行项目反思和行为调整。

二、任务管理策略

任务管理策略是指向任务进度的一种管理方式。通过设置合理的独立小任务，保证项目持续开展直至完成。任务分解单和项目墙是较为常见的任务管理工具。

关键策略

◎任务分解单——记录项目分解后的必要知识和技能

任务分解单是指教师将完成项目的必要知识、技能进行分解，设计成各个独立的小任务。小任务涵盖了项目必备的基础知识和技能。那么教师该如何设计呢？

教师首先应对项目内容进行分解。表 2-2 演示了该如何将项目目标通过不同的活动内容进行分解。

表 2-2　任务分解单

项目名称： 项目时长：	学科： 教师：
驱动性问题：	

续表

时间	项目实施进程	评价点	学习支架
	前期准备		
	入项		
	子任务 1	子任务 1 成果	
	子任务 2	子任务 2 成果	
	子任务 3	子任务 3 成果	
	总成果		
	出项		
	反思与迁移		

　　任务分解单不仅能够帮助教师明确项目过程中需要为学生准备什么资料，而且有助于将大任务分解，让学生能够将注意力集中到待解决的子问题和子任务上，并且循序渐进地完成整个任务。

关键策略

◎项目墙——记录小组或班级项目化学习活动进展

　　项目墙是指在整个项目中指导学习和项目管理的公告板或教室墙壁空间，用于及时记录并直观呈现小组或班级项目化学习进程。项目墙的形式主要有小组项目墙和班级项目墙（见图 2-6）。

思考： 观看项目化学习慕课 5-2，思考班级项目墙有哪些作用。

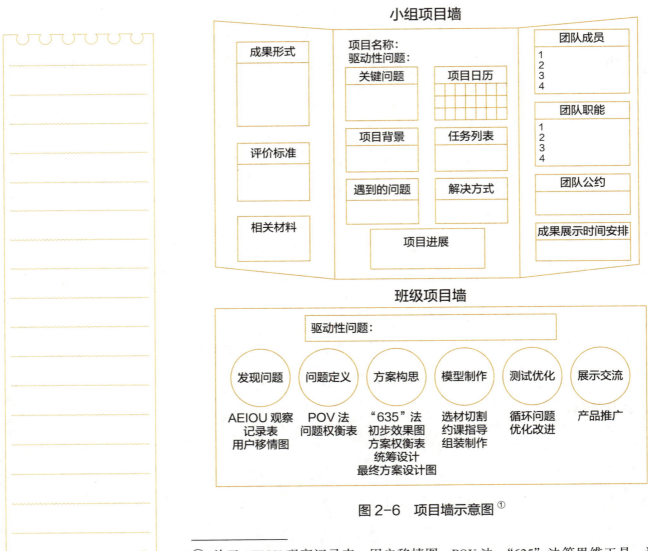

图 2-6 项目墙示意图①

———————————

① 关于 AEIOU 观察记录表、用户移情图、POV 法、"635" 法等思维工具,请详见本慕课研修手册中的《婴儿产品改进设计——基于设计思维的项目化学习》分册。

● 小组项目墙由小组管理，通常记录项目研究的驱动性问题、任务列表、遇到的问题、解决方式等，用于及时记录和反馈小组项目研究进程，有时也用于组间交流与互助。

● 班级项目墙通常由教师管理，用于记录项目推进过程中的重要任务节点，同时提醒小组的项目进展应该达到的程度，是管理班级整体项目进展的工具。

任务：请你尝试选择小组项目墙或者班级项目墙，来帮助学生更加明确、有效地管理项目化学习进程。

拓展阅读

除了上述提到的项目化学习进程管理策略外，还可以根据不同项目内容、项目时长等，运用其他进程管理策略，使项目过程结构完整，更具可评价性。如：

"知道 / 需要知道"清单

什么是"知道 / 需要知道"清单？"知道 / 需要知道"清单是指教师根据项目驱动性问题（或某个要解决的问题）列出所有已知相关信息以及待解决问题的信息，以此来检查学生的背景知识和在项目过

程中完成的知识，形成两列表单。

为什么要使用"知道／需要知道"清单？这一清单多适用于项目开始阶段，通过提供具体的知识和任务，帮助学生了解项目特征，激发学生学习关于项目的背景知识。在完成表单的过程中，学生能对照表单内容，设定自我项目学习目标。

◎教师提供两张大白纸并排摆成两列，或将一张大白纸分成两列；

◎在清单的一列，根据项目驱动性问题（或某个要解决的问题）列出所有已知相关信息；

◎相对应地，在另一列列出待解决问题的信息；

◎随着项目的推进，收集到更多信息后，清单每列内容会有所增加或者删减。

📝 延伸任务

请你结合项目化学习慕课 5-2 中的讲解，尝试运用项目化学习进程管理策略，如学习日志、项目墙，结合正在开展或者准备开展的项目，设计相关活动表格，管理项目化学习活动进程。

第三课

项目化学习活动
组织策略

🔖 学习地图

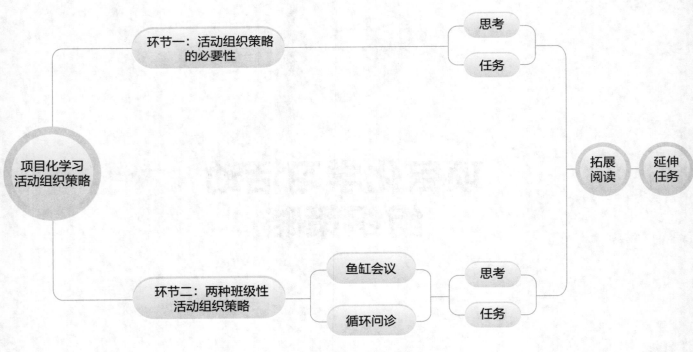

图 3-1　第三课学习地图

🎯 研修目标

① 了解项目化学习中的活动组织策略。

② 掌握两种班级性活动组织策略（鱼缸会议、循环问诊）。

📖 核心概念

项目化学习活动组织策略　　在项目化学习活动的实施过程中超越了个人和小组层面的组织形式的实施方法。这种组织形式适用于班级群体性活动，既扩大了交流规模，又帮助学生获得了更多角度的信息和观点。示意图见图 3-2。

图 3-2　项目化学习活动组织策略示意图

课程内容

环节一：活动组织策略的必要性

首先，提高学生的学习质量和效率。学生通过交流对知识有一定的理解，在活动组织过程中进行深度思考，经过较深层次的认知分析，提高对知识的了解与应用。

其次，充分体现学生的主体性。在学习过程中，采用相应的策略，调动学生的主观能动性，使学生由"学会"转变为"会学"。

思考：项目化学习活动组织策略可以解决项目化学习中的哪些困难？请举例说明。

任务：设计一份班级性项目化学习活动学生表现观察表，并将之用到你开展的班级性活动中。

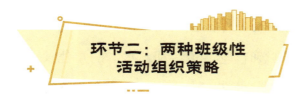

环节二：两种班级性活动组织策略

一、鱼缸会议

鱼缸会议是一种多群体共同交流、分享、诊断的活动组织策略。从形式上看，参加鱼缸会议的成员，在教师的引领下，本着真诚沟通、合作共赢的精神围坐在一起，某位被邀请进入圈中的成员（"鱼"）首先发言，然后接受来自其他小组成员的一切有利于其发展和提升的观点和建议——此时圈中的"鱼"自始至终不能发言，只能倾听他人给予的建议和意见，就好像鱼缸中供人观赏的金鱼（见图3-3）。参加鱼缸会议的其他成员在用真诚恳切的言辞对"鱼"进行集中反馈之后，其他成员也轮流进入圈中，作为"鱼"接受伙伴们的反馈，在这种相互反馈的过程中，伙伴们的心扉被打开，坦诚交流的氛围也逐渐形成。

操作步骤

（1）定主题：明确鱼缸会议的主题。

（2）发邀请：组织方向各小组发一份邀请函，内容包括会议目的、主题、应遵守的规则等；组织方需要主持会议。

（3）定座位：根据人数多少来确定落座方式，人数较多时确保每

个小组配备一名计时员，保证互动效果。

（4）**定角色**：明确首轮"鱼"和"水"的角色及循环方式，开始后每人轮流作为"鱼"坐在圈中，首先完成个人陈述，之后邀请周边的"水"逐一对"鱼"进行建设性的评价和意见反馈。反馈要尽量结合行为和事实，避免主观臆测；"鱼"只能听，可以简单说"谢谢"，但不能有其他反馈；教师的作用就是对违反规则的人及时干预，比如"现在是'水'的反馈时间，请'鱼'保持聆听"。

（5）**做反馈**：整理会议中得到的信息、建议和反馈等内容，对于有价值的合理化建议要及时落实和反馈。

图 3-3　鱼缸会议示意图

思考：结合你任教的学科，在哪些教学环节可以用到鱼缸会议？

具体特征

（1）有序。相比于举手发言制，鱼缸会议内圈配对发言、外圈倾听的规则显得更有章法。发言者可以充分表达，倾听者可以充分思考吸收，然后再到内圈反馈。

（2）深度。鱼缸会议前，教师会明确会议目标，比如提出一个好问题，或者将课堂上学生所说内容运用到论证中，还可以嵌入阅读内容，让学生阅读一篇与问题相关的文章，然后进行讨论等。内外圈聚焦会议目标，集思广益，各抒己见。在内外圈转换过程中，会议问题被延伸得越来越广，挖掘得越来越深，学生实现广泛交流和深度思考。

操作要点

（1）会议前准备：规则说明、问题发布、内圈交流时间等。此外，还可以给外圈学生提供思维框架，比如：交流的观点是什么？认可他的哪些说法？自己的想法是什么？

（2）会议过程中：注意观察，发现学生思想、表达、与教师互动等各方面的亮点和不足之处，对学生进行指导。

（3）会议结束后：组织学生进行总结和反思，让学生补充他们发现的其他任何重要信息。

任务：结合日常教学，思考鱼缸会议对比传统的活动组织策略有哪些优势，并尝试将其应用到教学中。

二、循环问诊

循环问诊是一种循环往复、多轮交流的活动组织策略。其主要流程为：在班级性活动中，每个小组选派一名介绍员，带着小组方案或作品到相邻小组做介绍（即第一组介绍员到第二组，第二组介绍员到第三组，第三组介绍员到第四组，依次类推，见图3-4）。介绍员到相邻组介绍完毕后，相邻组对方案或作品提出建议，介绍员回到本组反馈相邻组建议，小组根据建议修改完善本组方案或作品；然后再派介绍员到下一组介绍，重复上述环节，以获得更多的信息，优化本组方案或作品。介绍员向所有小组介绍完毕，此流程才算结束。

图 3-4　循环问诊示意图

📝**任务**：观看项目化学习慕课5-3，想一想视频中的项目案例是如何运用循环问诊策略的。

从视频中我们看到，循环问诊使组间交流变得有序、有效，充分发挥了班集体的智慧，为项目高质量运行提供了支持。

操作要点

（1）制定规则。循环问诊过程中主要是学生在活动，为避免耗时低效现象发生，教师要制定规则并进行规则管理。比如，时间分配上，对介绍时间、观察时间、反馈时间等都需要有明确规定；形式上，是口头表达还是运用表单、便利贴等书面形式，也需要有规则来明确和要求（见表 3-1）。

表 3-1　循环问诊规则表

时间分配	介绍时间	90 秒 / 组	
	观察时间	60 秒 / 组	
	反馈时间	90 秒 / 组	
反馈形式	口头表达	有	无
	便利贴反馈	有	无
	……	……	……
反馈记录	口头反馈	有	无
	记录表单	有	无
	……	……	……

（2）进行观察。教师要多走动，近距离观察、倾听学生的讨论，从表达能力、倾听状态、反馈效果等角度观察学生，收集学生的信息（见表3-2）。这样便于根据学生的讨论制定后续的相关评价标准，为后续的教学活动开展提供抓手和依据。

表 3-2　教师观察表

维度	水平 1.0	水平 2.0	水平 3.0
表达能力	简单而浅显地表达自己的具体立场	表达自己具体的立场，并考虑到问题的多个方面	表达自己具体的立场时，能够考虑到问题的复杂性，并回应其他人的不同观点
倾听状态	在他人表达过程中，眼神飘忽不定（包括发呆、走神等），有明显的小动作	在他人表达过程中，基本注视着说话者，基本不做小动作	在他人表达时注视对方，神情专注，表达出对他人的尊重，不做小动作
反馈效果	根据反馈和既定标准评估自己解决问题的能力和过程	反思自己解决问题的能力和过程，根据反馈来修订自己的想法或作品	分析自己解决问题的能力和过程，在整个过程中，评估自己解决问题的能力、策略和方法

思考：在循环问诊策略制定规则阶段，还可以设计哪些规则？

拓展阅读

除了上述介绍的两种活动组织策略外，还可以用其他活动组织策略帮助学生获得更多角度的信息和观点，促进团队在项目化学习中的合作与协作，使学生在学习过程中获得更好的成长。如：

背靠背面对面分享法

教师组织学生两人为一组，背靠背站好，教师抛出问题，组织学生独立思考问题；学生思考结束后，转身面向伙伴分享观点；更换新搭档，让学生再背靠背做准备，教师抛出新问题后，学生独立思考；思考完毕后，转身面向伙伴分享观点……。如此反复，直至结束。

这种方法是打破固有搭档模式，让分享变得更有趣的一种活动组织策略。

滚雪球策略

学生先进行独立思考，在合作学习的过程中，再以小组为单位进行交流——先是两人一组，然后四人一组，再是八人一组……。以此类推，彼此交流，完成教师提出的问题或任务。

这种方法可以促进学生以更积极的方式参与课程学习，培养合作解决问题的能力。

延伸任务

　　除了鱼缸会议和循环问诊，还可以采取哪些策略来促进全班的深度交流？在特殊时期，有没有适合线上学习的策略来促进全班的深度交流？请尝试一下。

团队管理策略

学习地图

图 4-1　第四课学习地图

🎯 研修目标

❶ 了解团队管理的目的与意义。

❷ 掌握团队管理的策略。

📖 核心概念

团队管理 项目化学习团队管理是指，在给学生进行分组之后，以团队为项目化学习的基本单位，指导教师对团队进行引导与管理，使得团队内部形成良好的合作氛围，共同完成学习任务。

团队管理策略 以合理、有效的方式对团队进行管理的方法。

📋 课程内容

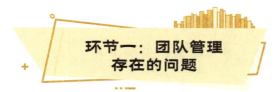

环节一：团队管理存在的问题

项目化学习是一种需要团队成员进行良好合作的学习方式，在实践过程中，容易出现无效的团队合作，导致团队管理出现问题。如果团队成员之间不能真诚直接地交流信息，缺乏足够的信任，不能顺利分享彼此的资源与能力，就会导致工作停滞和效率低下；如果分工不

明确，个人责任被放大，一人主导全局，其余成员打下手，大家就容易丧失积极性；如果成员之间的沟通不够充分，每人只是凭感觉去做事，对影响有效合作的行为无法做出有效的处理，就容易使团队的向心力分散。

上述都是在实际团队合作中可能出现的问题。项目化学习所面向的对象一般是学生，他们心智尚未成熟，教师对他们在合作中出现的问题一定要仔细分析，及时采取措施，这样才能使得项目化学习顺利进行下去。

思考：结合自己的课堂教学，说说你在实施团队管理中遇到的困难。

关键策略

◎情境呈现——找出合作学习中潜在的问题

在设计项目化学习时，大部分任务都会以团队为单位进行，但有时取得的效果与设想的不一样，收效甚微。解决问题的前提是发现问题，教师通过课堂观察，发现合作学习中潜在的问题，从而修改项目方案或制定相应策略。如进行小组讨论时，如果出现团队成员沉默、互不理睬的情况，那我们就要找出这种情况背后的原因，采取措施进行改变，让团队变得积极、和谐。

 思考：结合自己的课堂教学，说说你在实施小组合作学习过程中遇到了哪些问题。

任务：在小组讨论项目环节中，你发现组内某两位学生发言特别积极，而另外两位学生几乎不参与讨论。对此，你会采取怎样的措施？

环节二：团队管理策略

针对项目化学习团队管理中存在的问题，我们可以选择对应的团队管理策略进行解决。根据团队管理策略的性质与形式不同，我们将其分成三类，分别是活动策略、规则策略、评价策略（见图4-2）。

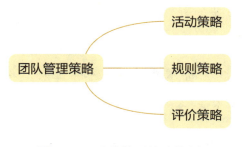

图 4-2 团队管理策略类别

一、活动策略

活动策略是以活动为载体，用一种轻松有趣的方式让团队成员充分接触，认识彼此，消除彼此的陌生感，增加团队成员之间的了解程度，增强团队凝聚力，调节学习过程中的压力，使其在项目化学习过程中劳逸结合，高效活动。

同时，活动策略也可以激发学生的潜能与认知，给彼此赋能，提升团队合作精神与拼搏精神，从而使学生更有效地投入学习，实现能力提升的更大化。

活动策略中最具有代表性的是团建活动。团建活动要求低，趣味性强，每名学生都能参与其中。我们将团建活动分为三类，分别是认识类、合作开展类、互相欣赏类。

关键策略

◎认识类团建活动

认识类团建活动的性质与破冰活动一样，一般设置于项目化学习的入项课。通过做游戏的方式，让相对陌生的团队成员快速熟悉彼此，以顺利开展学习。如小游戏"两个事实和一个谎言"，以小组为单位，每个人说三个自己的喜好，里面两个是真实的，一个是虚假的。然后其他成员判断哪个是谎言，每个人用差不多一分钟的时间陈述自己的判断。最后小组投票判断哪个是谎言。

◎合作开展类团建活动

　　合作开展类团建活动一般设置于项目的每节课或者每个阶段的起始环节，通过简单轻松的合作类小游戏营造氛围，让学生们快速进入合作状态。如项目化学习慕课 5-4 中，"摩天营救"团队活动中的小游戏"同舟共济"是让每个小组所有成员共同站在一张报纸上，每组所站的报纸面积随着活动次数的增多而逐渐减小，能坚持到最后的小组获胜。

◎互相欣赏类团建活动

　　在项目化学习进行到一定的阶段，团队成员间经过了一定的磨合之后，通过表扬、奖励等方式让团队成员互相激励，从而进一步增加成员间的认同感，增强凝聚力。如"摩天营救"团队活动中的小游戏"猜猜他是谁"，让小组某位成员列举组内另一位成员的优点，组内其他成员猜他夸的是谁。

思考：团建活动可以承担哪些功能？

任务：观看项目化学习慕课 5-4，根据视频中所举的例子，设计一个互相欣赏类团建活动，并运用于实践。

二、规则策略

规则策略主要是为了培养学生的规则意识，即发自内心的、以规则为行动准绳的意识。在项目化学习中，出于对团队管理的需要，必须制定相应的规则，如分组的规则、团队职位选任的规则、处理矛盾的机制等。合理有效的规则能使学生的学习活动变得有序、高效。

？ 思考：规则在团队合作中能发挥怎样的作用？

关键策略

◎团队分工

让团队每位成员都有任务，合理的分工能让团队活动变得有序且有效，能防止学习行为的无效重复，使得团队合作的效益最大化。

观看项目化学习慕课5-4，了解团队分工策略。

任务性质不同，分工内容不同。开展"摩天营救"团队活动时，从工作职责角度，将组员分成"引领员""记录员""材料管理员""发言员""计时员"等（见图4-3）。

开展"交通工具狂想曲"团队活动时，从专业领域学习角度，将组员分为"动力设计师""结构设计师""外观设计师""品牌推广师""成本精算师"等（见图4-4）。

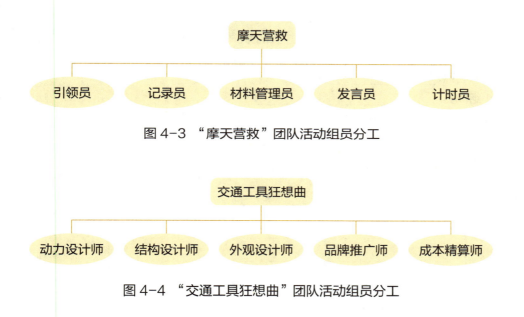

图 4-3 "摩天营救"团队活动组员分工

图 4-4 "交通工具狂想曲"团队活动组员分工

◎团队协议单

在学生协作中，我们有时会遇到团队中个别学生能力过强，导致该学生主导了整个学习过程，其余学生能力得不到提升的情况。有时也会出现团队中多人意见不同，产生争执无法达成共识的情况。针对这些情况，我们可以通过签订团队协议单来解决（见图 4-5）。团队协议单可以确保团队在出现以上问题时，有书面条约指导团队成员解决问题。在学习过程中，团队协议单对团队成员有着指导、激励和制约作用。

📝**任务**：除了以表格的形式呈现团队协议外，还有其他形式或载体吗？请尝试设计一种其他形式或载体的团队协议并运用于实践。

团队协议单

团队名称：_____

小组成员：_____

经小组成员约定，本着合作、平等、互勉、共同进步的原则订立本协议。

小组目标：_____

任务分工：

成员	职务

合作准则：

第一条：_____

第二条：_____

第三条：_____

第四条：_____

......

　　如果小组中有谁违反了我们的共同约定，可以召开团队会议要求这位成员遵守约定。如果这位成员依旧没有做到，我们会找老师来帮助解决。

团队成员签名：　　　　　　　　　　　　日期：

图 4-5　团队协议单

三、评价策略

评价的目的不是选拔"优秀者"，而是促进学生发展。正确运用评价能够让学生清楚地认识自身的优缺点，发现自己的提升空间。而对团队的整体性评价能成为团队磨合、进步的内驱力，团队中的每位成员都会为了使团队得到更好的评价而做出自己的努力。

关键策略

◎团队评价表

团队评价表一般由教师提供，也可以师生共同拟定，包括学生自评、组员互评、教师评价。比如，学生可以从表 4-1 中的五个维度进行评价，针对每个维度可以按照评价标准给同学或自己打分。

思考：评价的目的不仅仅是诊断，更是指导和改进，针对这一评价思想，你会如何合理使用团队评价表以促进学生的深度合作？

任务：请组织一次团队评价表设计活动，总结提炼团队评价设计的关键环节和注意事项。

表 4-1 团队评价表

团队名称：_____　　　　　　　　　　　　　日期：_____

评价维度	评价标准	自评（10分）	互评（10分）	师评（10分）
研究态度	积极主动参与研究，目标明确，按时完成研究任务，兴趣浓厚，求知欲强			
批判性思维	敢于提出问题，有自己的思考、见解，迭代优化方案、模型			
合作能力	能顺利建立小组，且组内分工明确，积极参与讨论及探究，在小组合作中解决问题			
沟通能力	有效进行口头表达，分享思路、问题以及解决方案			
创新能力	积极思考问题，分析测量、检测数据，能优化方案甚至模型			

拓展阅读

在进行合作团队管理的过程中，选拔和培训一个合格的团队队长是团队能够有效开展合作的保证。

1．选拔团队队长

团队队长是团队活动的组织者、领导者、领头羊，团队队长的选拔关乎团队整体合作质量的好坏，所以如何选拔团队队长是实施团队合作管理的重中之重。首先，要明确需要什么样的团队队长。在日常管理工作中，团队队长务必保持谦虚谨慎、虚心求教、认真负责的工作作风。在此选拔的主要依据有：

能够起到榜样带头的作用；

能够及时检查和督促团队成员学习；

能够按时完成教师下达的任务；

能够协调团队成员之间的关系；

能够领导团队成员积极主动参与班级事务管理；

具有很好的组织管理能力。

最后，教师要对班级中的每个学生的情况进行全面了解。了解主要通过入学之初对学生进行的基本情况调查、家长会上对家长的问卷调查，以及学生在入学之初为期三天的入学教育中的表现。了解之后，教师之间充分交流商讨后选定合适的团队队长。选定团队队长后，教师要请其他教师一起做工作，多方面支持团队队长，为团队队长增添成功开展工作的信心。

2. 培训团队队长

为了使团队队长能出色地完成工作，教师要对团队队长进行培训。培训主要通过定期进行的团队队长会议进行，主要内容包括：

（1）培养团队队长的领导和协调能力

团队队长首先要对自己有信心，其次作为团队的领头羊，要起到带头作用，严于律己。

团队队长在团队讨论的过程中能够清楚表达自己的观点并认真倾听队员的观点。

团队队长要多听取队员的意见，不能一意孤行，要学会尊重别人，对好的发言能够表示赞同，有问题多和队员一起协商解决。

团队队长身为团队的领导者，要有责任感，能够分担责任，在团队活动中要主动积极参与，并能带领团队队员主动积极参与。

团队内做好分工，对于一些过于繁重的任务可以让多个队员一起完成，对一些效率低的队员可以安排其他队员去协助完成，要让每一个队员都有参与的机会。

团队队长在领导团队成员时要做到领导有方，要多帮助团队内基础薄弱的同学，能够耐心指导其进步，从而完成团队集体的进步。

团队队长要有竞争及不服输的意识，胜不骄败不馁，带领团队成员不断追求进步，争取把自己的团队建成最优秀的团队。

（2）培养团队队长的传达能力

在团队合作管理中，能够将教师布置的任务及时有效地传达给队员，并能够及时督促队员完成。及时向教师反馈团队的情况。有效组织团队成员开展团队讨论，有问题的话先讨论解决，解决不了再向教师求助。

（3）培养团队队长的团结能力

团队队长要严于律己，以身作则，带头帮助学困生，多组织让学优生带动中等生和学困生的学习活动，营造一个良好的学习氛围。

团队队长在布置团队任务时，要平易近人、心平气和，队员有问题时要耐心地回答，不要盛气凌人，不要用命令的口气。带动其他队员建立互相信任、团结互助的关系。成员之间只有建立相互信任、团结互助的关系，才能以诚相待、荣辱与共，不计较个人的利益得失。（贺静，2017）

延伸任务

在了解了团队管理策略之后，请你选取一个你曾经开展的项目，尝试使用相关策略对其进行优化（见表 4-2）。

表 4-2　优化单

项目名称		实施时间	
原方案			（可附页）
修改点	原内容	修改后内容	备注
一			
二			
三			
……	……	……	……
修改后方案			（可附页）

参考文献

LARMER J，MERGENDOLLER J, BOSS S, 2015. Setting the standard for Project Based Learning [M]. Alexandria, VA: ASCD.

贺静，2017. 初中应用小组合作方式进行班级管理的实践研究：以鄂尔多斯市东联现代中学为例 [D]. 呼和浩特：内蒙古师范大学：8-9.

浙江省教育厅教研室　组织研制

张　丰　管光海　总主编

项目化学习慕课研修手册

本册主编／狄海鸣

项目化学习评价量表的设计与应用

XIANGMUHUA XUEXI PINGJIA
LIANGBIAO DE SHEJI YU YINGYONG

教育科学出版社
·北京·

出 版 人　李　东
策 划 编 辑　池春燕　殷　欢
项 目 统 筹　殷　欢
责 任 编 辑　杨建伟
版 式 设 计　锋尚设计　孙欢欢
责 任 校 对　马明辉
责 任 印 制　叶小峰

图书在版编目（CIP）数据

项目化学习评价量表的设计与应用 / 狄海鸣主编；
浙江省教育厅教研室组织研制 . — 北京：教育科学出版
社，2022.1（2025.1 重印）
　（项目化学习慕课研修手册：9 册套装 / 张丰，管
光海总主编）
　ISBN 978-7-5191-2840-1

　Ⅰ . ①项…　Ⅱ . ①狄…②浙…　Ⅲ . ①课堂教学—教
学研究—中小学　Ⅳ . ① G632.421

中国版本图书馆 CIP 数据核字（2021）第 237759 号

出 版 发 行	教育科学出版社			
社　　　址	北京·朝阳区安慧北里安园甲 9 号	邮　　编	100101
总编室电话	010-64981290	编辑部电话	010-64981151
出版部电话	010-64989487	市场部电话	010-64989009
传　　真	010-64891796	网　　址	http://www.esph.com.cn
经　　销	各地新华书店		
制　　作	北京京久科创文化有限公司		
印　　刷	北京市大天乐投资管理有限公司		
开　　本	889 毫米 ×1194 毫米　1/20	版　　次	2022 年 1 月第 1 版
印　　张	34.6	印　　次	2025 年 1 月第 4 次印刷
字　　数	270 千	定　　价	248.00 元（全 9 册）

编委会

总 主 编：张 丰 管光海

本 册 主 编：狄海鸣

本册副主编：卢夏萍

参 编 者：何淑丹 喻国凤 胡 月

王佳琳 袁华锋 王 欢

许姚龙 丁楠季莎

李凌娟

目录

码　上　学　习

扫码进入本书慕课

前言

项目化学习：教师研修的学习设计

《中共中央 国务院关于深化教育教学改革全面提高义务教育质量的意见》指出："着力培养认知能力，促进思维发展，激发创新意识。……探索基于学科的课程综合化教学，开展研究型、项目化、合作式学习。"项目化学习正是综合体现上述精神的学习活动。它既是落实跨学科学习的重要形式，也是改进学科教学的新的突破口。浙江省自 2016 年启动 STEAM教育探索以来，逐渐聚焦项目化学习。2020 年，浙江省教育厅教研室策划开展"防疫情"项目化学习案例征集、"项目化学习网络公开课"、"项目化学习博览会"等系列活动，奏响了项目化学习推进"三部曲"。

"项目化学习网络公开课"是一次组织严密、专业深入、参与面广、关注度高的教研活动，其目的是让老师们有机会解构多类型的项目化学习与指导的过程。活动前期，我们先就项目化学习关键要素进行研究，提炼

了素养导向、真实情境、真实实践、高阶认知和真实评价等要素，然后面向全省征集展示项目，要求参展项目充分体现这些关键要素，且是学校已经实施过、较为成熟、具有推广价值的项目。最终确定的各具特色的 8 个项目于 2020 年 9 月 21—25 日通过中国教研网进行了为期一周的现场直播展示。这是浙江省聚焦项目化学习，探索素养立意的新学习形态的标志性活动。8 所展示学校均建构了较为成熟的项目化学习活动组织与指导模式，为全省乃至全国项目化学习的推广提供参考，为项目化学习的推进奠定基础。本次活动完整保留了 8 个项目的现场资料，包括教学课件、教学设计、课程资源包、学生学习手册、教师观课手册、直播视频等。这些资料弥足珍贵，也是研究项目化学习设计与实施的有效素材。

项目化学习慕课的开发创意源于基于网络公开课的项目化学习校本研修。此前，老师们要用 10 余个小时才能看完一个完整的项目。如何提高教师研修的效率？如何给教师更有针对性的引导？我们选择了 3 个较为典型的项目（分别体现课程标准、有效合作、设计思维），以项目进程为序，以关键要点为纲设计 5—7 节微课，结合视频讲解或提示，帮助教师准确有效地理解项目化学习设计与实施的方法要领。不过，对初级入门的教师来说，光

看典型项目剖析还不够，还需要建立起对项目化学习的整体理解，以及对关键问题的准确把握。于是，我们通过文献研究以及对一线教师的需求分析，确定了 6 个项目化学习设计与实施的关键问题，开发相应的慕课，涉及主题包括驱动性问题、项目任务、高阶思维、学习支架、组织策略、评价量表等，最终形成第一系列"聚焦关键问题的项目化学习慕课"（6 门），以及第二系列"基于典型案例的项目化学习慕课"（3 门），共有微课 43 节。

《项目化学习慕课研修手册》（以下简称《研修手册》）的开发启动于 2021 年 3 月。我们于 6 月底完成慕课测试版上线，10 月底完成慕课修订与《研修手册》的编写，短短半年的开发过程也一样经历了确定研修主题、研发研修课程纲要、分析网络公开课视频、拍摄慕课、研制《研修手册》以及建设配套资源等多个细致环节。

此次出版的项目化学习套装产品包括上述两个系列的 9 门慕课以及相配套的 9 本研修手册，构成"资源 + 支架"的学习设计。具体如下。

第一系列：聚焦关键问题的项目化学习慕课

慕课 1——"如何设计驱动性问题"（含研修手册，下同）。包括驱动

性问题的含义、类型、特点、设计及使用，系统梳理了驱动性问题的设计要点。

慕课 2——"如何基于驱动性问题设计项目任务"。包括任务及任务的类型、核心任务的标准、核心任务的设计、支持性活动的设计、任务管理的设计，阐述了驱动性问题、核心任务、支持性活动三者之间的关联以及核心任务、支持性活动的设计方法。

慕课 3——"如何培养学生的高阶思维"。以布卢姆教育目标分类学中的高阶思维为参考，在总体介绍判断认知层级的两种常见方法的基础上，具体介绍分析、评价、创造三种高阶思维的概念内涵及培养策略。

慕课 4——"项目化学习中的学习支架"。介绍了学习支架的来源、定义、类型，并结合项目启动、实施、成果展示三个阶段说明不同支架的作用、使用流程、操作要点等。

慕课 5——"项目化学习的组织策略"。介绍了组织策略的分类，并提供了 10 余个组织策略的基本概念、使用方法、操作流程等。

慕课 6——"项目化学习评价量表的设计与应用"。介绍了项目化学习中表现性评价量表的结构、维度、尺度等的设计与应用。

第二系列：基于典型案例的项目化学习慕课

慕课 7——"智能门禁系统的设计与制作——基于课程标准的项目化学习"。以智能门禁系统的设计与制作为例，介绍了基于课程标准设计项目、设计驱动性问题、创设学习任务、提供支持性活动、成果展示与交流、项目管理六个方面的内容。

慕课 8——"交通工具狂想曲——基于有效合作的项目化学习"。以交通工具的设计为例，介绍了驱动性问题的提出、拼图合作学习的组织、项目产品的有效设计与改进、模型的制作与测试、学习成果的展示与评价五个方面的内容。

慕课 9——"婴儿产品改进设计——基于设计思维的项目化学习"。以婴儿产品改进设计为例，探索基于设计思维的项目化学习如何开展，将设计思维的内涵、价值嵌入项目化学习中，呈现了基于设计思维的项目化学习开展过程中教师的具体指导策略与方法。

在《研修手册》中，每一课都设置了"学习地图""研修目标""核心概念""课程内容""拓展阅读""延伸任务"六大板块，在课程内容部分还设置了"思考""任务"等小栏目，为研修者提供引导任务与思维支架。

综合来看，本套《研修手册》有以下三个方面的特点。

一是注重理例结合。9门慕课及相配套的研修手册以项目化学习的设计与实施为主线，围绕教师项目化学习实践的关键问题，结合真实课例进行阐释与分析。读者无论从第一系列的关键问题切入，还是从第二系列的典型案例开始，都能从理例结合的辅导中掌握项目化学习实践的方法与要义。

二是注重任务驱动。成年人的学习应该是结合实践的反思与体验，光阅读与观看未必能形成真正的能力。本套《研修手册》十分注重读者参与的交互性设计，读者在阅读研修手册、观看慕课视频的同时，可随着主题引导下循序渐进的任务，经历思考与探索的过程，在反思与体验中自然进步。

三是注重过程生成。本套《研修手册》基于实践开发，汇集了一线教师项目化学习实践中关心的问题、解决问题的方法。这些问题与方法并不是静态的知识，它们能为进一步发现问题、提出解决方法提供对话和探究的基础。如果你还没有经历项目化学习实践，阅读本套《研修手册》可以了解实践中的问题并思考更多问题；如果你已经是项目化学习的实践者，阅读这套

书可能会有很多的共鸣，并不断思考自己在实践中的解决方案。

　　本套《研修手册》是基层教研员与骨干教师协作完成的作品。慕课1、慕课2由浙江省杭州市拱墅区教育研究院卢夏萍主持，慕课3、慕课4、慕课5由杭州市上城区教育学院汪湖瑛主持，慕课6由杭州市拱墅区教育研究院狄海鸣主持，慕课7由温州市实验中学徐墨涵主持，慕课8由杭州市卖鱼桥小学郭红梅主持，慕课9由杭州绿城育华亲亲学校陆颖主持。参与慕课开发与手册研制的老师多达69名。浙江省教育厅教研室管光海博士负责产品的整体规划与全程指导。杭州绿城育华亲亲学校蔡文艺、杭州市上城区教育评估与监测中心冯娉婷参与了样章的研制工作。感谢同志们高效、创造性的劳动，感谢教育科学出版社教师教育编辑部编辑们的慧眼与巧笔，让我们携手又为项目化学习的推进提供了灵动与实在的新资源。

　　限于能力与视野，慕课与手册中肯定还有一些不足之处，敬请读者批评指正。

张　丰

2021年10月26日

第一课

认识评价量表

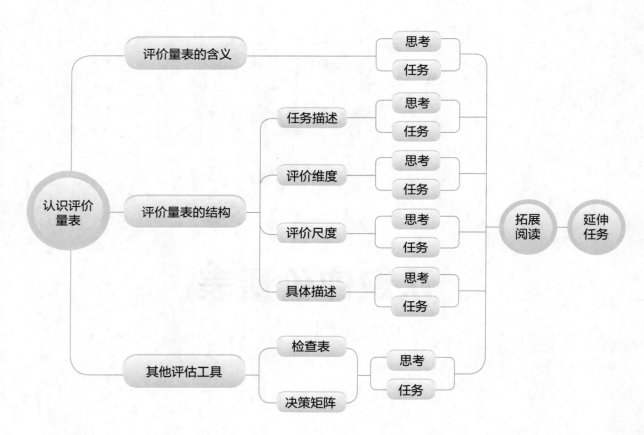

图 1-1　第一课学习地图

🎯 研修目标

❶ 知道一张常规的项目化学习评价量表由任务描述、评价维度、评价尺度、具体描述四个要素构成。

❷ 了解依据不同标准，评价量表可以有不同的分类。

❸ 认识评价量表的不同变式，能正确区分检查表、评分指南评价量表和综合性评价量表。

📖 核心概念

评价量表 一种真实性评价工具，是对学生的作品、成果、行为、表现进行评价或等级评定的一套标准。它将任务分成多个组成部分，并对每个部分不同层次的表现进行详细描述，描述的是对某项任务的具体期望。

评价量表的结构 一张常规的项目化学习评价量表由任务描述、评价维度、评价尺度、具体描述四个要素构成。

📝 课程内容

所有的项目化学习都需要一个配套的评价方案。常规的纸笔测评大多反映的是学生的学业成就和认知能力，而项目化学习会涉及学

生在实际场景中对知识、技能和态度的运用与呈现，因此需要一种真实性评价工具来支持项目化学习。本书提到的"量表"和"量规"都是开展表现性评价的工具，只是界定的角度不同，前者突出的是评价工具，后者则强调了评价的规则与标准。

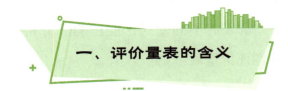

一、评价量表的含义

评价量表是一种真实性评价工具，是对学生的作品、成果、行为、表现进行评价或等级评定的一套标准。评价量表能帮助教师测量学生的学习作品、学习过程和学习成就等方面的学习表现，特别适用于表现性评价。评价量表还能帮助学生明确学习任务，聚焦学习目标，清楚自己的优缺点和努力方向，提高自我评价能力。

思考：在日常教学过程中，你考虑过设计并运用评价量表来评价学生的学习作品、学习过程和学习成就吗？有没有遇到什么困难？把你的想法或困难记录下来吧。

任务：试分析表 1-1 至表 1-3 是不是评价量表。

表1-1　教师观察评价表

主要指标		☆	☆☆	☆☆☆	第一组	第二组	第三组	第四组	第五组	第六组
项目规划		没有制订项目计划，想到什么做什么	口头商议计划，按照计划执行项目	有明确的分工计划表，根据进度实时调整						
设计理念	人机关系	设计上存在一定问题，未考虑使用感受	教室的设计比较合理，能够满足使用者的需求	能够根据实际使用情况，综合多个因素考虑教室的设计						
	功能设计	满足对普通教室的使用需求，具备一般教室的功能	功能规划良好，在教室设计上有突破、有创新，有满足特定需求的设计	有独特的创新点，功能规划有科学性，使用更便捷、更高效						
	分区	无分区设计	分区比较合理，满足学生不同的需求	考虑实用性，各功能区划分清晰，布局科学性强						
产品效果	图纸	绘图不够清晰，无尺寸标注，比例不合理	绘图清晰，有改进方案，在设计图上标注材料及区域的功能	绘图清晰，有改进方案，标注材料、各区域尺寸，有各功能区简介						
	结构	模型不稳固，容易破损，材料使用不合理	小部件连接紧密，但整体模型不稳固，较难维持一定的形态特征	各部件连接紧密，结构稳固，整体稳定性较强						
	美观	没有对教室内部进行美观设计	对教室内部进行美观设计，色彩搭配舒适	产品设计感较强，具有一定的美感						
分工合作		组员之间不能合作完成任务，无分工	分工有序，能在规定时间内完成任务	分工合作，高效完成任务						
迭代改进		对产品的细节进行了改进	能够发现问题、解决问题	根据实际情况合理改进作品						
展示交流		单人展示，表述不够清晰	大部分成员展示，讲解内容比较完整，原理清晰	全员展示，讲解清晰，能够对成本、材料、原理、效果等进行详细阐述						
总分										

表1-2　9月21日自我评价表

维度	☆	☆☆☆	☆☆☆☆☆	自评
合作沟通	和组员沟通较少	基本能正常和组员沟通合作	和组员沟通流畅，能合作完成各项任务	
职责明确	对自己的职责不是很清楚	清楚自己的职责，但不能履行到位	能准确、清晰地完成自己的任务	
调查研究	和组员一起在规定时间内调查出很少的内容	和组员一起在规定时间内调查出一些内容，但不全面	和组员一起在规定时间内调查出丰富、全面的内容	
整理表达	对调查到的内容进行简单整理和表达	对调查到的内容能整理归纳和提炼，能准确表达	对调查到的内容能整理归纳和提炼，能准确表达并回应质疑	

表1-3　智能设备模型测试记录单

序号	测试情况	功能是否实现	如何改进
1	热释电传感器工作		
2	声音传感器工作		
3	LED 灯工作		
4	LED 点阵工作		
5	造型合理，考虑美感		
6	给定材料够用		
7	设计以人为本		

二、评价量表的结构

项目化学习中常见的评价量表一般有四个要素：任务描述（任务）、评价维度（任务所涉及知识、技能、态度的分解）、评价尺度（任务完成的水平）和具体描述（维度按尺度层级进行描述）。举例如下。（见图 1-2）

标题：

任务：

维度	一级尺度	二级尺度	三级尺度
维度 1			
维度 2		具体描述	
维度 3			

图 1-2　评价量表的结构

（一）任务描述

项目化学习中的任务可以是具体作业，比如制作海报、书写调查报告等，也可以是具体行为表现，比如参与度、课堂行为表现等。任务描述是指学生在项目化学习中某个方面需要达成的"表现或目标"

的描述。为了解释任务目标，量表编制者会以整体描述的形式明确表达期望和要求，以便学生能直观清楚地了解分派的任务和评价量表的总体标准。任务描述通常放在评价量表的最上面。

评价量表大多包含描述性标题和任务描述，比如这张"温州市实验中学小组合作自评表"（见表1-4）的任务描述是这样的：在任务进行的各个阶段，小组根据评价标准对组内交流和作品完成进度进行自我评分，以促进项目的顺利进行。

表1-4 温州市实验中学小组合作自评表

任务：在任务进行的各个阶段，小组根据评价标准对组内交流和作品完成进度进行自我评分，以促进项目的顺利进行。

维度	1分	2分	3分
明确目标	目标和挑战不清晰或者不完整	清楚目标和挑战，但是不知道怎么做	知道目标和挑战，也知道接下来大概要做什么
头脑风暴	只有一个人有想法，能提供一些简单的信息	有两三个同学能提供一些信息，但是信息不完整	每人都有想法而且能提供一些必要信息
分工合作	小组分工不明确，只有一两个同学在组织或者做事情，小组成员之间缺少沟通	小组分工明确，个别成员不知道自己的分工，缺少对他人建议的思考	小组分工明确，能认真对待成员的建议，有选择地接受，从而改进设计
优化改进	没有合适的方法进行作品的优化和改进	有尝试对作品进行改进，并对模型设计进行适当的优化	有明确的科学原理和数据依据进行故障排除、测试和改进

思考: 在项目活动实际开展中，我们经常会看到一些评价量表的"任务描述"以描述性标题的形式呈现，然后口头陈述任务。例如，杭州市卖鱼桥小学"我是成本精算师"评价量表（见表1-5），从标题中可以看出这个评价量表的任务和成本计算有关。你觉得这样做的优点是什么？不足是什么？

表1-5 "我是成本精算师"评价量表

	🚗🚗🚗	🚗🚗	🚗	自评
计算准确	☐ 能独立完成计算 ☐ 计算方法正确，结果准确	☐ 基本能独立完成计算 ☐ 计算方法正确，但结果有误	☐ 不能独立完成计算，但能在老师或同组成员帮助下完成计算 ☐ 计算结果正确，但是在老师帮助下完成	
设计合理	☐ 能在规定成本下，根据需要的汽车性能，合理分配汽车各部分的预算	☐ 能根据需要的汽车性能，合理分配汽车各部分的预算，但与规定成本稍有差距	☐ 能在规定成本下，根据需要的汽车性能完成汽车各部分预算，但分配不合理	
阐述清晰	☐ 表述完整，逻辑清晰，能清晰阐述汽车定位	☐ 表述能听懂但逻辑不够清晰，能基本阐述汽车定位	☐ 表述含糊不清，不能清晰阐述汽车定位	
合计				

任务: 请你帮上面的"我是成本精算师"评价量表补充一个完整的"任务描述"。

（二）评价维度

评价维度简单而完整地列出了任务的各个部分，是任务所涉及知识、技能、态度的分解。根据评价维度，学生能直观理解任务的构成要素以及哪些构成要素是最重要的，从而根据任务要素的重要程度分配权重，并对这些要素做出评价，汇总后就能评定总体的学习表现。

将任务分解成不同评价维度就形成了一种任务分析，明确界定了任务的组成部分，这样可以为学生提供比任务本身或只体现最终成果的评分更多的信息，评价维度与良好的描述能详细反馈任务的具体部分和实现情况。

比如，这张"温州市实验中学任务进阶评价量表"（见表1-6）以制作一个双控开关灯为任务，从电路制作、开关使用、导线、使用情况四个方面出发设计评价维度。

表1-6　温州市实验中学任务进阶评价量表

任务：请你设计并制作一个双控开关灯。

维度	1分	2分	3分
电路制作	仅有电路设计图，且切实可行	有电路设计图（切实可行），有实物制作，但布线和工艺有瑕疵	有电路设计图（切实可行），有实物制作，且布线合理、工艺优良
开关使用	使用电学箱中的闸刀开关	部分使用普通家用开关，连接准确	全部使用普通家用开关，连接准确

续表

维度	1分	2分	3分
导线	使用电学箱中有接口的导线	部分使用家庭电路中的导线，导线接口未做处理	全部使用家庭电路中的导线，且接口处理较好
使用情况	电路搭建后有明显错误（如短路、断路）	只有一个开关起作用	两个开关都起作用

值得注意的是，评价维度不应该包含对表现水平的描述，比如"使用情况"是一个常用的评价维度，但"使用良好"不是评价维度。

评价维度会有不同的呈现方式，下面这张"三维太阳系模型的成果量规"（见表1-7）是从成果中的核心知识或能力、成果的呈现样态、成果表现三个角度出发来设计一级维度的。同时，这张评价量表在一级维度下又细化出五个二级维度。这样的评价维度设置更加具体、系统。

表1-7　三维太阳系模型的成果量规（夏雪梅，2020）

一级维度	二级维度	低阶	进阶	精通
成果中的核心知识或能力	行星特征	分不清每个行星的特征	能分清行星的大部分特征，少部分容易混淆	能分清行星的全部特征
	行星位置和比例关系的理解	行星之间的大小比例、位置关系，大部出现错误	行星之间的大小比例、位置关系，仅有一两个出现错误	能全部掌握行星之间的大小比例、位置关系
成果的呈现样态	制作行星的材料	选择不合适的材料，且造成大量浪费	大部分的材料选取合适，仅剩余少量材料	能够选择合适的材料，并使用全部材料建造太阳系模型

续表

一级维度	二级维度	低阶	进阶	精通
成果表现	成果体现行星的特点	没有根据行星特点建造模型，仅凭自己想象建造	能够根据行星的部分特点建造模型，但会出现偏差	能够根据行星的特点建造模型
	制作出的行星外观	模型没有美感，只是材料堆积，没有形成完整的太阳系	行星模型设计比较简单，初步形成太阳系	太阳系模型美观大方，行星位置符合真实情况

思考：评价维度可以明确界定项目任务的组成部分，帮助学生和教师直观获取任务的有效信息，为项目活动的顺利开展明确方向。我们可以从哪些角度入手来设计评价维度？

任务：如果要在小学五年级开展"水火箭的设计与制作"项目，你会设计怎样的评价维度？

（三）评价尺度

评价尺度用于描述任务执行的好坏程度，用于描述表现水平的词语应当得体且明确，通常采用"掌握""基本掌握""进步中"等肯定的词语进行描述，也可以使用数字或不带偏见、非竞争性的符号来描述。比如，杭州市卖鱼桥小学"我是成本精算师"评价量表（见表1-5)采用了小汽车图标来描述，"温州市实验中学小组合作自评表"

（见表 1–4）则用分数来描述。

　　评价尺度按照表现水平划分层次，建议级别从高到低进行排序，这样设置级别可以突出显示最高评价标准，让学生能更加明确自己的任务和目标。尺度级数也不是越多越好，一般分为三到五级，三级级数是最佳级数。

　　如果评价量表中只对一级尺度进行说明，那么这份评价量表就被称作整体评价量表或评分指南评价量表。其中通常包含对每个维度所期望的最高表现水平的描述，后面"评论"一栏用于说明达到或未达到的程度，并依据说明给予相应分值。评分指南评价量表通常需要大量书面注释形式的附加说明，因此进行评分时比三到五级评价量表更耗费时间。

　　比如，这张"我们城市中社区的变化"项目评价量表（见表 1–8）中只对一级尺度进行了说明，这是一张整体评价量表或评分指南评价量表。这份量表想要学生顺利开展评价，需要在评价前有大量的附加活动或附加说明，否则很难开展客观评价。

表1-8 "我们城市中社区的变化"项目评价量表（史蒂文斯 等，2014）[10-11]

任务：每个学生对过去 30 年内 ×× 市某个社区的变化进行 5 分钟陈述。学生可以任意选择陈述的重点，但必须提出某论点而不仅仅是按时间顺序说明，陈述应当包含相关照片、地图、图标及针对受众的其他视觉辅助工具。

维度	标准	评论	分数
知识／理解（20%）	陈述采用相关而准确的细节支持论点，体现出对历史的深入理解		
	研究非常透彻，而且超出了课堂或分发的文字资料中介绍的内容		
思考／探究（30%）	陈述围绕论点进行，体现了对社会问题的高度认识和优秀的构思能力		
沟通（20%）	陈述在传达观点方面富于想象力且效果很好，而且陈述人有效地应对受众的反馈和问题		
视觉辅助工具的使用（20%）	陈述采用了适当、简明的视觉辅助工具，而且陈述人在陈述中适当提到并介绍了这些工具		
陈述技巧（10%）	陈述人声音清晰响亮，并通过互动的眼神、生动的语调和身体语言来吸引受众		

整体评价量表或评分指南评价量表能实现更大的灵活性，彰显个性化风格，但由于需要书面说明学生在哪些方面达到或未能达到最高表现水平，因此会增加评定所需的时间。

思考： 评价尺度一般分为三到五级，你觉得评价尺度超过五级会出现什么问题？

任务：评价量表的使用对象不同，评价尺度的呈现形式也会不同，如果要在三年级和七年级开展"水火箭的设计与制作"，你会用怎样的形式来呈现评价尺度？

（四）具体描述

具体描述也叫维度描述，在结构维度中进行细分，一般从最高表现水平开始，按照评价尺度的层级进行具体描述。对于大多数任务而言，使用三到五级尺度描述的评价量表比较合适。比如，"我们城市中社区的变化"项目评价量表改为三级尺度的评价量表（见表1-9）后，更能突出显示各维度的描述，学生和教师在进行任务成绩的评定时更加方便、客观。我们应该从学习的实际需求出发，明确为什么会对该项目活动做出这样的评价设计，使不同层级的学生清楚地知道应该怎样改进学习行为。

表1-9 "我们城市中社区的变化"项目三级评价量表

任务：每个学生对过去30年内××市某个社区的变化进行5分钟陈述。学生可以任意选择陈述的重点，但必须提出某论点而不仅仅是按时间顺序说明。陈述应当包含相关照片、地图、图标及针对受众的其他视觉辅助工具。

维度	优秀	合格	有待改进
知识／理解（20%）	陈述采用相关而准确的细节支持论点，体现出对历史的深入理解 研究非常透彻而且超出了课堂或分发的文字资料中介绍的内容	陈述所运用的知识总体上准确，只有微小偏差，而且总体上与论题相关 研究较为充分，但几乎没有超出课堂或分发的文字资料中介绍的内容	陈述缺少相关准确的信息，甚至没有用到课堂或分发的文字资料中介绍的内容 几乎没有研究成果
思考／探究（30%）	陈述围绕论点进行，体现了对社会问题的高度认识和优秀的构思能力	陈述具备分析性结构，体现了中心论题，但分析并不彻底或没有紧扣论题	陈述不具备分析性结构，没有完全体现中心论题
沟通（20%）	陈述在传达观点方面富于想象力且效果很好 陈述人有效地应对受众的反馈和问题	陈述技巧能有效传达主要观点，但想象力不够，未能回答受众提出的部分问题	陈述未能引起受众的兴趣或传达的内容不清
视觉辅助工具的使用（20%）	陈述采用了适当、简明的视觉辅助工具，而且陈述人在陈述中适当提到并介绍了这些工具	陈述包含适当的视觉辅助工具，但太少且不便使用、难以理解，或者陈述人在陈述时未提到并介绍这些工具	陈述未使用视觉辅助工具或视觉辅助工具不适当（太小或太混乱），以至于无法理解陈述人，而且陈述时未提到这类工具
陈述技巧（10%）	陈述人声音清晰响亮，并通过互动的眼神、生动的语调和身体语言来吸引受众	陈述人声音足够清晰响亮，但往往音调低沉；有时未能有效地使用眼神、语调和身体语言	陈述人说话声音太小或言语模糊，以至于无法让人理解；未尝试通过眼神、语调和身体语言吸引受众

因为每个项目都不尽相同，所以评价量表所涉及的相关对象和过程就会存在很大的差异，因而评价量表也会有不同的变式。比如，下面这张"动手制作类通用测评量表"（见表 1-10），里面包含了一级维度、二级维度、不同的评价对象、不同的评价方式，同时要满足各方面的规定和要求，需要学生从整体出发，是对全部标准的综合评价。

表 1-10　动手制作类通用测评量表

	维度	设计思路			图样绘制			任务及分工说明			组内协作		
制作与过程（50%）	评价方式	自评	互评	师评	自评	互评	师评	自评	互评	师评	自评	互评	师评
	等级评价	优秀 良好 合格 待改进	优秀 良好 合格 待改进	优秀 良好 合格 待改进	优秀 良好 合格 待改进	优秀 良好 合格 待改进	优秀 良好 合格 待改进	优秀 良好 合格 待改进	优秀 良好 合格 待改进	优秀 良好 合格 待改进	优秀 良好 合格 待改进	优秀 良好 合格 待改进	优秀 良好 合格 待改进
	描述性评价												
	总评												
作品与展示（50%）	维度	作品功能是否满足设计要求			作品性能是否稳定可靠			作品创意是否新颖原创			作品展示是否完整清晰		
	评价方式	自评	互评	师评	自评	互评	师评	自评	互评	师评	自评	互评	师评
	等级评价	优秀 良好 合格 待改进	优秀 良好 合格 待改进	优秀 良好 合格 待改进	优秀 良好 合格 待改进	优秀 良好 合格 待改进	优秀 良好 合格 待改进	优秀 良好 合格 待改进	优秀 良好 合格 待改进	优秀 良好 合格 待改进	优秀 良好 合格 待改进	优秀 良好 合格 待改进	优秀 良好 合格 待改进
	描述性评价												
	总评												
综合评价													

思考：你觉得可以采用哪些标准来设计"具体描述"以使各层级之间更具阶梯性、层次性？

任务：表 1-11 至表 1-13 三张评价量表的四要素是否完整？如果不完整，请补充完整。

表 1-11 "方案设计"评价量表（张丰，2020）[100]

任务：构思并完成一个家庭防疫用品设计方案，站在"方案阅读者"的角度，思考"一个好的方案应该是怎样的"。

维度	熟练水平	合格水平	新手水平
呈现方式	通过图像、文字、表格等多种形式呈现，呈现方式清晰、具体，便于他人阅读与理解	能够用图文结合的方式呈现，但是较为简单，他人获得的信息量有限	呈现方式单一，如只有绘图，没有文字说明，比较潦草
呈现内容	内容丰富，考虑周全，能够从真实问题出发，对产品的设想、构造、材料、分工等方面进行全方位、多角度呈现	内容较为简单，没有全面呈现产品设计的各个方面	呈现内容过于简单，只考虑到产品设计的某个方面
可实现性	可实现性强，通过对方案的解读和材料准备，设计的项目能够付诸行动，变成现实的"产品模型"	有一定的可实现性，但是从方案里不太能看出来	可实现性差，方案里几乎看不出来

表1-12　自我评价和整体感想

自我评价	可以根据目的和条件，调整物品的顺序	A B C D
	通过表达自己的意见，与小组成员合作修改研究成果，致力于对项目的研究	A B C D
	如果有疑问，可以通过网络或其他方法解决问题	A B C D
学习感想		

（注：A 代表我做得很好；　B 代表我做得好；　C 代表我做得不太好；　D 代表我做不到）

表1-13　门模型制作

维度	1	2	3
部件	门的部件不完整	门的部件完整，不方便演示	门的部件完整、美观，且方便演示
比例尺	没有与真实的门成比例缩小	与真实的门成比例缩小，但不方便演示	与真实的门成比例缩小，且方便演示
演示	不能灵活转动，无法方便演示	能灵活转动，但不牢固	灵活转动，且牢固

三、其他评估工具

　　这里再介绍项目化学习中两种以列表形式呈现的评估工具：检查表和决策矩阵。

（一）检查表

检查表将每个任务都分解成不同的列表项，只要完成列表内容，即完成了该项目的评估任务。它只需明确各项任务完成与否，不涉及较复杂的推理论断，无须参考表现质量描述。（见表1-3）

（二）决策矩阵

杭州绿城育华亲亲学校设计的一个决策矩阵（见表1-14），将决策过程进行可视化呈现，用于分析在具体情境中哪种解决方案最佳。决策矩阵需要考虑哪些标准可以用来衡量解决方案的优劣，对每个标准进行赋值，对可能的方案进行打分，最后得出总分，得分最高的成为最终方案。

表1-14　项目活动解决方案决策矩阵

任务：应用表格工具，对提出的解决方案进行权衡比较，设定各指标权重相同，满分5分，最后合计分数，选出相对好的方案。

维度	方案1	方案2	方案3	方案4	方案5	备注
有效性						产品能够真正有效地解决问题
可行性						团队可以提供必要的知识、能力支撑，具有可行性
安全性						产品使用安全，不会对婴儿造成误伤
应用性						产品操作简单易懂，符合用户特点

续表

维度	方案1	方案2	方案3	方案4	方案5	备注
创新性						市场中无同类产品
合计						

思考：检查表、决策矩阵和前面介绍的评价量表有什么不同？

任务：表 1-15 至表 1-18 中，哪些是检查表？哪些是评分指南评价量表？哪些是决策矩阵？

表1-15 "拯救鸡蛋"项目评价量规

集体讨论草图——完成情况和细节	15 分	
制作前的相关问题——完成情况和细节	20 分	
保护鸡蛋装置和约束系统的设计与制作——努力程度、团队合作情况、质量和技能	25 分	
成功测试（3 次机会）——要求鸡蛋不破（每次尝试失败减去 1 分）	25 分	
不成功的测试——鸡蛋受到严重的伤害	15 分	
得分		

表1-16 火神山医院建筑设计评价量表（张丰，2020）[81]

任务：通过线上学习，对火神山医院进行剖析，深入了解火神山医院在选址、建筑材料、设计、科技等方面的考量，了解传染病集中收治医院在设计上的基本元素和中国经验。小组合作模拟召开火神山医院建设新闻发布会，根据评价量表完成自主评价。

评价维度	A	B	C	等级
研究内容	能全面、多角度地对火神山医院进行深入分析研究	能较为全面地对火神山医院进行分析研究	能从几个方面对火神山医院进行分析研究	
呈现方式	能够用多样的、富有创意的方式对研究结果进行清晰的表达	能够用较有创意的方式对研究结果进行表达，或者能清晰地表述成果	能用自己的方式进行表达，表达效果一般	
小组合作	能在实践的过程中和同伴、家长开展有效的合作学习，小组成员互相启发，全体成员积极参与	能在实践过程中和同伴、家长开展较为有效的合作学习，能互相启发，全体成员参与度较好	部分组员能在实践过程中和同伴、家长合作学习，效果一般，全体成员参与度一般	

表1-17 自我反思

姓名：

内容	第一天	第二天	第三天	第四天	第五天
1. 我全程认真地参与活动					
2. 我能正确绘制设计图纸					
3. 我能科学地检测产品并指出问题					
4. 我能解决过程当中遇到的问题					
5. 我会不断地改进、创新自己的产品					
6. 我能及时表达自己的想法					
7. 我知道了工程设计的基本流程及其意义					
8. 我能倾听、思考别人的意见，并吸收优秀经验					
9. 我会经常反思并调整自己的想法					
10. 我能对自己及同伴做出公平的评价					

表1-18 设计方案决策表（张丰，2020）[49]

方案	优点	缺点	方案决策
方案1	1. 结构简单 2. 移动方便 3. 造价低廉 4. 可以做到快速测温通行	1. 不符合项目中所提供的设备条件 2. 测温受外界影响较大 3. 不美观	1. 方案1测温受外界影响较大，也不符合项目中所提供的设备条件 2. 学校与实验小学和柯桥中学在同一地段，早、晚三所学校已经实施错峰上下学来缓解交通压力。如果采用一个测温安检门，由于测温速度限制，要按年段错峰上学和放学，和其余两所学校的上学、放学时间会重合，交通拥堵，影响学生到校和离校时间
方案2	1. 结构坚固安全 2. 测温环境相对稳定 3. 达到美观要求	1. 造价较高 2. 体积较大，移动相对不便 3. 因测温房内只有一个测温安检门，测温速度较慢	3. 一个测温安检门如果发生故障，用手持测温仪进行补充测温，测温速度更慢，会发生校门口拥堵现象 4. 采用三个测温安检门测温速度快，按正常上学、放学时间，设置好隔离栏后，学生可以快速、有序进出学校，学生的学习时间也相对一致

续表

方案	优点	缺点	方案决策
方案 3	1. 结构坚固安全 2. 测温环境相对稳定 3. 达到美观要求 4. 采用三个测温安检门同时测温，测温速度快	1. 造价最高 2. 体积较大，移动不方便 3. 每天设置移动隔离栏，比较麻烦	5. 采用三个测温安检门测温，测温效果保障率高 综上，经过小组讨论，决定采用方案 3

温馨提示：
1. 每个方案的优、缺点至少要有三条
2. 优、缺点要基于证据，进行简单的分析或解释，表达要具有说服力

拓展阅读

如何判断自己是否需要评价量表？只要符合以下清单中的三项即可确定。

1. 你花了很长时间加的注释，学生却经常抱怨无法理解。

2. 你已经完成了所有任务的评分，却担心后面任务的评判标准与前面的不一致。

3. 你希望学生完成一项包含一学期全部作业的复杂任务，但无法确定怎样简单明了地传达各项期望。

4. 你精心布置了一项以前从未布置过的任务，但光是布置任务就花了整整一节课的时间。

5. 你与同事一道为课程精心设计了同样的任务，但你不知道你的评判标尺是否与他们不同。

6. 有时你对整个任务感到失望，因为你发现全班或大部分学生不知道你对他们的学业期望，而你自己也没有提到这些基本的期望（例如是否需要提供引文或页码）。

7. 你非常努力地解释项目的最终结果，但学生开始对你产生敌意，觉得你是在用难以理解的任务愚弄他们。

…………

评价量表将帮助你解决这些问题。

——《评价量表：快捷有效的教学评价工具（第 2 版）》（史蒂文斯 等，2014）[4-5]

延伸任务

根据评价量表的结构，请将"动手制作类通用测评量表"（见表 1-10）拆成"制作过程评价量表"和"作品测评评价量表"两张评价量表。评价标准见"延伸任务"评分指南（见表 1-19）。

表 1-19　"延伸任务"评分指南

标题	维度	标准	评论	分数（2分）
制作过程评价量表	任务描述	能用准确的语言描述任务采用的总体行为或具体作业的形式		
	评价维度	能根据实践项目制作过程设计评价维度，至少拥有三个维度		

续表

标题	维度	标准	评论	分数（2分）
制作过程评价量表	评价尺度	设计一级或三级评价尺度		
	具体描述	至少能描述出评价维度的最高表现水平		
作品测评评价量表	任务描述	能用准确的语言描述任务采用的总体行为或具体作业的形式		
	评价维度	能根据作品测评要求设计评价维度，至少拥有一个维度		
	评价尺度	设计一级或三级评价尺度		
	具体描述	至少能描述出评价维度的最高表现水平		

第二课

评价量表的维度

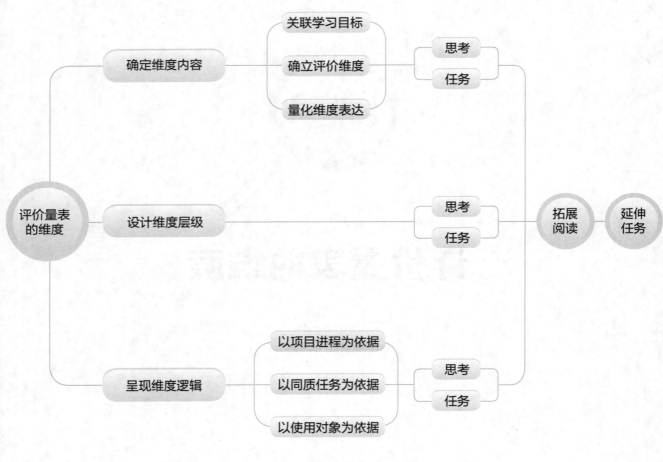

学习地图

图 2-1　第二课学习地图

🎯 研修目标

❶ 知道项目化学习评价量表维度的层级和逻辑关系。

❷ 了解评价量表维度的确立方法。

❸ 能够学以致用，设计契合目标、符合活动的评价量表。

📖 核心概念

评价量表的维度 把某种行为表现或期望学生达成的目标分解成若干个基本要素，并对这些要素做出评价，以此评定总体的行为特征，从而发挥客观的评价工具的功能，成为学习支持的工具，起到关注学生的学习过程的作用。

📝 课程内容

评价量表的设计有两种常规方法，一般称为"自上而下"和"自下而上"。"自上而下"是演绎性质的，以一个描述待评估内容和表现的概念框架为起点。也就是说，教师对预期内容和表现已有明确界定，先预设评价量表的维度、尺度等。学生通过观察、运用所提供的标准和层级来增进对学习的理解。"自下而上"是归纳性质的，该方法用一定数量的学生的行为表现和目标达成情况作为样本，构建评估

框架。本课主要介绍"自上而下"的评价量表的设计方法，其中将评价量表维度的确定作为本课的重点。在实际应用过程中，"自下而上"是进行项目任务设计和量表改进迭代的主要方式，在尺度和具体描述的调整中至关重要。

一、确定维度内容

项目化学习评价量表的维度是把某种行为表现或期望学生达成的目标分解成若干个基本要素，并对这些要素做出评价，以此评定总体的行为特征，从而发挥客观的评价工具的功能，成为学习支持的工具，起到关注学生的学习过程的作用。那么，评价量表的维度内容是如何确定的呢？

（一）关联学习目标——寻找可界定的评估内容

教师对项目所指向的学习目标进行关联，从"可界定"的角度，将目标转化成可测量的行为表现、可量化的评估内容。比如，宁波市北仑区绍成小学的"入侵检测报警装置"项目，其学习目标中有这样一段描述：通过经历智能产品的设计与制作流程，学会在团队协作中解决实际问题，并对产品进行评价，形成批判性思维能力。培养学生解决实际问题的能力，需要有对应的问题场景和解决过程。产品的设计与制作流程对应着学生解决实际问题的经历和体验。这种心理体验和实践技能的积累，可以逐渐转化为学生稳定的思考习惯和行为能力，进而达成学习的目标。

（二）确立评价维度——提取学习目标中的关键词

在项目学习目标的描述中提取与评价有关联的部分，如上述目标中提到的"设计与制作""团队协作""解决实际问题""评价""批判性思维能力"等关键词，可转化为评价的维度："设计图""小组合作""问题意识及信息搜集""功能实现""自我反思和改进"。

（三）量化维度表达——预设标准呈现维度层级

在确定维度之后，首先需要思考从哪些方面去评估这个维度。比如，以评价"小组合作"为例，教师可以从"相互沟通""合作分工"等方面去评估，然后对学生"相互沟通"和"合作分工"的达成情况进行预设。通常须预设出什么样的行为表现为较高等级，什么样的行为表现为较低等级。

在项目化学习中，有一种常见的情况，就是同一维度的多形式呈现。湖州市湖师附小教育集团的"摩天营救"项目中关于"小组合作"的评价，出现在项目进程的每个环节，因为各个环节活动不同，

所以小组合作的要求也不相同。项目第一天的活动主要是团建和调查，要求学生学会相互沟通，因此"小组合作"评价维度确立为"合作沟通"。第二天的活动主要是分享交流，要求学生全员、全程参与，因此"小组合作"评价维度确立为"参与度"。第三天的活动是设计逃生装置方案，要求学生分工明确，因此"小组合作"评价维度确立为"分工明确"。（见表2-1、表2-2、表2-3）

表 2-1　第一天活动自我评价表

维度	☆	☆☆	☆☆☆	自评
合作沟通	和组员沟通较少	基本能正常和组员沟通合作	和组员沟通顺畅，能合作完成各项任务	

表 2-2　第二天活动自我评价表

维度	☆	☆☆	☆☆☆	自评
参与度	没有完整参与体验活动，和组员沟通少	能完整参与体验活动，和组员沟通较少	能积极参与体验活动并和组员沟通想法	

表 2-3　第三天活动自我评价表

维度	☆	☆☆	☆☆☆	自评
分工明确	小组有分工，但职责不清	小组有分工，组员清楚职责，但不能履行到位	小组分工明确，组员能准确、清晰地完成自己的任务	

"摩天营救"项目前三天的评价都有指向小组合作维度的内容，

三次"小组合作"维度内容按项目发展过程的先后顺序排列。教师可以在设计评价量表时将三次"小组合作"评价抽取出来单独设计成一张表（该表可参考表 2-1、表 2-2、表 2-3 进行填写），这样就相当于将小组合作维度划分为三个小指标（见表 2-4）。

表 2-4 "摩天营救"项目"小组合作"评价量表

维度		团建、调查（第一天）	分享交流（第二天）	设计（第三天）
小组合作	合作沟通			
	参与度			
	分工明确			

思考：评价是为了更好地学习，想一想，评价量表可以帮助学生达成怎样的学习？学生个体（团队）和教师应该关注什么？

任务：请结合项目化学习慕课 6-2 中"入侵检测报警装置"项目片段，根据"自上而下"的评价量表设计方法，找到学习目标与评价量表的关联点，判断评价量表的科学性和合理性。

二、设计维度层级

　　评价要实现具体化，有时仅有一级维度是不够的，教师可通过设置层级量化维度指标。

　　教师根据学习目标构建一级指标，再根据目标要求将一级指标细化为二级指标，最后量化为可具体指导学生行为的评价标准。比如，温州市实验小学的"未来教室"项目在学习目标中提出"通过参与本项目，感受完整的工程设计流程，开发创造力，锻炼动手操作、小组合作、解决问题、表达思辨等高阶能力"。基于这样的学习目标，在项目产品评价量表中，设立了"设计理念、作品效果、成本控制、分工合作"4个一级指标。在"设计理念"一级指标下设"人机关系、功能设计、分区"3个二级指标。在"作品效果"一级指标下设"图纸、结构、美观"3个二级指标。通过6个具体的二级指标，有针对性地分析学生在产品制作方面存在的优势和不足，更加有效地促进学生的全面发展。（见表2-5）

表2-5 "未来教室"项目评价量表

维度		☆	☆☆	☆☆☆
设计理念	人机关系	设计上存在一定问题，未考虑使用感受	教室的设计比较合理，能够满足使用者的需求	能够根据实际使用情况，综合多个因素考虑教室的设计
	功能设计	满足对普通教室的使用需求，具备一般教室的功能	功能规划良好，在教室设计上有突破、有创新，有满足特定需求的设计	有独特的创新点，功能规划有科学性，使用更便捷、更高效
	分区	无分区设计	分区比较合理，满足学生不同的需求	考虑实用性，各功能区划分清晰，布局科学性强
作品效果	图纸	绘图不清晰，无尺寸标注，比例不合理	绘图清晰，有改进方案，在设计图上标注材料及区域的功能	绘图清晰，有改进方案，标注材料、各区域尺寸，有各功能区简介
	结构	模型不稳固，容易破损，材料使用不合理	小部件连接紧密，但整体模型不稳固，较难维持一定的形态特征	各部件连接紧密，结构稳固，整体稳固性较强
	美观	没有对教室内部进行美观设计	对教室内部进行美观设计，色彩搭配舒适	产品设计感较强，具有一定的美感
成本控制		材料成本较高	仅使用了一些循环利用的材料，减少成本	合理控制成本，能够做到废物利用
分工合作		组员之间不能合作完成任务，无分工	分工有序，能在规定时间内完成任务	分工合作，高效完成任务

又如，有的评价量表是从"素养"角度来确立维度的，典型的有4C能力，即批判性思维（Critical thinking）、沟通能力（Communication skills）、团队协作（Collaboration）、创造与创新（Creativity and innovation），但这四种能力的表达并没有量化，学生、教师都难以据此评估，这就需要通过维度层级来进行描述。

思考：哪些情况下才需要将评价维度设置为多层级的？

任务：请你选择合适的项目评价量表，将其细化为更加具体的每个维度包含多个子维度的评价量表。

三、呈现维度逻辑

一个完整的项目要评估的内容往往很多，如学生的知识掌握、方法技能、产品设计制作等。这么多评价的维度，以怎样的逻辑来呈现才能方便使用呢？

（一）以项目进程为依据

评价量表中的维度内容以项目推进的时间顺序为线索进行设计。比如，温州市实验小学的"未来教室"项目中的教师观察评价表（见表1-1）就是以规划、设计、制作、改进、展示这样的项目进程为依据的。

（二）以同质任务为依据

评价量表中的维度内容按产品逻辑划分并且并列排布。比如，温州市实验中学的"智能门禁系统的设计与制作"项目中的"任务进阶"评价量表（见表 1-6），将与电路相关的电路元件的使用、电路的连接、电路的设计放在同一张评价量表中，形成同类性质任务的维度逻辑。

（三）以使用对象为依据

评价量表中的维度内容可以根据学生在项目中的不同身份进行设计。比如，杭州市卖鱼桥小学的"交通工具狂想曲"项目，专门为品牌推广师、外观设计师、成本精算师等不同身份的学生量身定制了相应的评价量表，其评价的维度也是不同的。

依据项目需求，各个维度的呈现顺序还可以有其他逻辑，只要设计合理、使用方便即可。

思考： 请观看项目化学习慕课 6-2 中 "智能门禁系统的设计与制作" 项目片段，想一想，还有哪些维度呈现的依据可以让评价维度更具逻辑性？

任务： 结合正在实践的项目化学习，根据需求，选择一种维度呈现方式使评价维度具有逻辑性。

拓展阅读

规划项目评价

巴克教育研究所在书中以制订一份兼顾各方面的项目评价计划为例，展开项目评价的介绍。其中重点关注项目作品与学习目标匹配的方法，站在学习目标的角度对项目评价进行顶层设计，根据"自上而下"的评价量表设计方法，找到学习目标与评价量表的相关性。在规划项目评价时综合考虑以下三点内容。

1. 使项目作品与学习目标相匹配。对学习目标进行逐级分解，从"可界定"的角度，将目标转化成作品中可量化的评价内容。

2. 明确评价内容。评价内容指向目标，评价内容层级维度多维、多阶、多元。

3. 使用评价表时体现维度内容，使评价结果可视化。

——《项目学习教师指南：21世纪的中学教学法：第2版》（巴克教育研究所，2008）

延伸任务

通过对评价量表维度的学习，结合自己在项目化学习中设计的评价量表，对"智慧农场"项目进行评价维度的设计。

项目名称：智慧农场			
项目学习目标	我设计的维度内容	我设计的维度层级	我设计的维度逻辑

第三课

评价量表的尺度及具体描述

学习地图

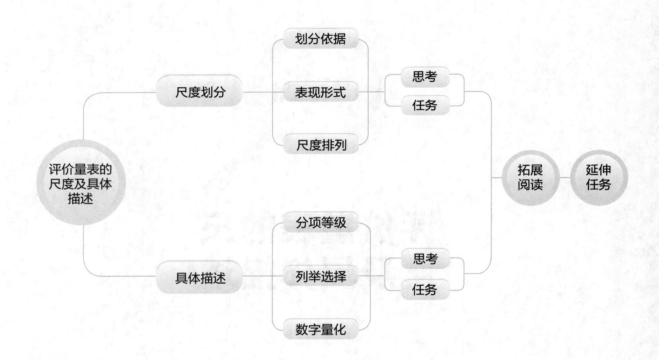

图 3-1　第三课学习地图

研修目标

❶ 掌握评价量表尺度划分的依据及尺度的表现形式。

❷ 理解评价量表具体描述的三种方式。

❸ 学会编制评价量表的尺度和具体描述。

核心概念

评价尺度　描述任务执行的好坏程度，按照表现水平划分层次，一般分为三到五级。

具体描述　在结构维度中进行细分，通常从最高表现水平开始，按照评价尺度的层级进行具体描述。

课程内容

在编制评价量表时，当量表的基本结构和评价维度确定以后，接下来要开始思考每个维度下的尺度划分和具体描述。

一、尺度划分

评价尺度用于描述任务执行的好坏程度，按照表现水平划分层次，一般分为三到五级。尺度的划分是为了促进学生的发展。那么，尺度的划分依据是什么？通常有哪些表现形式？

（一）划分依据

为激发学生参与项目化学习的热情，同时激励学生突破最近发展区，在尺度划分时可以结合学情，使大部分学生能够达到中间标准。进行尺度划分时要考虑各个等级的典型行为表现，先确定最高和最低等级的表现特征，然后再按照一定的顺序或比例来确定中间等级的描述。（张所帅，2019）[124]

最高和最低等级的确立可以采用"自上而下"的方式或"自下而上"的方式。"自上而下"通常是在量表设计伊始，教师对内容和表现进行预期界定，根据已有经验和对学生的了解确定尺度的最高和最低等级；"自下而上"通常发生在应用量表进行测评之后，以学生的行为表现和目标达成情况作为依据对尺度进行调整，确定最高和最低等级。一般评价量表以三个等级的形式呈现。

（二）表现形式

尺度的表现形式多样，常见的有文字形式或数字形式，也可以是图形形式等。比如，"入侵检测报警装置"项目的评价量表（见表3-1）采用的是星级形式，而"我是成本精算师"评价量表（见表1-5）选择的是小汽车图形，"生态小水池·智慧大未来"项目的评价量表（见表3-2）采用的是笑脸图形。

表 3-1 "入侵检测报警装置"项目的评价量表

维度	☆	☆ ☆	☆ ☆ ☆	星数
小组合作	没有与同组伙伴进行合作	偶尔与同组伙伴有合作，合作偶有不畅	分工明确，一直有合作，合作效果良好	
设计图	无设计图，凭空设计	有设计图，但缺乏相应的文字和符号标记	有详细的设计图，并在示意图上标出部件、材料等	
制作模型	材料选择不恰当，没有达到预期的目标	材料选择比较合理，能勉强达到预期的设计目标，设备走线比较乱	材料选择合理，不浪费，且达到预期的设计目标，设备走线规范隐蔽	
功能实现	没有实现任何一种预期功能	能实现一种预期功能	实现两种及以上的预期功能	
自我反思与改进	没有自我反思与改进	形成了简单的自我反思，且包含一些细节描述，有所改进	形成了完善的自我反思，且包含全部细节描述，改进明显	
手册记录	学习过程中无记录，且缺少内容	学习过程中有简单的记录，记录部分细节内容	学习过程中记录完整，且细节内容完善，有自我反思	

续表

维度	☆	☆☆	☆☆☆	星数
创新思维	缺乏创造力和想象力，没有突破	具有一定的创造力和想象力，但没有突破	具有创造力和想象力，且有所突破	

表 3-2　"生态小水池·智慧大未来"项目评价量表

	过程性评价内容	学生自评
团队合作	能主动分工协作	☺☺☺☺☺
	意见不统一时能讨论解决	☺☺☺☺☺
	善于帮助组员前进	☺☺☺☺☺
问题解决	善于发现问题	☺☺☺☺☺
	善于思考和实践	☺☺☺☺☺
	能有效解决问题	☺☺☺☺☺
交际能力	主动表达自己	☺☺☺☺☺
	交流逻辑清晰	☺☺☺☺☺
创新能力	有独特的想法	☺☺☺☺☺

　　一般来说，幼儿段、小学低学段的评价尺度适合设计成图形，让文字储备并不丰富的学生也能看懂；另外，图形形象生动，能够激发低段学生的学习兴趣。分值形式、文字形式的尺度表达，则适用于小学中高段以上的学生，评价更为精准、细化，让他们清晰了解自己的长处和短板，以便后续改进。

（三）尺度排列

各个等级的分值在排列时，建议按照从高分到低分的顺序进行排列，当然也可以按照从低分到高分的顺序排列。比如，"我们城市中社区的变化"项目的评价量表（见表1-9）采取的是从高分到低分的方式，而"入侵检测报警装置"项目的评价量表（见表3-1）采取的则是从低分到高分的方式。

思考：在项目化学习中，哪些情况下需要把尺度等级划分得很细？

任务：尺度等级的表现形式有很多，请结合学情，尝试设计三种个性化的尺度等级表现形式。

二、具体描述

在具体描述评估内容时，一方面既要让内容表达完整，尺度的典型行为、明显特征都须阐述清楚；另一方面，尺度之间应具有严密的等级区别；与此同时，注意采用具体、明确、易懂的语句，避免使用模糊、笼统的语句。那么，结构合理、逻辑严密的具体描述可以采

用哪些方法呢？

（一）分项等级

在描述时，可以试着采用"是……""是……，但是……""不……，但是……""不……"这样的逻辑思路来进行等级划分。（张所帅，2019）比如，"摩天营救"项目的自我评价表（见表1-2）中对"职责明确"维度的划分就采用了这样的逻辑思路——"能准确、清晰地完成自己的任务""清楚自己的职责，但不能履行到位""对自己的职责不是很清楚"。

（二）列举选择

当一个维度需要达到的目标较多时，可以采用列举选择的方式将表现特征逐一罗列出来。"交通工具狂想曲"项目的"我是外观设计师"评价量表（见表3-3）就采用了这样的方法。学生对"知识习得"这一维度进行评价时，可以逐条对标。

表3-3　"我是外观设计师"评价量表

维度	🚗🚗🚗	🚗🚗	🚗	自评
知识习得	□能在学习任务单中及时记录，内容完备	□学习任务单中部分记录不及时，内容较为简单	□整个过程几乎无记录	
	□能正确填写学习任务单	□能基本正确填写学习任务单	□不能正确填写学习任务单	

续表

维度				自评
知识习得	□能熟练掌握汽车外观知识，向拼图组成员清楚阐述外观设计的5个影响因素	□能了解汽车外观知识，向拼图组成员说出外观设计的3—4个影响因素	□能自主学习提供的材料，向拼图组成员说出外观设计的1—2个影响因素	

（三）数字量化

采用数字量化的方法使尺度表达更加精准。比如，"入侵检测报警装置"项目的评价量表（见表3–1）在"功能实现"这个维度就是这样描述的。

具体描述时，通常采用文字描述的方式。如果对象是低段的学生，考虑到学生的阅读能力较弱，可以适当减少文字数量，多采用图片、数学、图形等形式。比如，杭州市小河小学的"易碎品防护"项目的评价量表（见表3–4、表3–5）在迭代过程中对"结构"这个维度进行重新描述，利用数学符号代替了原来的大段文字。

表3–4　"易碎品防护"项目的评价量表2.0版

维度	5分	3分	1分
材料选择	按量取材，没有过度包装	随意剪裁使用，1种材料出现过度使用的情况	浪费现象比较严重，过度包装
结构	外包装不多于3层，材料不超过3种	外包装超过3层但不超过5层，材料超过3种但不超过5种	外包装超过5层，材料超过5种

续表

维度	5分	3分	1分
功能	能够保护两个及以上易碎品	能够保护1个易碎品	不能保护易碎品
外观	外观良好，做工精致	外观一般，有材料多余	外观粗糙，仅做简单的组合处理
小组分工合作	有明确分工，每个成员都有相应的任务安排，并且每个人都能明确自己的任务并积极开展工作	有基本分工，但不是所有人都清楚自己的任务，有成员无所事事	分工不明确，成员不清楚自己的角色，闹矛盾

表 3-5 "易碎品防护"项目的评价量表 3.0 版

任务：在提供的材料中选择合适的材料，根据设计图，30分钟内完成易碎品的外包装制作。

维度	5分	3分	1分
材料选择	没有过度包装	1种材料出现过度使用的情况	过度包装
结构	外包装≤3层 材料≤3种	3层<外包装≤5层 3种<材料≤5种	外包装>5层 材料>5种
功能	有2种以上解决易碎问题的制作	只有1种解决易碎问题的制作	没有解决易碎问题的制作
外观	外观良好，做工精致	外观一般，有材料多余	外观粗糙，仅做简单的组合处理
小组合作	分工明确，团结合作	分工不均匀，有人无事可做	分工不明确，成员经常闹矛盾

思考： 在项目化学习中，我们通常如何设计评价量表中的具体描述？

任务：合作学习贯穿项目化学习的始终，请以"合作学习"为维度，设计不同项目阶段评价量表中的具体描述。

拓展阅读

评价量表的具体开发

评价量表的开发主要有两种基本模式：自上而下式和自下而上式。所谓自上而下式就是从评价的目标和任务出发，采用演绎的思维方式，从抽象到具体。具体的内容和环节包括：确定评价的任务；明确任务中的要素；确定出各要素的特征；描述出代表各要素的不同水平；选择评价量表的类型；制订、修改评价量表。所谓自下而上式是指从分析学生的具体表现或作品入手，采用归纳的思维方式，由具体到抽象。具体的内容和环节包括：收集并分析学生的作品；分类不同作品；明确分类的依据和要素；确定不同的水平；选择评价量表的类型；制订和修改评价量表。当然在实际的开发过程中，并没有严格的规定限制，也不必拘泥于某种固定的程序，一切以目标要求和实际需要为依据，必要时可以将两种模式结合起来使用。

——《评价量表的内涵、特点及开发》（张所帅，2019）[124]

延伸任务

以学校实施过的项目为例，结合本课内容，判断原先设计的评价量表的结构是否完整和规范，分析评价量表的设计还存在哪些问题。

第四课

评价量表的使用

学习地图

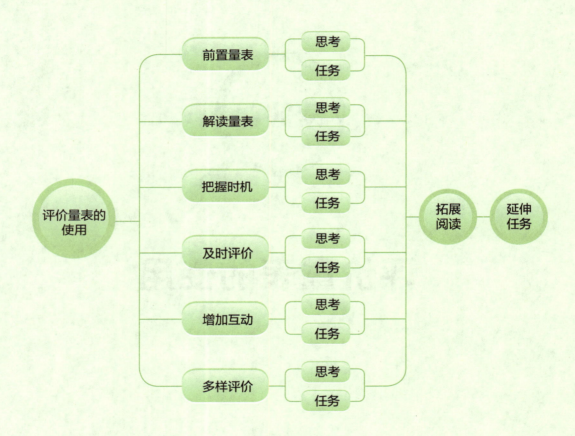

图 4-1　第四课学习地图

🎯 研修目标

❶ 了解评价量表在项目化学习不同阶段的使用方法。

❷ 学会在项目化学习中合理使用评价量表。

📖 核心概念

前置量表 将评价量表放置在项目实施之前，以帮助学生清晰地认识到将要面临的学习挑战。

解读量表 对量表进行解读，明确量表的任务描述、评估细则，指导填写方法、使用技巧等。

📑 课程内容

评价量表在项目化学习中起着至关重要的作用。学会在项目化学习的不同阶段恰当地使用评价量表，发挥其在项目化学习中的质量监控作用，有利于学生更好地达成学习目标。

一、前置量表——成为学习支持工具

评价量表能够引导学生更好地完成学习任务，它不仅是评价的手段，更是引发学生思考、明确学习方向的工具。因此，在项目化学习中，要将评价量表放置在项目实施之前，以帮助学生清晰地认识到将要面临的学习挑战。

例如，在"生态小水池·智慧大未来"项目中，教师在任务实施前发放量表，引导学习方向，使学生关注相应的指标，在开展项目前做到心中有数，对接下来要做的事情有一个初步的了解。评价量表前置可以引导学生进行自我管理，体现学生在评价中的主体性，有利于培养学生的审辩式思维，能更好地实现教、学、评一致。

思考： 在项目化学习中，一般什么时间发放评价量表比较合适？

任务： 在"如何设计制作一款手摇发电机"这一项目中，学生需要对 PVC 管绕线圈，并在管中放置磁铁，通过磁铁来回运动使线圈切割磁感线进而产生感应电流，完成产生感应电流的目标。请设计一份适合前置的评价量表，引导学生完成任务。

二、解读量表——明晰评价的维度、尺度

学生在项目设计和实施过程中，应时刻关注评价量表中的指标，这就需要教师在任务实施前带领学生充分解读评价量表。例如，在"交通工具狂想曲"项目中，教师对评价量表进行解读，指导学生明确量表的填写方法并学会合理使用量表。

思考： 解读量表时应侧重哪些内容？如何解读？

任务： 通过本环节的学习，请对上一任务中设计的前置评价量表进行解读。

三、把握时机——巧用评价小贴士

评价量表是重要的过程性评价工具，过程性评价应该在项目实施过程中进行。为了保证评价的准确性和及时性，建议在项目化学习中以小贴士的形式提醒学生使用评价量表。教师也可以在适当的时机

呈现评价量表中的某些内容，并及时对学生的学习过程进行评价，从而发挥评价量表引导、修正的作用。

例如，《未来城市》一书在介绍项目化学习评价方式时就加入了小贴士（见图 4-2）。小贴士会提醒学生关注评价量表并及时进行记录。

> ✐ **评价小贴士**
>
> 1. 知识掌握——学生能掌握程序结构的特点，熟练解读指令，编写出合理的程序。
> 2. 学生手册——学生能及时、有条理地记录数据。

图 4-2　评价小贴士

❓ 思考：项目化学习过程中，在什么情况下可以采用小贴士的形式引导学生进行评价？

📝 任务：为上一任务（对评价量表的解读）增加小贴士，对项目实施过程进行评价。

四、及时评价——保障项目化学习的过程质量

　　评价量表包含对学生学习结果或阶段性成果的评价，那如何发挥评价量表关注学习过程的作用呢？这就需要落实学生对评价量表的及时填写。填写评价量表可以复盘整个项目实施过程中的得失，明确设计和改进的方向。在项目化学习过程中，给出足够时间让使用者填写评价量表，可以帮助使用者及时了解自己的学习状况。例如，在表1-2中，教师通过设计学生每日的自我评价表来关注学生的学习过程。

思考：落实填写评价量表后，教师如何及时帮助学生了解自己的学习状况？

任务：请梳理你在日常教学中是如何落实学生对评价量表的及时填写的。

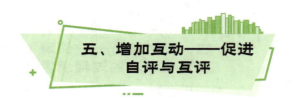

五、增加互动——促进自评与互评

　　评价量表有打分作用，分数可以让学生细致地了解自己的优势和不足。评价量表除了可以用于自评，还可以用于互评，增加评价主体与客体的互动。比如，在杭州市学军小学的"生态小水池·智慧大未来"项目中，教师组织学生开展组间互评。学生根据量表对其他小组的作品及展示过程进行打分，并通过这个过程分析和总结得到高分的原因。这是一个互动交流的环节，能够直观地对比各个小组的优势和不足，为后续的项目迭代提供依据。

　　思考：项目化学习中，如果他评的分数很低，但学生又不知为何，此时教师应该如何进行指导？

　　任务：除了互评，还有哪些方法可以促进评价主体与客体的互动？

六、多样评价——用专业的眼光多角度看问题

　　为了使项目化学习更加符合实际情境，更具有专业性和得到更多的支持，评价量表的使用者可以是多元主体，如学生自己、组员、教师，也可以是其他领域的人。例如，"生态小水池·智慧大未来"项目，就邀请了专业人员进行评价。

　　一般需要家长支持的项目，可以让家长进行评价；与学校相关的项目，可以让校长或者学校相关人员进行评价；其他领域的项目，可以请专业人员进行评价。

思考： 在选择评价主体的时候需要考虑哪些因素？

任务： 针对"如何设计制作一款手摇发电机"这一项目，你觉得可以由哪些主体来参与评价？

拓展阅读

如何通过评价帮助学生成为更好的学习者?

　　如果学生要对自己的学习承担起更多的责任,并且在这个过程中学习和成长,那么,对他们而言,仅仅通过考试是远远不够的。他们还需要反思如何成为更好的学习者——哪些方法对自己是有效的,哪些方法对自己是无用的。

　　这就需要像杰夫·芒斯和海伦·伍德沃德所描述的那样,"进一步理解自我评价"。他们指出在自我评价的时候,除了表面化地总结自己学到了什么,更要深刻地反思在学习过程中自己的收获。

　　这并不仅仅指反思学习过程本身,或是单纯地反思大脑如何运作,而是要结合任务情境,反思如何才能更好地完成任务。它包括基思·索耶提到的"勤于实践",每一次实践都可被看作为下一次活动所做的预演。

　　成为更好的学习者并不只是和自己对话,思考如何改进,还应包括和他人对话。

　　维果茨基很多年前就指出,对话的过程也是一种内化的学习过程,这在小组或同伴对话时特别有效。基思·索耶关于高水平的创造力和表现力的研究以及其他一些研究的结果，都支持了维果茨基的理论，也再次确认了合作学习的重要性。

——《学习性评价行动建议200条（中学版）》（史密斯，2016）

延伸任务

通过对项目化学习评价量表的设计与应用的学习，结合你开展项目化教学的实际情况，思考可以从哪些方面对已有评价量表进行迭代和改进。

参考文献

巴克教育研究所，2008.项目学习教师指南：21世纪的中学教学法：第2版［M］.任伟，译.北京：教育科学出版社：56-69.

方顾，狄海鸣，鲍雯雯，等，2020.未来城市［M］.杭州：浙江教育出版社：8-9.

史蒂文斯，利维，2014.评价量表：快捷有效的教学评价工具（第2版）［M］.陈定刚，译.广州：华南理工大学出版社.

史密斯，2016.学习性评价行动建议200条（中学版）［M］.剑桥教育（中国），译.北京：教育科学出版社：175.

夏雪梅，2020.项目化学习的实施：学习素养视角下的中国建构［M］.北京：教育科学出版社：188.

张丰，2020.重新定义学习：项目化学习15例［M］.北京：教育科学出版社.

张所帅，2019.评价量表的内涵、特点及开发［J］.教学与管理（9）：122-124.

浙江省教育厅教研室　组织研制

张　丰　管光海　总主编

本册主编 / 徐墨涵

慕课研修手册　项目化学习

ZHINENG MENJIN XITONG DE SHEJI YU ZHIZUO

智能门禁系统的设计与制作

——基于课程标准的项目化学习

JIYU KECHENG BIAOZHUN DE XIANGMUHUA XUEXI

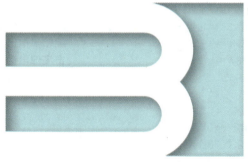

教育科学出版社
·北京·

出 版 人　李　东
策划编辑　池春燕　殷　欢
项目统筹　殷　欢
责任编辑　闫　景
版式设计　锋尚设计　孙欢欢
责任校对　张晓雯
责任印制　叶小峰

图书在版编目（CIP）数据

智能门禁系统的设计与制作：基于课程标准的项目化学习 / 徐墨涵主编；浙江省教育厅教研室组织研制 . — 北京：教育科学出版社，2022.1（2025.1 重印）
　（项目化学习慕课研修手册：9 册套装 / 张丰，管光海总主编）
　ISBN 978-7-5191-2840-1

　Ⅰ . ①智… 　Ⅱ . ①徐… ②浙… 　Ⅲ . ①建筑五金门—控制系统—课堂教学—教学研究—初中 　Ⅳ . ① G633.72

　中国版本图书馆 CIP 数据核字（2021）第 237765 号

出版发行	教育科学出版社				
社　　址	北京·朝阳区安慧北里安园甲 9 号		邮　　编	100101	
总编室电话	010-64981290		编辑部电话	010-64989593	
出版部电话	010-64989487		市场部电话	010-64989009	
传　　真	010-64891796		网　　址	http://www.esph.com.cn	
经　　销	各地新华书店				
制　　作	北京锋尚制版有限公司				
印　　刷	北京市大天乐投资管理有限公司				
开　　本	889 毫米 ×1194 毫米　1/20		版　　次	2022 年 1 月第 1 版	
印　　张	34.6		印　　次	2025 年 1 月第 4 次印刷	
字　　数	270 千		定　　价	248.00 元（全 9 册）	

编委会

总 主 编：张　丰　管光海

本册主编：徐墨涵

参 编 者：邱切锲　潘笑笑　高歌远

徐历君　叶　倩　吴应鹏

全微雷　杨秀秀　金怡靖

上官洋洋

目录

码 上 学 习

扫码进入本书慕课

前言

项目化学习：教师研修的学习设计

《中共中央 国务院关于深化教育教学改革全面提高义务教育质量的意见》指出："着力培养认知能力，促进思维发展，激发创新意识。……探索基于学科的课程综合化教学，开展研究型、项目化、合作式学习。"项目化学习正是综合体现上述精神的学习活动。它既是落实跨学科学习的重要形式，也是改进学科教学的新的突破口。浙江省自 2016 年启动 STEAM教育探索以来，逐渐聚焦项目化学习。2020 年，浙江省教育厅教研室策划开展"防疫情"项目化学习案例征集、"项目化学习网络公开课"、"项目化学习博览会"等系列活动，奏响了项目化学习推进"三部曲"。

"项目化学习网络公开课"是一次组织严密、专业深入、参与面广、关注度高的教研活动，其目的是让老师们有机会解构多类型的项目化学习与指导的过程。活动前期，我们先就项目化学习关键要素进行研究，提炼

了素养导向、真实情境、真实实践、高阶认知和真实评价等要素，然后面向全省征集展示项目，要求参展项目充分体现这些关键要素，且是学校已经实施过、较为成熟、具有推广价值的项目。最终确定的各具特色的 8 个项目于 2020 年 9 月 21—25 日通过中国教研网进行了为期一周的现场直播展示。这是浙江省聚焦项目化学习，探索素养立意的新学习形态的标志性活动。8 所展示学校均建构了较为成熟的项目化学习活动组织与指导模式，为全省乃至全国项目化学习的推广提供参考，为项目化学习的推进奠定基础。本次活动完整保留了 8 个项目的现场资料，包括教学课件、教学设计、课程资源包、学生学习手册、教师观课手册、直播视频等。这些资料弥足珍贵，也是研究项目化学习设计与实施的有效素材。

项目化学习慕课的开发创意源于基于网络公开课的项目化学习校本研修。此前，老师们要用 10 余个小时才能看完一个完整的项目。如何提高教师研修的效率？如何给教师更有针对性的引导？我们选择了 3 个较为典型的项目（分别体现课程标准、有效合作、设计思维），以项目进程为序，以关键要点为纲设计 5—7 节微课，结合视频讲解或提示，帮助教师准确有效地理解项目化学习设计与实施的方法要领。不过，对初级入门的教师来说，光

看典型项目剖析还不够，还需要建立起对项目化学习的整体理解，以及对关键问题的准确把握。于是，我们通过文献研究以及对一线教师的需求分析，确定了 6 个项目化学习设计与实施的关键问题，开发相应的慕课，涉及主题包括驱动性问题、项目任务、高阶思维、学习支架、组织策略、评价量表等，最终形成第一系列"聚焦关键问题的项目化学习慕课"（6 门），以及第二系列"基于典型案例的项目化学习慕课"（3 门），共有微课 43 节。

《项目化学习慕课研修手册》（以下简称《研修手册》）的开发启动于 2021 年 3 月。我们于 6 月底完成慕课测试版上线，10 月底完成慕课修订与《研修手册》的编写，短短半年的开发过程也一样经历了确定研修主题、研发研修课程纲要、分析网络公开课视频、拍摄慕课、研制《研修手册》以及建设配套资源等多个细致环节。

此次出版的项目化学习套装产品包括上述两个系列的 9 门慕课以及相配套的 9 本研修手册，构成"资源 + 支架"的学习设计。具体如下。

第一系列：聚焦关键问题的项目化学习慕课

慕课 1——"如何设计驱动性问题"（含研修手册，下同）。包括驱动

性问题的含义、类型、特点、设计及使用，系统梳理了驱动性问题的设计要点。

慕课2——"如何基于驱动性问题设计项目任务"。包括任务及任务的类型、核心任务的标准、核心任务的设计、支持性活动的设计、任务管理的设计，阐述了驱动性问题、核心任务、支持性活动三者之间的关联以及核心任务、支持性活动的设计方法。

慕课3——"如何培养学生的高阶思维"。以布卢姆教育目标分类学中的高阶思维为参考，在总体介绍判断认知层级的两种常见方法的基础上，具体介绍分析、评价、创造三种高阶思维的概念内涵及培养策略。

慕课4——"项目化学习中的学习支架"。介绍了学习支架的来源、定义、类型，并结合项目启动、实施、成果展示三个阶段说明不同支架的作用、使用流程、操作要点等。

慕课5——"项目化学习的组织策略"。介绍了组织策略的分类，并提供了10余个组织策略的基本概念、使用方法、操作流程等。

慕课6——"项目化学习评价量表的设计与应用"。介绍了项目化学习中表现性评价量表的结构、维度、尺度等的设计与应用。

第二系列：基于典型案例的项目化学习慕课

慕课 7——"智能门禁系统的设计与制作——基于课程标准的项目化学习"。以智能门禁系统的设计与制作为例，介绍了基于课程标准设计项目、设计驱动性问题、创设学习任务、提供支持性活动、成果展示与交流、项目管理六个方面的内容。

慕课 8——"交通工具狂想曲——基于有效合作的项目化学习"。以交通工具的设计为例，介绍了驱动性问题的提出、拼图合作学习的组织、项目产品的有效设计与改进、模型的制作与测试、学习成果的展示与评价五个方面的内容。

慕课 9——"婴儿产品改进设计——基于设计思维的项目化学习"。以婴儿产品改进设计为例，探索基于设计思维的项目化学习如何开展，将设计思维的内涵、价值嵌入项目化学习中，呈现了基于设计思维的项目化学习开展过程中教师的具体指导策略与方法。

在《研修手册》中，每一课都设置了"学习地图""研修目标""核心概念""课程内容""拓展阅读""延伸任务"六大板块，在课程内容部分还设置了"思考""任务"等小栏目，为研修者提供引导任务与思维支架。

综合来看，本套《研修手册》有以下三个方面的特点。

一是注重理例结合。9门慕课及相配套的研修手册以项目化学习的设计与实施为主线，围绕教师项目化学习实践的关键问题，结合真实课例进行阐释与分析。读者无论从第一系列的关键问题切入，还是从第二系列的典型案例开始，都能从理例结合的辅导中掌握项目化学习实践的方法与要义。

二是注重任务驱动。成年人的学习应该是结合实践的反思与体验，光阅读与观看未必能形成真正的能力。本套《研修手册》十分注重读者参与的交互性设计，读者在阅读研修手册、观看慕课视频的同时，可随着主题引导下循序渐进的任务，经历思考与探索的过程，在反思与体验中自然进步。

三是注重过程生成。本套《研修手册》基于实践开发，汇集了一线教师项目化学习实践中关心的问题、解决问题的方法。这些问题与方法并不是静态的知识，它们能为进一步发现问题、提出解决方法提供对话和探究的基础。如果你还没有经历项目化学习实践，阅读本套《研修手册》可以了解实践中的问题并思考更多问题；如果你已经是项目化学习的实践者，阅读这套

书可能会有很多的共鸣，并不断思考自己在实践中的解决方案。

本套《研修手册》是基层教研员与骨干教师协作完成的作品。慕课 1、慕课 2 由浙江省杭州市拱墅区教育研究院卢夏萍主持，慕课 3、慕课 4、慕课 5 由杭州市上城区教育学院汪湖瑛主持，慕课 6 由杭州市拱墅区教育研究院狄海鸣主持，慕课 7 由温州市实验中学徐墨涵主持，慕课 8 由杭州市卖鱼桥小学郭红梅主持，慕课 9 由杭州绿城育华亲亲学校陆颖主持。参与慕课开发与手册研制的老师多达 69 名。浙江省教育厅教研室管光海博士负责产品的整体规划与全程指导。杭州绿城育华亲亲学校蔡文艺、杭州市上城区教育评估与监测中心冯娉婷参与了样章的研制工作。感谢同志们高效、创造性的劳动，感谢教育科学出版社教师教育编辑部编辑们的慧眼与巧笔，让我们携手又为项目化学习的推进提供了灵动与实在的新资源。

限于能力与视野，慕课与手册中肯定还有一些不足之处，敬请读者批评指正。

张　丰

2021 年 10 月 26 日

第一课

基于课程标准
设计项目

📖 **学习地图**

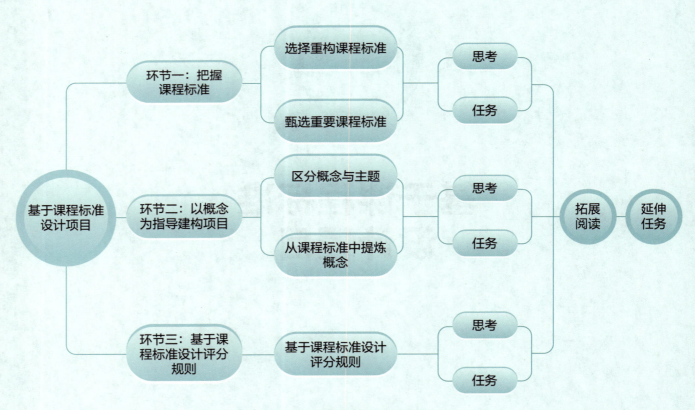

图 1-1　第一课学习地图

🎯 研修目标

❶ 理解为什么依据课程标准设计项目。

❷ 掌握如何基于课程标准设计项目。

📖 核心概念

课程标准　规定某一学科的课程性质、课程目标、内容目标、实施建议的教学指导性文件，提出了面向全体学生的学习基本要求。

核心概念　构成学科骨架的具有迁移应用价值的概念。核心概念不同于一般的概念，可以揭示学科知识的本质和学科知识之间的联系，具有统整学科知识的功能。

📑 课程内容

环节一：把握课程标准

　　在基础教育阶段开展项目化学习，学生不但需要掌握各个学科课程标准所要求的知识与技能，更需要将所学的知识与技能进行迁移应用，以解决真实问题。这就对在基础课程实施的项目化学习提出了一个至关重要的要求——如何设计一个既能达到课程标准要求，同时又能保留项目化学习的精神和意图的学习项目。

思考：请结合初中有关课程内容，思考："智能门禁系统的设计与制作"项目要实现哪些课程标准，为什么是这些标准？

关键策略

◎选择重构课程标准

课程标准规定了学生经过学习后需要知道和掌握的知识。这不仅是学习后在清单上打钩完成表示已学了哪些知识，而且是要重新建构标准使其成为学生重要的学习成果。

例如，课程标准中规定的电路图知识，在"智能门禁系统的设计与制作"项目中，学生不但要识别并画出简单电路图，还需要根据真实的情境设计电路图，并利用生活中常用电器元件组装、搭建电路（见图1–2、图1–3）。

◎甄选重要课程标准

课程标准中不同标准的重要性也是不同的，这就需要教师进行梳理，并根据教材的安排以及学生具体的学情识别重要的核心知识与技能，甄选出重要而有意义的标准。例如，初中科学（物理）学习中串、并联电路的特征，磁场，电磁铁知识以及科学探究的能力既是学

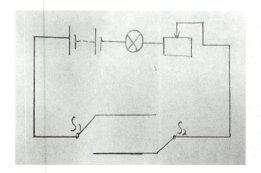

图 1-2 学生绘制的电路图

图 1-3 学生根据电路图搭建电路

习的重点，也是学习的难点，因此将其作为重要标准。重要标准是项目的基础，甄选重要标准对项目设计教师来说尤为关键。

好的项目需要处理好课程中多个重要的标准。在一个精心设计的项目中，学生很可能接触到其他学科课程标准，但都要与该项目息息相关。例如，本项目中作为概念的支持性活动体现出来的数学一次函数等其他相关课程标准。

任务：基于你所教的学科，请甄选出 3—4 条你认为可以作为学科项目化学习的课程标准，并说明你的理由。

环节二：以概念为指导 建构项目

当教师确定了项目要达到的标准之后，应该考虑如何将标准应用到学生的生活中去，才能够向学生传递学校与生活之间的联系。这就需要我们以概念为指导建构项目，设计出具有挑战性的驱动性问题。以概念为指导的教学建议，教师将重点放在提供基于学科的概念和原则上，再通过真实情境中的主题加深学生的理解。

思考： 观看项目化学习慕课 7-1，想一想，概念与主题有什么区别？"智能门禁系统的设计与制作"项目将课程标准与哪些概念进行了整合？

关键策略

◎区分概念与主题

教师应该先将概念与主题区分开，主题是由事实支撑、由零散知识组成的；而概念不具有时间性，并且十分抽象（见图1-4）。例如，本项目案例中，双控开关电路设计与制作是一个主题，该主题对应的概念是串、并联电路；磁吸头的磁场探究是一个主题，对应的概念为磁体、磁场、磁感线等。

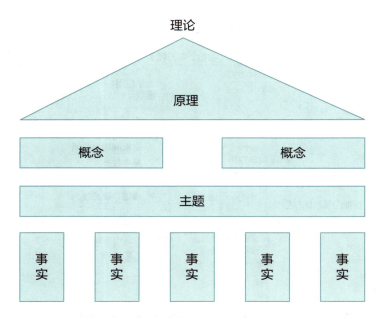

图 1-4　埃里克森提出的知识结构图（埃里克森 等，2018）

◎从课程标准中提炼概念

教师需要从课程标准中提炼概念，以宏观概念建构项目，确定项目目标，为项目设计出一个具有挑战性的驱动性问题。例如，本项目就是将串、并联电路，磁体与磁场，电磁铁等概念转变为一个驱动性问题"如何制作一个与真实办公室门功能一样、等比例缩小的门禁系统模型？"，并依据概念设置了系列任务以及相应的活动性支架（见图 1-5）。

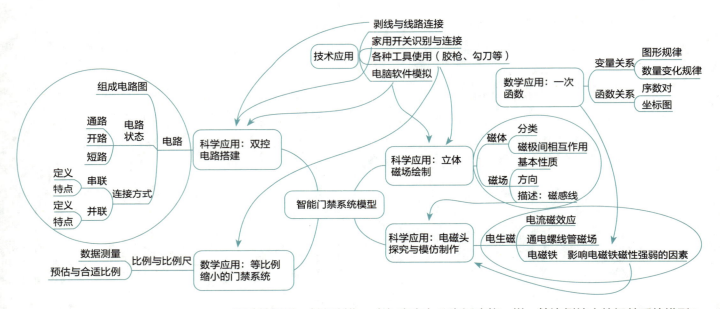

驱动性问题：如何制作一个与真实办公室门功能一样、等比例缩小的门禁系统模型？

图1-5 从课程标准中提炼概念，转化为驱动性问题

任务：请列出与你甄选出的课程标准对应的概念，并尝试在活动情境中关联这些概念。

环节三：基于课程标准设计评分规则

当项目基于课程标准确定好目标后，就需要围绕项目目标设计项目评分规则。基于课程标准的评分规则可以帮助教师在项目教学中以标准为中心，全面了解项目中学生学习的情况，并根据学情进行项目管理。

思考： 基于课程标准的评分规则对于教师、学生分别有什么作用？

关键策略

◎基于课程标准设计评分规则

基于课程标准的评分规则指标包括所学内容和技巧，多数项目化学习一般选择让内容部分占 40%—50%（见表 1–1）。使用基于标准的评分，可以帮助教师确定项目具体教授标准，确保不会遗漏重要内容。

表 1-1　基于科学课程标准（电学）设计评分规则

指标	分数		
	1分	2分	3分
电路制作	仅有电路设计图，且切实可行	有电路设计图（切实可行），有实物制作模型	有电路设计图（切实可行），有实物制作模型，且布线合理、工艺优良
开关使用	使用电学实验箱闸刀开关	部分使用普通家用开关，连接准确	全部使用普通家用开关，连接准确
导线	使用电学实验箱中有接口的导线	部分使用家庭电路中的导线，导线接口未做处理	全部使用家庭电路中的导线，且接口处理较好
使用情况	电路搭建有明显错误（例如短路、断路）	只有一个开关起作用	两个开关都起作用

任务：选取 1—2 项课程标准，结合情境设计评分规则。

拓展阅读

　　基于大概念的教学实践路径的基本操作框架是：确定大概念—外显大概念—活化大概念—建构大概念—评价大概念。（李松林，2020）

1．确定大概念是在筛选和论证的基础上，确定最终需要学生建构的大概念。大概念的筛选与确定有三条基本路径。

●借助课程标准中的高频语词。课程标准中反复出现的词句通常是需要学生重点掌握的核心知识。

●深度理解教材。大概念往往藏于教材知识的内核或深处，需要教师进行深度挖掘。

●超越惯常理解的抽象概括。教师可以基于自己的惯常理解，从表层零散的现象中提取出大概念。

2．外显大概念就是分别从"知道什么""理解什么""能做什么""想做什么"四个维度对大概念进行具体描述，其实质是对核心素养目标进行分解，将核心素养目标转化为具体的学习目标。

3．活化大概念是将大概念改造设计成等待学生探究的核心问题和子问题群，引导学生在问题解决中学习。

4．建构大概念是基于核心问题和子问题群，为学生设计出有待展开和完成的学习活动序列。在具体的活动过程中，教师可以引导学生通过从下位到上位、从外围到核心、从表层到深层三个基本路径逐渐建构起大概念。

5．评价大概念与外显大概念一一对应，分别从"知道什么""理

解什么""能做什么""想做什么"四个维度对学生的学习结果进行

评价。

📝 延伸任务

选择一个你认为好的基于课程标准的项目化学习案例，基于你对项目化学习的理解，阐述你选择该案例的理由，800字左右。

第二课

设计驱动性问题

学习地图

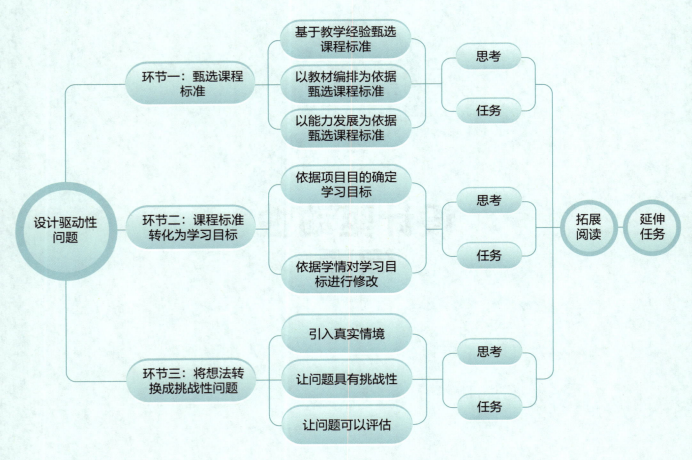

图 2-1　第二课学习地图

🎯 研修目标

❶ 了解甄选重要课程标准的依据。

❷ 了解课程标准是如何转化为学习目标的。

❸ 了解如何依据学习目标与学情设计驱动性问题。

📖 核心概念

驱动性问题 围绕项目主题设计的、契合课程标准的、具有凝练意义的问题，是能够引发学生自主探究和推动学生问题解决的关键性问题。一个好的驱动性问题能营造一种由求知欲驱动的学习氛围，鼓励学生积极地寻找问题的解决方案、做出计划和开展探究、记录和理解数据、收集证据和辨析观点、构建和共享学习成果，实现深度学习。

📝 课程内容

环节一：甄选课程标准

课程标准规定了学生在学年末或单元结束时需知道和掌握的知

识，其中不同的标准重要性也不同。我们需要从中筛选出重要的、有意义的标准。

？ 思考：哪些标准对于"智能门禁系统的设计与制作"项目来说是重要的?

关键策略

◎基于教学经验甄选课程标准

在日常教学中，教师积累了大量关于学生学习的经验，并会对相应的知识与技能的学习做出预判，即教学设计中需要突破的重难点问题。例如，初中科学课程标准提出"知道电路的基本组成，会画电路图"，在日常教学中，大部分学生学过电学相关知识和概念，却只会使用电学工具箱搭建简单电路，这与生活中真实电路相去甚远，学生不能将所学的电学知识在生活中迁移应用。由此可见，重要的、有意义的标准有时无法通过直接教学或者书面练习习得，而需要建立与生活的联系，才能达到效果。通过上述分析，电学可以作为项目化学习的内容基础。

◎以教材编排为依据甄选课程标准

教材是基于课程标准、按照一定的学科逻辑精心设计的学习资料，同时教材中所展示的内容也是教学所采用的主要学习资料之一，因此合理利用教材，以教材的编排为依据甄选课程标准也是常用的策略。浙教版科学教材八年级下册第一章电磁铁的相关知识紧随上册第四章的电学知识。两章不但章节编排上紧密相连，而且相关知识也紧密关联，但是学生往往将它们视为孤立的个体，脱离基本电路学习电磁铁的知识，学生往往也掌握不到位。因此，将电与磁作为整合性的主题，筛选相关标准作为本项目的知识内容。

◎以能力发展为依据甄选课程标准

在基础教育阶段开展项目化学习，学生不但需要掌握各个学科课程标准所要求的知识与技能，更需要将所学的知识与技能进行迁移应用，以解决真实问题。从能力角度考虑，项目化学习需要有持续的探究，以培养学生的批判性思维、解决问题的能力，因此筛选科学探究的标准作为项目能力发展的依据。

任务：观看项目化学习慕课 7-2，思考甄选标准的依据是什么。

环节二：课程标准转化为学习目标

基于上述原则，在甄选出与项目相关的重要课程标准以后，我们需要通过整合，将所选择的课程标准转化为项目的学习目标。

思考： 观看项目化学习慕课7-2，针对本项目思考，两次项目化学习目标有何不同，为何会发生变化？

关键策略

◎依据项目目的确定学习目标

本项目第一次实施是作为八年级学生的寒假作业，目的是通过整合性的项目形式，让学生复习八年级上册电学相关知识，预习八年级下册电磁铁相关内容，在项目实践过程中建立电与磁的联系。依据课程标准，我们形成了项目第一次实施的学习目标。

1. 通过软件模拟与电学实验箱电路装搭过程，理解与应用基本电路连接和串、并联电路特点等基本电学知识。

2. 利用合适的工具探究具体的磁场特点，并用磁感线描述模型，理解电磁铁特点，尝试组装合适的电磁铁。

3. 在实践过程中正确应用电与磁的相关知识，以解决生活中真实的问题。

◎依据学情对学习目标进行修改

该项目的学习作为寒假作业，教师没有机会全程给学生提供有效的指导。例如，现实环境中门禁系统不仅涉及电磁铁及有效的电路，还有门等其他结构，学生往往会忽略，这就需要教师引导学生关注门禁系统的整体结构。此外，真实情境中未知的立体磁场该如何绘制与表达？我们可以通过提供数学学科的斜二测画法这个学习支架，帮助学生理解立体磁场。根据上述情况，我们形成第二轮迭代的学习目标。

1. 根据软件模拟与电学实验箱电路装搭过程，理解与应用基本电路连接和串、并联电路特点等基本电学知识。

2. 利用合适的工具探究具体的磁场特点，并用磁感线描述模型，理解电磁铁特点，尝试组装合适的电磁铁。

3. 在实践过程中正确应用电与磁的相关知识，以解决生活中真实的问题。

4. 能运用斜二测画法描述具体的立体模型。

5. 能运用一次函数解决实际的问题，对解决问题过程的合理性、完整性、简洁性进行思考、表达和评价。

6. 运用合适的比例尺进行计算与建模。

7. 在项目产品设计制作过程中，根据真实的情境对产品提出新的要求，培养产品迭代意识。

任务： 将你在第一课中所选取的学科课程标准转化为学习目标。

环节三：将想法转换成挑战性问题

学习目标的实现需要以一个真实的情境为载体，所谓"真实"，就是设计的项目要联系现实世界。

思考： 观看项目化学习慕课7-2，思考：本项目1.0版本的驱动性问题和2.0版本的驱动性问题有什么不同？为什么会发生这些变化？

关键策略

◎引入真实情境

本项目联系学生所拥有的关于传统门锁在多人进出场所（学校办公室）使用的实际生活经验，鼓励其积极思考。学生发现虽然传统门锁可以保证安全，但在多人进出的场合受到钥匙多少的限制，不利于工作和学习。如何制作智能门禁系统，使其代替传统门锁？这样的问题来源于生活实际，真实的问题能够引发学生的思考。在学习电学知识的过程中，学生经常利用电学实验箱中的电子元件进行实验（见图2-2）；同时在现实生活中，学生接触过门禁系统，门禁系统的核心原理就是运用了"电与磁"的知识。因此作为寒假作业的项目化学习，我们设计了项目的驱动性问题1.0版本：如何通过电学实验箱材料或者废旧材料制作门禁系统的模型（以电学实验箱电磁铁为主要元件)?

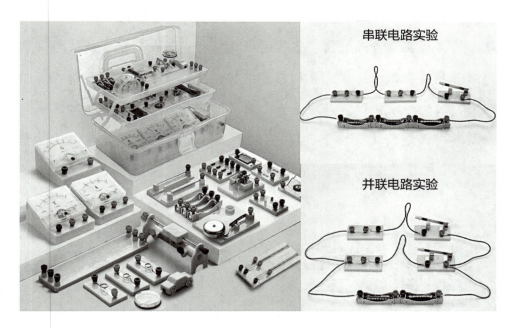

图2-2　电学实验箱

◎让问题具有挑战性

　　智能门禁系统是一个以电磁铁为核心部件，由多个部件构成的复杂、统一的系统。但我们发现，学生在设计制作模型时往往只关注电路的设计与搭建，而忽视了其他部分的组成与制作。其中，电学实验箱中的电磁铁与现实生活中电磁铁的磁场特征相去甚远，学生没有真正掌握门禁系统的真实情况。

　　根据寒假项目化学习的学生作品分析，我们推测学生未将项目与真实情况进行联系的原因可能有以下几点：一是过于简化真实问题，使得真实情境浅表化，劣构问题良构化；二是门禁系统的电磁锁内部灌注树脂，无法拆开看到内部结构，上网搜索也无法获得内部结构图，因此对学生而言，这是一个真实的黑箱，学生需要多加探索，推测其内部结构（见图2-3）。将电学实验箱中的电磁铁作为门禁系统的核心元件，也极大程度地降低了任务的挑战性、真实性、探究性。

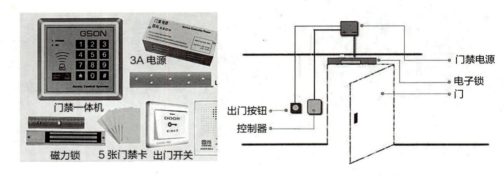

图2-3　复杂的门禁系统图

　　基于真实情境与修改后的学习目标，我们形成了驱动性问题2.0版本：如何制作一个与真实办公室门功能一样、等比例缩小的门禁系统模型？

◎让问题可以评估

　　只有学生完全了解项目的目的，才能尽力完成任务。为了让学生更加了解项目、明确驱动性问题，可以将"如何制作一个与真实办公室门功能一样、等比例缩小的门禁系统模型？"分解，并针对分解问题设计相应的达成标准，让驱动性问题便于学生理解且可以评估，具体分解如下。

　　门禁系统有哪些组件？这些组件是如何组合的？——标准：模型部件完整，牢固。

　　门禁系统具有哪些功能？该如何表现这些功能？——标准：与真实办公室门功能相同，并能通过模型演示。

　　门禁系统的内部工作原理是什么？如何展示其内部工作原理？——标准：模型要展现门禁系统的内部结构，体现门禁系统内部工作原理。

　　现有的门禁系统与门锁相比有哪些优势？有哪些缺点？——标准：在成功制作门禁系统基础上改进其1—2个缺点，并在模型上体现。

任务：结合一个真实情境，将你上一个任务中确定的学习目标转化为一个具有挑战性的驱动性问题。

拓展阅读

要设计出高质量的驱动性问题，教师需要把握科学课程标准，明确核心概念和一般概念间的联系，对学生的已有知识和经验有一定的认识，关注学生的科学素养和学科能力，并掌握一定的问题设计的方法与策略。（高潇怡 等，2020）

一、教师主导设计驱动性问题的方法

● 教师需要从课程标准出发，分析并确定学生需掌握的核心概念、跨学科概念。

● 在分析结果的基础上，教师可以通过倾听学生的想法、了解学生的兴趣来设计驱动性问题。

● 教师需要对已设计的驱动性问题进行评估，确保问题满足各项关键特征，确保问题能够为学生提供足够的空间来发展他们探究问题的能力。

二、教师鼓励学生提出驱动性问题的方法

● 教师需要创设一个充满鼓励氛围的学习环境，通过在教室中设置情境、带领学生进入真实的情境、组织学生一起观看视频或者让学生讨论他们的兴趣爱好等方法，激发学生的好奇心。

• 教师可以使用 KWL（Know，Want to know，Learned，即已知、想知、新知）的策略，帮助学生将他们已有的知识经验、想法或疑问转变成想要探究的驱动性问题。

• 教师需要鼓励学生将驱动性问题的关键特征作为评估标准，进行自我评估、小组互评，鼓励、帮助和监督学生精炼和完善问题。

延伸任务

请你根据自己所教学科，筛选课程标准，确定项目目标，设计一个基于真实情境的驱动性问题，用思维导图的形式呈现核心概念是如何结合真实情境生成驱动性问题的，并完成表 2-1。

表 2-1 驱动性问题设计表

项目主题或主要意图：

通过本项目，学生应该学习和掌握哪些符合课程标准的内容：（每个学科 2—3 条）

设计挑战性问题：（要求学生解决现实世界中存在的某个问题，或解决某个有意义的问题。以驱动性问题形式描述这个挑战问题）

为项目草拟一个驱动性问题：（与同事讨论你草拟的驱动性问题。必要时完善或重新草拟一个驱动性问题）

本项目暂定的驱动性问题：（随着设计过程的深入，最终的驱动性问题可能有所改变，保留以下空白，直至你完成项目设计。你也可以与学生讨论驱动性问题，基于学生的学情进行修改，与学生讨论时应注意方法）

本项目最终确定的驱动性问题：

第三课

创设学习任务

📖 学习地图

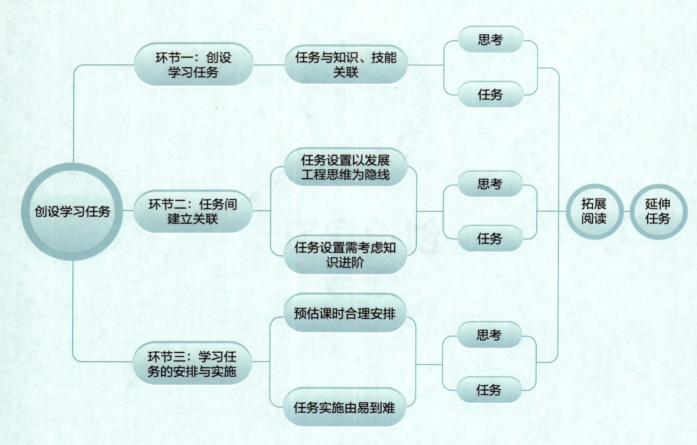

图 3-1　第三课学习地图

🎯 研修目标

❶ 掌握围绕课程标准创设学习任务的方法。

❷ 了解学习任务之间的联系，根据联系合理安排任务并实施。

📖 核心概念

工程思维　实践性的、以系统分析和比较权衡为核心的一种筹划性思维，包括工程决策思维、工程设计思维与工程实施思维。

📝 课程内容

环节一：创设学习任务

上节课中，我们依据项目甄选了重要的课程标准并将其转化为学习目标，且依此设计了具体的驱动性问题。那么该如何依据项目的目标创设学习任务，通过完成学习任务解决驱动性问题，最终掌握与项目相关的课程标准所要求的知识与能力呢？这就是我们本节课所需要解决的问题。

思考："智能门禁系统的设计与制作"项目中设计的任务与哪些知识、技能相关联？

关键策略

◎任务与知识、技能关联

依据课程标准及其转化的项目化学习目标，同时关注学生的学情，我们采用逆向设计，将项目化学习目标进行分解，让学习任务与项目结束后学生需要掌握的知识、技能相关联。

例如，基于"智能门禁系统的设计与制作"项目，需要设计模型门、双控开关电路、电磁铁制作等任务，具体任务设计如下：

（1）基于数学比例尺方面的知识，学生需要完成等比例缩小的门禁系统。

（2）在项目实施过程中，我们要求学生理解与应用基本电学知识，因此我们创设了双控电路搭建任务。

（3）而磁体、磁场、电磁铁等电磁学方面的知识，则通过以电磁铁为核心元件的磁控门禁系统的设计、制作来习得。

以上任务按照一定的逻辑顺序共同构成我们的项目：智能门禁系统的设计与制作。

任务：请为你在上节课中预设的项目，依据学习目标设计系列任务。

环节二：任务间建立关联

明确学习任务后，我们要通过合理的设置，让学生进行有序的学习，因此基于一定的逻辑建立学习任务间的关联非常重要，例如，本项目就是将发展学生的工程思维作为隐线。

思考： 本项目具体任务的顺序是否可以前后对调？请说出你的理由。

◗关键策略

◎任务设置以发展工程思维为隐线

基于工程思维，工程实践流程一般从"分析问题情境"开始，逐步进行"设计工程目标""设计解决方案""工程实施""交流与评价""迭代优化"。本项目由"提出问题""准备阶段""产品设计""产品制作、组装与调试"以及"展示作品"几个环节构成（见图3-2）。整个项目过程涉及系统分析、工程设计、决策等思维。而"产品制作、组装与调试"与"展示作品"之间，又分为"门的设计与制作""电路设计""电磁铁探究与制作""说明书制作与展览布置"几个任务。这些任务从设计、模拟、制作、试错、迭代到展示作品，不仅符合该项目需要的先后工作次序，也符合工程思维习惯的发展。

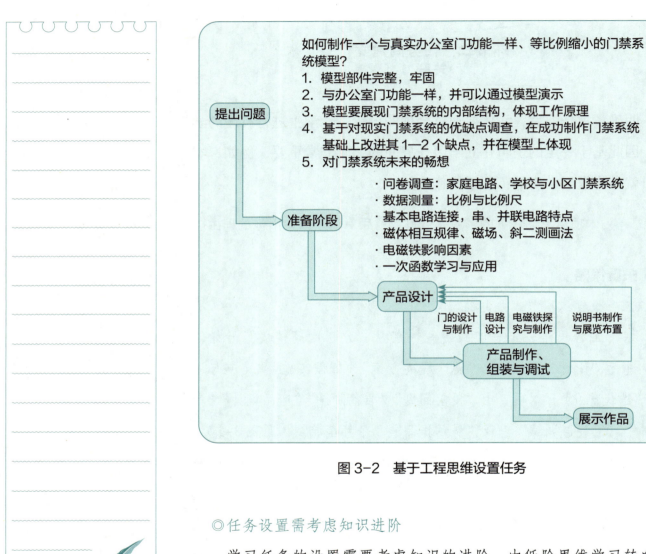

图3-2　基于工程思维设置任务

◎任务设置需考虑知识进阶

　　学习任务的设置需要考虑知识的进阶，由低阶思维学习转向高阶思维学习。在布卢姆教育目标分类"知道、理解、应用、分析、评价、创新"中,"知道、理解"被认为是低阶思维,"分析、评价、创新"被认为是高阶思维,而"应用"则常常分属两者。

如"制作双控开关灯"这个任务,首先让学生用软件模拟家庭电路的电路图,学习串、并联电路的知识。然后用电学实验箱工具与家用导线搭建电路,最后搭建真实开关电路,制作双控开关灯。从模拟到搭建,实现问题解决,利用小步骤教学法引导学生完成由易到难的电路任务,每一个后续任务都是前一个任务的进阶。除了有相应的知识点的联系外,学生思维从低阶的"知道、理解"到高阶的"应用、分析、评价、创新",对学生有较高的知识与能力迁移的要求(见图3-3)。

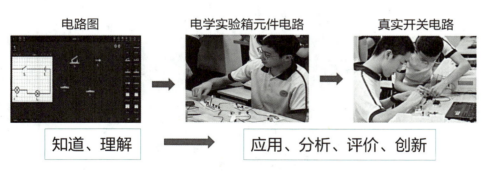

图3-3 知识进阶学习

📋 **任务:** 根据项目需要,请依据知识进阶对你所设计的学习任务进行调整与排序。

环节三：学习任务的安排与实施

　　有了任务的逻辑主线，我们便需要根据课时数安排每天的任务并实施（见图 3-4）。

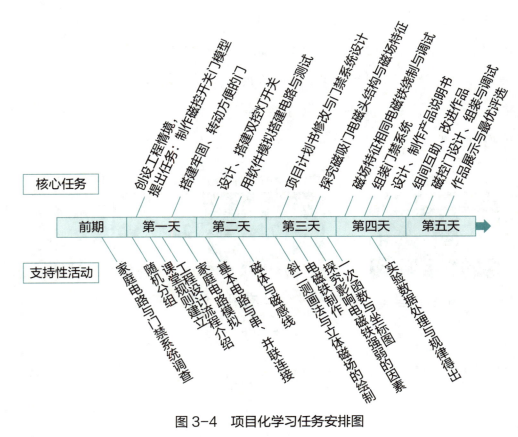

图 3-4　项目化学习任务安排图

思考：项目中不同的学习任务课时如何分配？分配的依据是什么？

关键策略

◎预估课时合理安排

我们计划用五天时间完成本项目，因此需要预估总课时，依据总体时间对项目进行分解，将相应的知识点排列在一起。例如，为了便于学生理解与应用基本电学知识，创设并安排了"设计、搭建双控开关灯"和"用软件模拟搭建电路和测试"的学习任务。

◎任务实施由易到难

在任务实施过程中，理解工程设计流程、探究过程需要通过不断实践，才能发展学生的工程思维、探究精神，并让其掌握相应的技能。为了达成同一目标，需要在项目过程中不同的阶段设置螺旋上升式的实践任务，同时还需要兼顾学生学习的心理特征，由易到难增加难度与挑战。在完成相应的学习任务之后，学生能掌握相应的技能、形成相应的能力，并可以在日常实践中随时调用，进行迁移应用。

例如，在工程实践方面，学生在第一天通过项目里程碑对项目进行规划，并搭建牢固、转动方便的门。在第三天，学生要对项目计划进行修改，并进行门禁系统的设计。在科学探究方面，在"探究磁吸门电磁头结构与磁场特征"中，学生需先"探究影响电磁铁强弱的

因素",再进行"磁场特征相同电磁铁绕制与调试"探究,由易到难,循序渐进(具体过程请观看项目化学习慕课7–3)。

　　任务安排与实施最终指向项目目标——掌握核心知识与技能,并学会迁移与应用,发展交流、合作、创造性思维、批判性思维等成功的关键能力。

任务：请依据项目任务安排实施的思维导图,并注明课时数。

拓展阅读

　　如果采用逆向思维的方式,教师应根据学科教学需要和学生学习水平确定高层次教学目标,并将教学目标转化为学生可理解、感兴趣的学习情境和学习体验,由学生进行自主思考,协同互助,通过自己的投入和努力解决高阶的问题,而基础性知识则成为问题解决所需要的资料,那么学生解决高阶问题的过程也就成为夯实和巩固基础性知识的过程。学生在学习过程中因为全身心的主动参与进入了深度学习的状态,而教师在思考如何开展教与学活动之前,先要努力思考此类学习要达到的目的到底是什么以及哪些证据能够表明学习达到了目的。(陈静静,2020)

阶段 1　确定预期结果。学生应该知道什么、理解什么、能够做什么，应该了解什么是期望的持久理解，还需要明确学习的优先次序。

阶段 2　确定合适的评估证据。我们如何知道学生是否已经达到了预期结果？哪些证据能够说明学生的理解和掌握程度？我们要根据收集的评估证据来思考单元或课程，而不是简单地根据要讲的内容或是一系列学习活动来思考单元或课程。我们要思考如何确定学生的理解程度是否已经达到了预期。

阶段 3　设计学习体验和教学。学生需要哪些知识和技能？哪些活动可以使学生获得所需要的知识和技能？根据具体表现性特征，我们需要教哪些内容，指导学生做什么？如何用最恰当的方式开展教学？要完成这些目标，哪些材料和资源是最合适的？

延伸任务

　　根据你上节课课后任务所设计的项目目标和驱动性问题，梳理项目需要建构的知识与能力，形成项目任务列表，并注明任务之间的内在联系（建议用思维导图的形式来展现）。

第四课

提供支持性活动

📖 学习地图

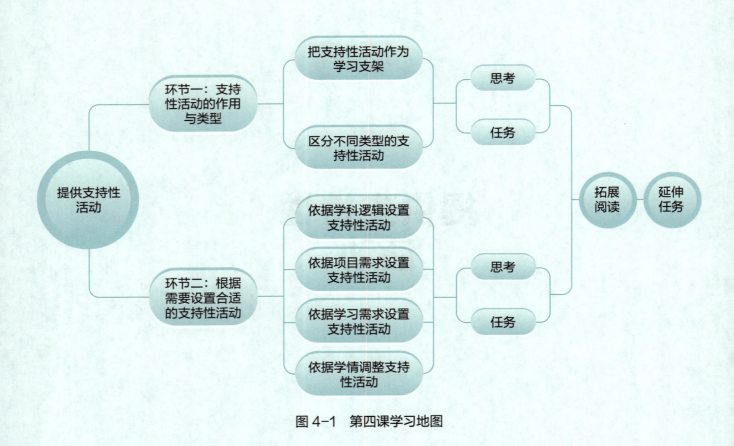

图 4-1　第四课学习地图

研修目标

① 了解支持性活动的类型。

② 学会根据项目需要选择合适的支持性活动。

核心概念

学习支架 "支架"（scaffold）又称"脚手架"，本是建筑行业用语，指建筑楼房时使用的、楼房建好后就撤掉的暂时性支持。该术语引入教育领域，又被称为学习支架，用于描述经验丰富的成人辅导者给年轻学习者的学习过程所提供的有效支持和帮助。

课程内容

环节一：支持性活动的作用与类型

基于课程标准的项目化学习，学习任务的合理设置直接影响学生对整个项目的完成情况。即使项目任务设计相对完善，但在实施过程中会因为学生学情的不同出现不同的问题，教师需要根据具体问题具体分析，对学习任务进行调整，并提供相应的支持性活动。支持性活动是一种学习支架的表现形式。

关键策略

◎把支持性活动作为学习支架

学习支架的提供是建立在一定的学习情境、学生全程参与的基础上的，也是教师在学习者已经做了一定的努力却仍然不能独立完成任务，且确定学习者的需求后才为其提供的。项目化学习中的学习支架除展示真实情境、传递知识、提供学习指导等功能外，还可以在学习理论的指导下，发挥信息技术优势、教师的主导作用和同伴协作精神。

支持性活动是一种学习支架的表现形式。根据项目目标精心设计、实施学习支架，有利于学生将新知识与技能整合到自己当前的理解中，通过知识整合环境，充分发挥注重实效的教学原则，使知识更易于理解，技能更容易掌握。

◎区分不同类型的支持性活动

维果茨基的最近发展区理论为学习支架（支持性活动）提供了理论基础，他将学习支架描述为具有更多经验的人帮助学习者跨越最近发展区，从现有知识水平到达潜在水平的一种教学活动。学习支架并不是一直存在的，在学生获得相应的知识和能力后需要将其撤除。并不是教师提供的所有材料、学习单都是学习支架，它特指学生在完成"挑战性的学习任务"时，在经过努力仍然不能自己解决问题的情况下，教师所提供的帮助。即学习支架应该是针对学习过程中的难点教师在"恰好需要的时机"所提供的"必不可少的支持"。从功能的角度可以将支持性活动归类为：有助于概念理解的支持性活动；有助于理解学科思维的支持性活动；有助于推进项目实践的支持性活动；提供资源的支持性活动；有助于习得认知策略的支持性活动。在本项目化学习案例中，磁体、磁感线、磁场即有助于概念理解的支持性活动；数字变化规律、一次函数学习即有助于理解学科思维（数学）的支持性活动；电磁铁的制作、绕线圈即为有助于推进项目实践的支持性活动；讲解如何进行电磁铁绕制的方法即为提供资源的支持性活动。

思考：支持性活动有哪些类型？

任务：观看项目化学习慕课 7-4，了解更多有关支持性活动的内容。

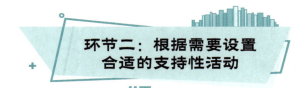

环节二：根据需要设置合适的支持性活动

根据项目化学习目标，合理预设支持性活动，并根据项目实施情况做适当调整，有利于学生将所学知识与技能在项目实践中进行迁移、运用。

思考：本项目中提供了哪些类型的支持性活动，它们在项目中的具体作用分别是什么？

关键策略

◎依据学科逻辑设置支持性活动

每门学科都有关于如何创建、共享和评估知识的规范与行为方式。简单地说，学科实践就是指每个学科如何做事。在门禁系统设计、制作过程中，需要学生利用建模的思维进行电路的设计与制作，于是设计了家庭电路模拟和基本电路与串、并联电路连接的实践活动；在门的制作与电磁铁的调试任务中，需要对数据进行处理，于是设置了比例与比例尺、实验数据处理与规律得出的实践活动，这些支持性活动有利于学生对相应学科知识难点的学习。

◎依据项目需求设置支持性活动

为了项目的顺利进行，需要提供资料作为学习资源供学生参考学习。在本项目推进过程中，教师以飞机制造为例，为学生提供了工程设计流程的介绍视频、数学斜二测画法的介绍资料等材料，为学生提供了资源支持，拓宽了学生的视野。同时，还为学生提供了门禁电磁铁的厂家资料，提升了学生获得新的探索的可能性。这些都是"资源支持性活动"，有助于学生对问题进行深度探索。

◎依据学习需求设置支持性活动

　　项目化学习为学生学会学习，掌握学习的方法，提供了大量的调控性实践的机会，如制订计划、监控计划反思、相互交流点评等。在本项目化学习案例中，为培养学生反思、合作、交流技能，教师需要引导学生在每日学习结束之前使用 KWL 表格进行梳理并完成每日学习日志。基于学生的自我反思与总结，教师可及时记录、评价学生的学习情况。教师可获取学生真实的学习情感、学习困难和学习需求，因势利导，引导学生进一步领悟知识、掌握方法。这些引导学生进行的自我反思、总结即为"有助于习得认知策略的支持性活动"。

◎依据学情调整支持性活动

　　在项目实施进程中，有时也可根据具体学情进行适当的调整，合理穿插、利用各类支持性活动。这些支持性活动根据项目情况的实施和具体学情，可能会有所删减与调整。在使用支持性活动时，始终不变的目标是为了学生更好地学习。

任务：基于你上节课设计的项目和学习任务群，设计项目需要的支持性活动，并说明理由。

拓展阅读

　　学习支架设计框架是将一系列的指导原则和策略整合到一个结构框架中，尤其是在以学生为中心的"STEM+"教育教学中，更需要为学习困难者提供一系列的支持和帮助，供其投入一个新的活动时使用，以便了解活动中的基本实践和表征特征。（张瑾，2017）

　　"STEM+"教育中学习支架的设计原则有以下几条。

　　● 跨学科知识融合原则："STEM+"教育更注重跨学科知识融合、跨学科解决问题，因而学习支架的设计也应关注、支持学习者将新知识整合到当前的理解中，通过知识整合环境，充分发挥注重实效的教学法原则，使科学知识更易于理解。

　　● 内隐知识可视化原则：学习科学的相关研究表明，学生通过反思自己的想法并建立想法之间关联的方式学习效果更好。使对学习者而言相对内隐的专家知识可视化和清晰化，一方面能够帮助学习者理解新知识，另一方面也使学习者将学习过程内化，为教师的个性化教学提供指导依据。

　　● 学习指导个性化原则：学习支架的提供要结合学习者的学习特征，不同的学习者需要不同程度的支架；学习难度越大，需要提供的支架也越多。因此，学习支架的设计要符合学习者的个性化学习需要，要与学习者个体认知差异和认知水平保持一致。

● 动态调整与发展原则：最近发展区随着学习的发展呈现的是动态变化，学习支架可以帮助学习者顺利跨越最近发展区，学习支架的设计也要随着学习者的发展而适时、动态地调整与发展。

延伸任务

预测：你在实施前面几节课所设计的项目任务时可能会遇到哪些困难？你会提供什么样的支持性活动？在实施你所提供的支持性活动时有何具体的建议？

请你在上节课完成的思维导图的基础上对项目任务之间所需要的支持性活动进行补充与完善。

第五课

成果展示
与交流

📖 学习地图

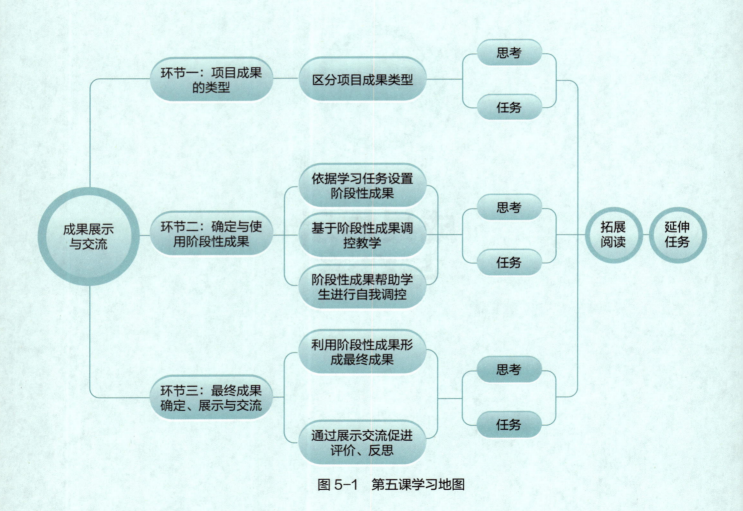

图 5-1　第五课学习地图

🎯 研修目标

❶ 了解阶段性成果确定的依据及其作用。

❷ 了解项目最终成果确定的依据及其作用。

❸ 了解最终成果展示与交流的形式及其作用。

📖 核心概念

学习证据　学习过程中一切可以证明和反映学习活动得以发生的学习过程数据、事实性材料与学习者的外在表达。学习证据的表现形式有很多，如作品实物、海报、书面报告、口头报告、表演、概念图或思维导图、项目设计、制作发明、研究报告、自我评价报告、他人评价报告等，还包括学习过程中采集的数据以及在数字化学习系统中产生的各种交互数据、日志数据。

📝 课程内容

环节一：项目成果的类型

项目成果体现项目化学习目标。例如，本项目是根据项目化学习

目标及驱动性问题确定最终成果：设计并制作一个完整、等比例、可演示并能展示工作原理、稳定、牢靠的门禁系统模型，以及相关的产品说明书。

关键策略

◎区分项目成果类型

项目化学习的收官不仅仅体现在物化的最终成果上，更重要的是通过最终成果的展示与交流来庆祝项目化学习的成就，锚定学习过程，对学习过程进行反思总结，为开展下一个项目化学习做好准备。一般来说，依据在项目中呈现的时间不同，项目成果可以分为项目阶段性成果与项目最终成果。

思考：本项目的最终成果是什么？它是否与项目化学习目标相对应？

任务：观看项目化学习慕课 7-5，了解更多有关成果展示与交流的内容。

环节二：确定与使用
阶段性成果

项目成果的展示与交流需要锚定学习过程，强调基于学习证据来呈现学习的结果，并由此证明学习活动产生了学习成效。在学习过程中一切可以证明和反映学习活动得以发生的数据、实时性材料和学习者外在的表达都可以作为学习证据，成为阶段性成果。

思考：观看项目化学习慕课 7-5，思考项目中各阶段性成果以什么样的形式呈现？教师是如何以此为学习证据调控教学的？

▶ 关键策略

◎ 依据学习任务设置阶段性成果

本次项目的系列任务包括：模型门制作→双控开关电路搭建→与电磁头功能相同的电磁铁的制作→部件组合与调试→产品说明书制作→门禁系统模型与产品展示（见图 5-2）。

教师根据学习任务设置了相应的阶段性成果，通过作品实物、海报、书面报告、口头报告、表演、概念图或思维导图、项目设计、制作发明、研究报告、自我评价报告、他人评价报告等证据（观看项目化学习慕课 7-5），将学生的思维活动可视化。各个阶段性成果之间存在着衔接与递进的关系，且同最终结果具有一致性。

◎ 基于阶段性成果调控教学

阶段性成果作为学习证据可以帮助教师判断学生是否真正发生了有效的学习，帮助教师及时调整教学以提升学生的学习效果。例

项目任务： 制作一个与真实办公室门功能一样、等比例缩小的门禁系统模型

1. 模型部件完整，牢固
2. 功能可以通过模型演示
3. 模型要展现内部结构，体现门禁工作原理
4. 基于对现实门禁系统的调查，在成功制作门禁系统基础上改进其 1—2 个缺点，并在模型上体现
5. 对门禁系统的未来进行畅想

门禁系统模型与产品展示

产品说明书制作

与电磁头功能相同的电磁铁的制作

部件组合与调试

双控开关电路

如，与电磁头功能相同的电磁铁的制作任务中，包括三维立体磁场绘制、普通电磁铁绕制、电磁铁磁性强弱探究、电磁头结构与磁场探究等任务，学生立体磁场探究结果展示与绘制，实验数据的记录与处理，电磁铁产品的绕制与调试等学生学习过程中的成果证据都能证明在项目中个体能力和学习绩效的持续性变化过程，教师据此可以发现教学规律并进行调整。

◎阶段性成果帮助学生进行自我调控

阶段性成果作为学习过程中的证据呈现，可以帮助学生进行自我调控。在学习过程中需要运用一系列证据完成科学探究任务和解决

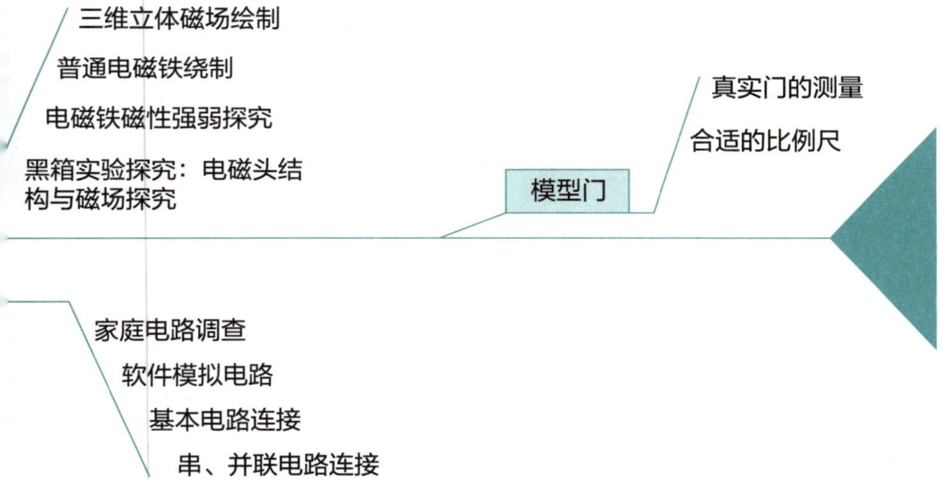

三维立体磁场绘制

普通电磁铁绕制

电磁铁磁性强弱探究

黑箱实验探究：电磁头结构与磁场探究

真实门的测量

合适的比例尺

模型门

家庭电路调查

软件模拟电路

基本电路连接

串、并联电路连接

图 5-2　项目系列任务

实际问题。例如，在搭建模型门的过程中，学生不会使用比例尺则无法完成任务，但通过教师的引导，借助相关的反思表格，学生自主反思、总结错误的原因和经验，最终也可以实现任务、达成目标。学生基于证据，运用理性的思维去分析、判断、推理、假设和创新，获得情境性知识并提升问题解决能力，体验获得知识的真实过程。

任务：依据你上一课设计的学习任务设计阶段性成果。

环节三：最终成果确定、展示与交流

　　项目化学习不但需要阶段性成果，还需要在项目结束时产生最终结果，并据此进行交流。

　　❓思考：本项目最终的展示与交流的形式是什么？项目最终成果是如何呈现的？

◖关键策略

◎利用阶段性成果形成最终成果

　　阶段性成果是学生达成最终成果的基础，但最终成果的出现不仅仅是阶段性成果的简单组合。例如，本项目的最终成果不仅需要把模型门、双控开关电路、与电磁头功能相同的电磁铁等部件简单组装，还需要进行不断的工程调试，才有可能达到预期的要求。

◎通过展示交流促进评价、反思

　　项目并不是在最终成果顺利产出后就结束了。即使所有小组的成果都符合项目的要求，但因为每个小组成员不同、思维方式以及探究过程有所不同，所以产出的成果并不是完全一样的。每个小组最终成果的优缺点在一定程度上反映了该小组在整个学习过程中的优势与不足。在计划成果展示与交流时，学生需要列一份全面的清单，对展示活动进行合理的规划，分配工作，将代表学习过程的证据进行合理的梳理与安排，通过最终产品和产品说明展示出"通过项目我们究竟掌握了哪些核心知识与技能，是如何迁移应用的"。在成果的展示交流中，根据教师预先提供的量规，全体学生与成果展示观摩者根据统一标准对项目的最终成果进行参观和相互评价，评出最佳作品，这是学生相互学习、评价与进行反思的良好机会。

任务：设计你正在实践的项目的最终成果，并策划其展示的方式。

拓展阅读

基于证据的学习通过采集学生学习过程中生成的各种类型数据，将学生的思维过程和问题解决过程外显化，生成可观测的证据并动态地展示学生的学习过程，呈现学习结果。

学习过程中学生的心理过程、情感态度与价值观的发展、知识能力的迁移应用、反思能力和创新思维的发展等，以及用传统测评方式无法测量与评估且总处在一个持续动态变化过程中的复杂能力，需要关注学生的学习过程，发现、收集与评价相关的证据，将内隐的状态或能力通过可视化、可量化的证据表征，使得抽象、宏观的对核心素养的评估能够落实到具体、细微的教学实践层面。

基于证据的学习强调学习结果是有据可循、具有可检验性的，使得 STEM 教育教学的评价不再是教师主观的判断和模糊的界定，而是一种能够基于证据的精确客观的"量"上的描述和分析，促进教育教学评价走向精准化。（余胜泉 等，2019）

📝 延伸任务

请你在上节课完成的思维导图的基础上，对应相应的项目任务与支持性活动设计阶段性成果、项目最终成果，并注明其形式。

第六课

项目管理

📖 **学习地图**

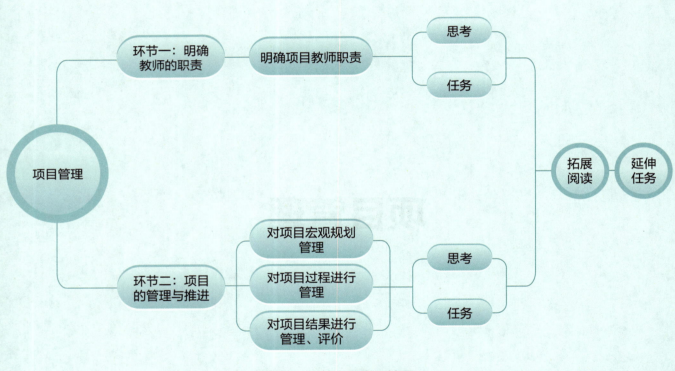

图 6-1　第六课学习地图

🎯 研修目标

❶ 理解项目中教师的职责。

❷ 掌握如何利用不同测量工具对项目进行有效管理。

📖 核心概念

项目管理　教师在实践项目化学习的过程中能够成功地使用各种工具和策略来管理学生，使项目化学习过程井然有序。

📝 课程内容

环节一：明确教师的职责

在现实的教学过程中，教师要对学生的各种学习活动负责。与传统的课堂实践相比，项目化学习要求教师引导学生将新旧知识、概念、经验建立联系，让学生将所学知识整合到相关的概念系统中，同时引导学生对新旧观点进行评价，批判性地检视学习对话的逻辑，对学习过程进行反思。

关键策略

◎ 明确项目教师职责

教师作为项目的管理者，须明确自身工作任务的双重性：一是承担"组织者"的职责，如带领学生组建团队，引导学生明确分工，维持秩序和项目进度等，以顺利推进项目的进程。二是承担"指导者"的职责，在必要的情况下为学生提供相应的支持与协助，可进行方法的指导，如帮助学生查找和使用资源，尽可能独立地回答学生问题等。根据师生互动，在得到学生反馈后，教师需要及时把控并调整项目化学习的安排。

思考：本项目中，教师在哪些环节起到了组织者或指导者的作用。

任务：观看项目化学习慕课 7-6，了解更多有关项目管理的内容。

环节二：项目的管理与推进

伴随着项目的推进，教师对于项目的管理是必不可少的。教师需要借助表格、量规等工具来辅助管理项目，更好地对学生行为的管理和目标的达成率等进行监控、评估。

思考：观看项目化学习慕课7-6，思考在本项目中，教师用了哪些工具来管理项目？

关键策略

◎对项目宏观规划管理

教师作为项目的指导者，要宏观着眼、统整项目，在得到学生反馈后，及时把控并调整项目化学习的安排。教师要将整个项目视为一个整体进行规划，依据教学的课程标准提炼概念，制订"项目计划表"（见表6-1），并通过"项目计划表"的宏观安排来指导项目的进度。同时辅以"项目里程碑"等表格工具（见表6-2），为学生搭建整体架构，使学生明确任务目标。教师在此过程中发挥了管理者和指导者的作用，分析学生的思维变化、发展情况，据此对项目的实施进行调整。

表6-1 项目计划表

项目名称：　　　　　　　　小组：　　　　　　　　日期：
这个项目所要完成的任务是什么？
为了完成这个任务，我们可能需要应对哪些具体的挑战？其中最大的挑战是什么？
我们计划做以下哪些调研工作（关于所需的知识、技能）：

续表

我们需要完成以下工作：	
做什么？	怎么做？
在项目结束时，我们将展示我们的学习目标：	
在项目结束时，我们展示什么？	怎么展示？

表6-2 项目里程碑

里程碑（阶段目标，对于项目的重要程度不分先后）	是否完成
	☐
	☐
	☐
	☐
	☐
	☐
	☐
	☐
	☐
	☐

◎对项目过程进行管理

教师作为项目的组织者，需要对项目过程进行管理，引导学生明确目标、分工协作，并利用表格工具［如探究策划表（见表6-3）、学习日志（见表6-4）等］助力学习过程中低阶学习和高阶学习的良好整合，促进学生反思，推进项目进程。例如，本项目中教师对于真实门禁系统内部电磁铁的探究设置了系列探究任务。首先，教师利用铁粉、白纸等工具引导学生学习磁场，并绘制磁感线表示磁场；其次，学生进行电磁铁磁性强弱影响因素的实验设计，并进行了相应探究与表格数据处理；最后，教师引入生活中"黑箱"——门禁系统电磁铁的磁场特点的探究。以上项目系列探究任务环环紧扣，如果前面的任务出现问题，可能就会影响后续任务的实施，从而影响项目的整体成败。因此在项目推进过程中需要教师进行管理，关注学生前后任务的实施情况，以表格记录为证据，了解后面高阶任务中所需要的技能是否在前面相关任务中已经习得，能力是否得到了相应的发展，从而引导学生由低阶任务逐渐向高阶任务推进。

表 6-3　探究策划表

探究时我们提出的问题是哪些：

续表

我们探究前设计的方案是：	
我们要收集的证据有：	我们收集证据的方法是：
谁参与调查：	我们的分工：
探究的结果是（可以用图、表、文字结合的方式表达）：	
这项调查对推动项目有什么价值与帮助：	
调查日志：	
资料来源（原文摘抄）：	笔记（从中学到什么）：

    "学习日志"（见表6-4）用以记录学生项目活动的进程。这样既能做到及时记录项目的进展情况，又反馈了学生解决问题时的困惑和

决策。与此同时，教师可以及时介入指导，在项目推进过程中帮助学生反思问题，推进后续项目的顺利进行。

表6-4　学习日志

今天我们的学习目标是：
我们成功地完成了以下工作：
我们下一步的计划是：
我们最大的担心 / 问题 / 困惑是：
通过今天的学习，我们学到了什么？

◎对项目结果进行管理、评价

项目化学习一般以成果展示与交流为结果。对项目结果的管理与评估可借助产品展示、计划简报、产品说明书等表格工具，实现对学生项目化学习成果及表现的总结（见图6-2、图6-3和表6-5）。项目最终评估可以由学生单独完成，也可以是集体合作完成，其目的是鼓励学生形成反思、分析的能力。在项目结束时，教师还应预留出充足的时间用于引导全班对项目进行分析、总结，以帮助学生将习得的知识和技能延伸到未来的学习中。

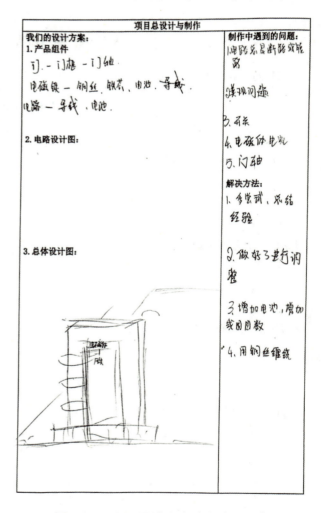

图6-2　项目设计方案（学生作品）

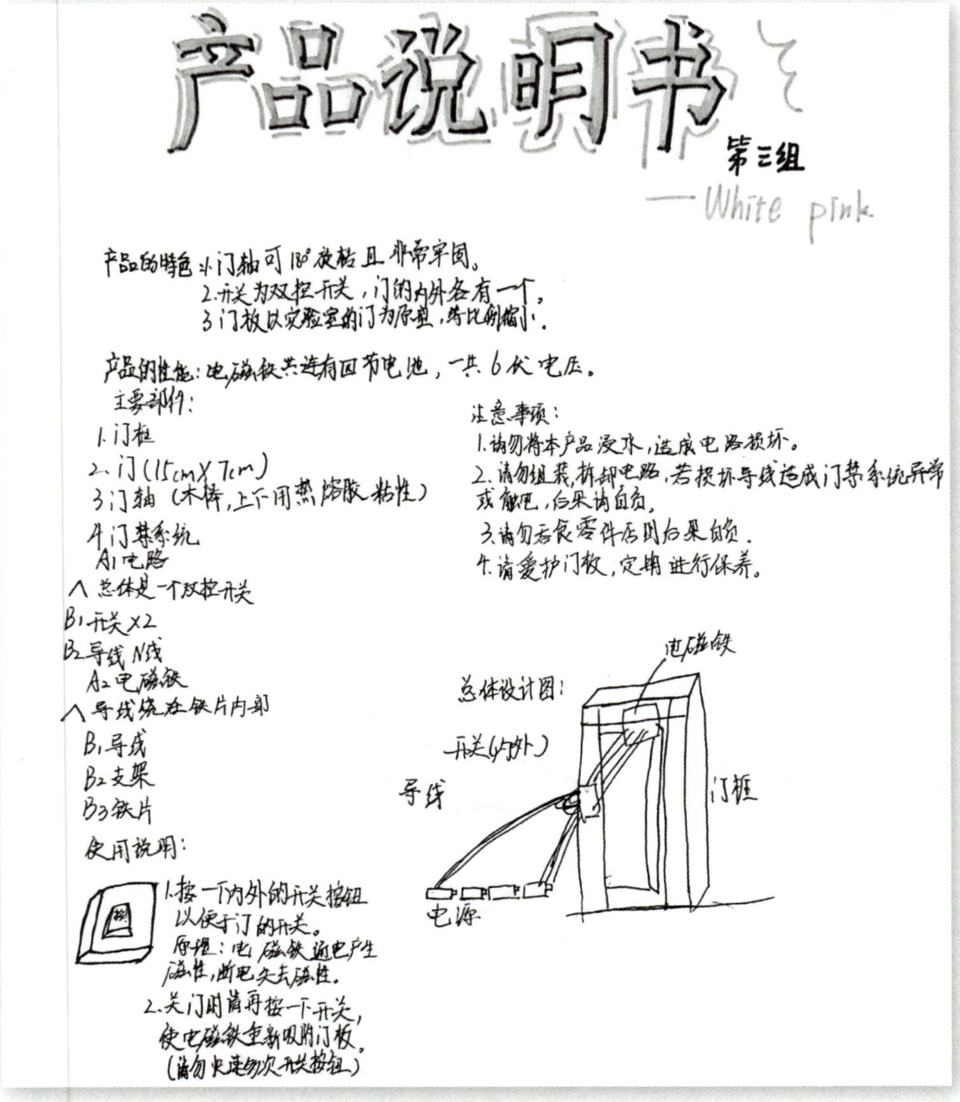
产品说明书

第三组

—White pink.

产品的特色：1.门轴可180°旋转且非常牢固。

2.开关为双控开关，门的内外各有一个。

3.门板以实验室的门为原型，等比例缩小。

产品的性能：电磁铁共连有四节电池，一共6伏电压。

主要部件：

1.门框

2.门（15cm×7cm）

3.门轴（木棒，上下用热熔胶粘住）

4.门禁系统

A1 电路

∧ 总体是一个双控开关

B1 开关×2

B2 导线N根

A2 电磁铁

∧ 导线绕在铁片内部

B1 导线

B2 支架

B3 铁片

使用说明：

1.按一下内外的开关按钮以便于门的开关。

原理：电磁铁通电产生磁性，断电失去磁性。

2.关门时请再按一下开关，使电磁铁重新吸附门板。

（请勿快速多次开关按钮）

注意事项：

1.请勿将本产品浸水，造成电路损坏。

2.请勿组装、拆卸电路，若损坏导线造成门禁系统异常或触电，后果自负。

3.请勿吞食零件否则后果自负。

4.请爱护门板，定期进行保养。

总体设计图：

图6-3 项目产品说明书（学生作品）

表 6-5　展示计划简报

小组：　　　　　　　日期：

我们的观众将从展示中获得哪些收获？
小组展示中，我的角色和责任是什么？
为了展示成功，我们的计划是：
我们计划使用哪些技能？
展示中，我们需要什么设备？
在我的陈述中，我们需要哪些视觉演示材料？

任务：请根据你的项目需要，设计 2—3 种工具，并说明如何使用这些工具来管理项目。

拓展阅读

在项目化学习中，评价不是仅在成果展示阶段进行，而是贯串项目化学习的整个过程。实施全程评价可以使学习评价与学习目标、学习活动、学习成果保持一致，使学生的学习活动、学习成果与学习目标同频共振，有利于促进学生学习元认知的发展。全程评价主要有三个环节。

• 学前认知。学习前，师生聚焦学习目标，围绕"需要完成哪些任务""完成到什么程度""如何完成"等问题进行分析和磋商，从而确定任务，制定学习成果评价量规和学习过程评价量规。这样，学生就对自己即将开始的学习有一个清晰、全面的认知。

• 学中调控。学习中，学生以评价量规为标准，内视自己的学习行为，进行自我监控。当出现分工不合理、讨论声音过大、数据前后矛盾、研究方法不科学等问题时，要对照评价量规进行自我反思、自我调整，从而保证学习活动的合理规范。

• 学后反思和评价。学习阶段结束后，学生对自己的整个学习过程进行梳理、回顾和小结。反思的内容主要包括：（1）我们是如何开展学习活动的；（2）我们是如何克服困难的；（3）我们还存在什么问题。最后，师生借助评价量规对小组和个人学习情况进行评价，并阐释评价依据。（谢宇松，2020）

延伸任务

请你根据项目实施的需要设计或者选择合适的工具，填写在前面课程任务所完成的思维导图上，完善思维导图。根据思维导图设计并形成项目手册（包括项目简介、项目目标、驱动性问题、项目任务与相应的表格工具等）。

参考文献

埃里克森，兰宁，2018．以概念为本的课程与教学：培养核心素养的绝佳实践［M］．鲁效孔，译．上海：华东师范大学出版社：19．

陈静静，2020．指向深度学习的高品质学习设计［J］．教育发展研究（4）：44-52．

高潇怡，喻娅妮，2020．关注项目式学习中的驱动性问题［J］．中国教师（7）：51-53．

胡玉华，2015．科学教育中的核心概念及其教学价值［J］．课程·教材·教法，35（3）：79-84．

李松林，2020．以大概念为核心的整合性教学［J］．课程·教材·教法，40（10）：56-61．

谢宇松，2020．项目化学习：模型、样态和工具［J］．江苏教育研究（11）：8-12．

余胜泉，吴澜，2019．证据导向的STEM教学模式研究［J］．现代远程教育研究，31（5）：20-31．

张瑾，2017．STEM+教育中学习支架设计研究［J］．现代教育研究，27（10）：100-105．

浙江省教育厅教研室　组织研制

张　丰　管光海　总主编

项目化学习慕课研修手册

JIAOTONG GONGJU
KUANGXIANGQU

交通工具狂想曲

本册主编 / 郭红梅

—— 基于有效合作的项目化学习

JIYU YOUXIAO HEZUO DE
XIANGMUHUA XUEXI

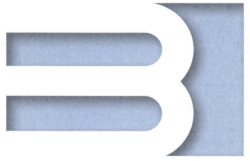

教育科学出版社

·北京·

出 版 人　李　东
策划编辑　池春燕　殷　欢
项目统筹　殷　欢
责任编辑　颜　晴
版式设计　锋尚设计　孙欢欢
责任校对　白　媛
责任印制　叶小峰

图书在版编目（CIP）数据

交通工具狂想曲：基于有效合作的项目化学习 / 郭
红梅主编；浙江省教育厅教研室组织研制 . — 北京：
教育科学出版社，2022.1（2025.1 重印）
　（项目化学习慕课研修手册：9 册套装 / 张丰，管
光海总主编）
　ISBN 978-7-5191-2840-1

Ⅰ . ①交…　Ⅱ . ①郭…②浙…　Ⅲ . ①科学知识—课
堂教学—教学研究—中小学　Ⅳ . ① G633.72

中国版本图书馆 CIP 数据核字（2021）第 237767 号

出 版 发 行　教育科学出版社			
社　　　址　北京·朝阳区安慧北里安园甲 9 号		邮　　　编　100101	
总编室电话　010-64981290		编辑部电话　010-64981265	
出版部电话　010-64989487		市场部电话　010-64989009	
传　　　真　010-64891796		网　　　址　http://www.esph.com.cn	
经　　　销　各地新华书店			
制　　　作　北京锋尚制版有限公司			
印　　　刷　北京市大天乐投资管理有限公司			
开　　　本　889 毫米 ×1194 毫米　1/20		版　　　次　2022 年 1 月第 1 版	
印　　　张　34.6		印　　　次　2025 年 1 月第 4 次印刷	
字　　　数　270 千		定　　　价　248.00 元（全 9 册）	

编委会

总　主　编：张　丰　管光海

本册主编：郭红梅

参　编　者：朱海粟　李冬融

　　　　　　余辛怡　季　旸

目录

码　上　学　习

扫码进入本书慕课

项目化学习：教师研修的学习设计

《中共中央 国务院关于深化教育教学改革全面提高义务教育质量的意见》指出："着力培养认知能力，促进思维发展，激发创新意识。……探索基于学科的课程综合化教学，开展研究型、项目化、合作式学习。"项目化学习正是综合体现上述精神的学习活动。它既是落实跨学科学习的重要形式，也是改进学科教学的新的突破口。浙江省自 2016 年启动 STEAM 教育探索以来，逐渐聚焦项目化学习。2020 年，浙江省教育厅教研室策划开展"防疫情"项目化学习案例征集、"项目化学习网络公开课"、"项目化学习博览会"等系列活动，奏响了项目化学习推进"三部曲"。

"项目化学习网络公开课"是一次组织严密、专业深入、参与面广、关注度高的教研活动，其目的是让老师们有机会解构多类型的项目化学习与指导的过程。活动前期，我们先就项目化学习关键要素进行研究，提炼

了素养导向、真实情境、真实实践、高阶认知和真实评价等要素，然后面向全省征集展示项目，要求参展项目充分体现这些关键要素，且是学校已经实施过、较为成熟、具有推广价值的项目。最终确定的各具特色的 8 个项目于 2020 年 9 月 21—25 日通过中国教研网进行了为期一周的现场直播展示。这是浙江省聚焦项目化学习，探索素养立意的新学习形态的标志性活动。8 所展示学校均建构了较为成熟的项目化学习活动组织与指导模式，为全省乃至全国项目化学习的推广提供参考，为项目化学习的推进奠定基础。本次活动完整保留了 8 个项目的现场资料，包括教学课件、教学设计、课程资源包、学生学习手册、教师观课手册、直播视频等。这些资料弥足珍贵，也是研究项目化学习设计与实施的有效素材。

项目化学习慕课的开发创意源于基于网络公开课的项目化学习校本研修。此前，老师们要用 10 余个小时才能看完一个完整的项目。如何提高教师研修的效率？如何给教师更有针对性的引导？我们选择了 3 个较为典型的项目（分别体现课程标准、有效合作、设计思维），以项目进程为序，以关键要点为纲设计 5—7 节微课，结合视频讲解或提示，帮助教师准确有效地理解项目化学习设计与实施的方法要领。不过，对初级入门的教师来说，光

看典型项目剖析还不够，还需要建立起对项目化学习的整体理解，以及对关键问题的准确把握。于是，我们通过文献研究以及对一线教师的需求分析，确定了 6 个项目化学习设计与实施的关键问题，开发相应的慕课，涉及主题包括驱动性问题、项目任务、高阶思维、学习支架、组织策略、评价量表等，最终形成第一系列"聚焦关键问题的项目化学习慕课"（6 门），以及第二系列"基于典型案例的项目化学习慕课"（3 门），共有微课 43 节。

《项目化学习慕课研修手册》（以下简称《研修手册》）的开发启动于2021 年 3 月。我们于 6 月底完成慕课测试版上线，10 月底完成慕课修订与《研修手册》的编写，短短半年的开发过程也一样经历了确定研修主题、研发研修课程纲要、分析网络公开课视频、拍摄慕课、研制《研修手册》以及建设配套资源等多个细致环节。

此次出版的项目化学习套装产品包括上述两个系列的 9 门慕课以及相配套的 9 本研修手册，构成"资源 + 支架"的学习设计。具体如下。

第一系列：聚焦关键问题的项目化学习慕课

慕课 1——"如何设计驱动性问题"（含研修手册，下同）。包括驱动

性问题的含义、类型、特点、设计及使用，系统梳理了驱动性问题的设计要点。

慕课 2——"如何基于驱动性问题设计项目任务"。包括任务及任务的类型、核心任务的标准、核心任务的设计、支持性活动的设计、任务管理的设计，阐述了驱动性问题、核心任务、支持性活动三者之间的关联以及核心任务、支持性活动的设计方法。

慕课 3——"如何培养学生的高阶思维"。以布卢姆教育目标分类学中的高阶思维为参考，在总体介绍判断认知层级的两种常见方法的基础上，具体介绍分析、评价、创造三种高阶思维的概念内涵及培养策略。

慕课 4——"项目化学习中的学习支架"。介绍了学习支架的来源、定义、类型，并结合项目启动、实施、成果展示三个阶段说明不同支架的作用、使用流程、操作要点等。

慕课 5——"项目化学习的组织策略"。介绍了组织策略的分类，并提供了 10 余个组织策略的基本概念、使用方法、操作流程等。

慕课 6——"项目化学习评价量表的设计与应用"。介绍了项目化学习中表现性评价量表的结构、维度、尺度等的设计与应用。

第二系列：基于典型案例的项目化学习慕课

慕课 7——"智能门禁系统的设计与制作——基于课程标准的项目化学习"。以智能门禁系统的设计与制作为例，介绍了基于课程标准设计项目、设计驱动性问题、创设学习任务、提供支持性活动、成果展示与交流、项目管理六个方面的内容。

慕课 8——"交通工具狂想曲——基于有效合作的项目化学习"。以交通工具的设计为例，介绍了驱动性问题的提出、拼图合作学习的组织、项目产品的有效设计与改进、模型的制作与测试、学习成果的展示与评价五个方面的内容。

慕课 9——"婴儿产品改进设计——基于设计思维的项目化学习"。以婴儿产品改进设计为例，探索基于设计思维的项目化学习如何开展，将设计思维的内涵、价值嵌入项目化学习中，呈现了基于设计思维的项目化学习开展过程中教师的具体指导策略与方法。

在《研修手册》中，每一课都设置了"学习地图""研修目标""核心概念""课程内容""拓展阅读""延伸任务"六大板块，在课程内容部分还设置了"思考""任务"等小栏目，为研修者提供引导任务与思维支架。

综合来看，本套《研修手册》有以下三个方面的特点。

一是注重理例结合。9门慕课及相配套的研修手册以项目化学习的设计与实施为主线，围绕教师项目化学习实践的关键问题，结合真实课例进行阐释与分析。读者无论从第一系列的关键问题切入，还是从第二系列的典型案例开始，都能从理例结合的辅导中掌握项目化学习实践的方法与要义。

二是注重任务驱动。成年人的学习应该是结合实践的反思与体验，光阅读与观看未必能形成真正的能力。本套《研修手册》十分注重读者参与的交互性设计，读者在阅读研修手册、观看慕课视频的同时，可随着主题引导下循序渐进的任务，经历思考与探索的过程，在反思与体验中自然进步。

三是注重过程生成。本套《研修手册》基于实践开发，汇集了一线教师项目化学习实践中关心的问题、解决问题的方法。这些问题与方法并不是静态的知识，它们能为进一步发现问题、提出解决方法提供对话和探究的基础。如果你还没有经历项目化学习实践，阅读本套《研修手册》可以了解实践中的问题并思考更多问题；如果你已经是项目化学习的实践者，阅读这套

书可能会有很多的共鸣，并不断思考自己在实践中的解决方案。

本套《研修手册》是基层教研员与骨干教师协作完成的作品。慕课1、慕课2由浙江省杭州市拱墅区教育研究院卢夏萍主持，慕课3、慕课4、慕课5由杭州市上城区教育学院汪湖瑛主持，慕课6由杭州市拱墅区教育研究院狄海鸣主持，慕课7由温州市实验中学徐墨涵主持，慕课8由杭州市卖鱼桥小学郭红梅主持，慕课9由杭州绿城育华亲亲学校陆颖主持。参与慕课开发与手册研制的老师多达69名。浙江省教育厅教研室管光海博士负责产品的整体规划与全程指导。杭州绿城育华亲亲学校蔡文艺、杭州市上城区教育评估与监测中心冯娉婷参与了样章的研制工作。感谢同志们高效、创造性的劳动，感谢教育科学出版社教师教育编辑部编辑们的慧眼与巧笔，让我们携手又为项目化学习的推进提供了灵动与实在的新资源。

限于能力与视野，慕课与手册中肯定还有一些不足之处，敬请读者批评指正。

张　丰

2021 年 10 月 26 日

第一课

驱动性问题
的提出

📖 学习地图

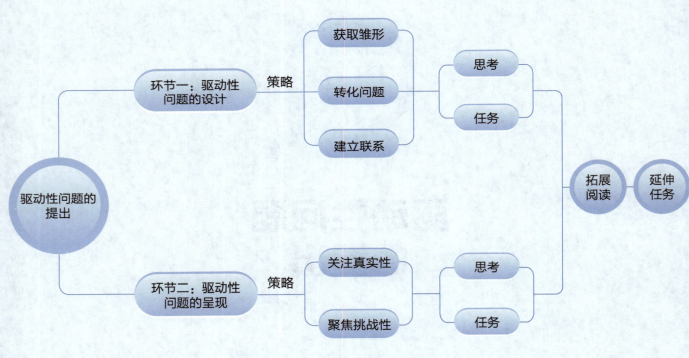

图 1-1　第一课学习地图

🎯 研修目标

❶ 了解如何设计驱动性问题。

❷ 了解如何逐步引导学生提出驱动性问题。

📖 核心概念

驱动性问题　指围绕项目主题设计的、契合课程标准的、具有凝练意义的问题，是能够引发学生自主探究和推动学生问题解决的关键性问题。一个好的驱动性问题能营造一种由求知欲驱动的学习氛围，鼓励学生积极地寻找问题的解决方案、做出计划和开展探究、记录和理解数据、收集证据和辨析观点、构建和共享学习成果，实现深度学习。

📝 课程内容

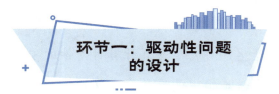

环节一：驱动性问题的设计

在项目化学习中，一个好的驱动性问题能激发学习者的求知欲，使其更主动地参与和投入项目化学习。观看项目化学习慕课 8-2 可以发现，在"交通工具狂想曲"项目中，驱动性问题为：如何设计一款经济环保的有利于低碳出行、减少拥堵的未来交通工具？这一驱动性问题是如何设计产生的呢？

关键策略

◎**获取雏形——从学生那里获得驱动性问题的雏形**

学生提出问题的能力是一种重要的学习能力，学生提出的真实问题是项目化学习中驱动性问题的重要来源。设计者通过与学生的日常沟通，发现交通拥堵问题是不少学生在生活中会遇到的烦恼，同时也是上下学时段校门口的一大问题，遇到下雨天更为严重，这个问题便成为项目缘起，成为该项目中驱动性问题的雏形。

思考：在日常观察和师生沟通中，你能发现哪些可以作为驱动性问题雏形的问题？

◎**转化问题——将具体内容问题转化为更本质的问题**

学生提出的问题往往是非常具体的事实性问题，但这些具体化的问题难以让学生产生迁移，不易展开有针对性的项目化学习的思考和实施。教师可以在学生提出的具体内容问题基础上进一步抽象化，如本项目中学生提出：在上下学时间校门口很拥堵，怎么办？教师可以提出更本质的问题：如何解决交通拥堵和交通污染问题？这就是将具体内容问题转化为了更本质的问题。

思考：在一则有关友情的故事中，学生基于文本提出这样的问题：

在这个故事中，谁是玛丽最好的朋友？

如何将这个具体内容问题转化为指向概念的本质问题？

◎建立联系——将本质问题和学生经验建立联系

将具体内容问题转化为本质问题"如何解决交通拥堵和交通污染问题？"后，这一问题显得过于庞大，需要结合学生的学科学习及生活经验，将其放到具体情境中，驱动学生思考。最终，问题被放置在以下情境中：为了解决交通拥堵和交通污染问题，我们可以从交通工具着手。那么，如何设计一款经济环保的有利于低碳出行、减少拥堵的未来交通工具？项目的驱动性问题最终形成。

任务：选择一个你从学生那里获得的可以作为驱动性问题雏形的问题，尝试将其抽象化、概念化，形成一个适合在项目中实施的驱动性问题。

环节二：驱动性问题的呈现

在"交通工具狂想曲"项目化学习中，教师通过以下三步呈现驱动性问题，引导学生发现问题，了解核心任务（可观看项目化学习慕课 8-2）。

❶ 创设情境，分享感受。

❷ 观察图片，分析数据。

❸ 小组讨论，聚焦问题。

关键策略

◎关注真实性——激发学生积极性

在项目实施过程中，为引导学生发现驱动性问题，引出核心任务，我们首先呈现学生熟悉的交通拥堵场景（见图 1-2），使学生从

图 1-2　交通拥堵真实情景图

真实生活情境中感受交通拥堵带给人们的不便；随后出示实时交通拥堵指数与 $PM_{2.5}$ 日浓度变化图等图片（见图1-3），引导学生分析数据，发现交通污染问题。通过这些真实场景和真实数据，强化驱动性问题的真实性，进一步激发学生参与项目的积极性。

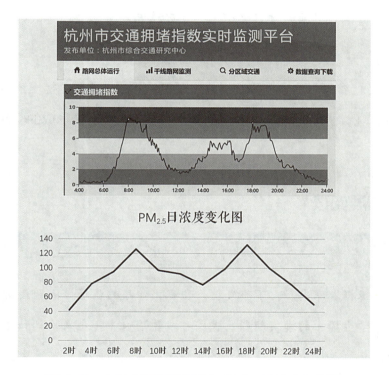

图 1-3　实时交通拥堵指数与 $PM_{2.5}$ 日浓度变化图

思考：想一想，在上一环节任务中你所形成的驱动性问题，可以通过哪些图文材料增强其真实性？

◎聚焦挑战性——驱动学生不断思考和探索

在"交通工具狂想曲"项目驱动性问题的呈现过程中，学生需要结合生活经验、真实数据不断进行分析和思考；最终的驱动性问题的解决更需要学生学习和掌握有关车辆[①]设计的多种知识。这样的问题对学生来说是具有挑战性的。驱动性问题需要具有挑战性，重视让学生自主思考及发现并提出问题。

📝 **任务**：参考"交通工具狂想曲"项目的驱动性问题的提出流程，查阅其他项目案例，尝试设计几个步骤来呈现你在上一任务中形成的驱动性问题。

🔍 拓展阅读

KWH 表

根据本课内容，不难发现，项目化学习的驱动性问题最初常常来源于学生提出的真实问题。我们可以利用 KWH 表来收集和呈现学生的问题，并从中进行选择，将其转化成驱动性问题。可参考以下学生关于"水"提出的问题案例。（见表 1-1）

———————

[①] "交通工具狂想曲"项目中的"交通工具"以汽车为主。

表 1-1 "水"的知识 KWH 表[①]

我已经知道了什么？ （Know）	我还想知道什么？ （What）	我想运用这些知识解决怎样 的问题？（How）
• 水是液体。 • 水会流动。 • 水会变成汽、云、雨、霜、雪、冰……	• 水是从哪里来的？ • 水会被用完吗？ • 水是怎么变成汽、云、雨、霜、雪、冰的？ • 水脏了怎么办？	• 让混浊的小溪重新变得清澈。 • 在夏天制造冰块，让教室更凉快。

　　更多关于驱动性问题设计的方法可参考高潇怡和喻娅妮于 2020 年发表于《中国教师》的文章《关注项目式学习中的驱动性问题》。

延伸任务

　　根据项目化学习慕课 8-2 和相关阅读材料，选择一个主题，尝试运用以下 KWH 表格收集学生的问题，并选择其中的问题转化为项目化学习的驱动性问题。

---

① 本案例来自杭州市卖鱼桥小学 2020—2021 学年第一学期"渔之韵"周实践中二年级学生关于"水"的研究。

1．收集学生的问题

表1-2　KWH表格

我已经知道了什么？（Know）	我还想知道什么？（What）	我想运用这些知识解决怎样的问题？（How）

2．形成驱动性问题

（1）我选择的学生的问题是＿＿＿＿＿＿＿＿＿＿＿＿＿＿＿＿＿＿＿＿＿

＿＿＿＿＿＿＿＿＿＿＿＿＿＿＿＿＿＿＿＿＿＿＿＿＿＿＿＿＿＿＿＿＿

（2）通过抽象化、概念化，并与学生的经验建立联系后，最终形成的驱动性问题是＿＿＿＿＿

＿＿＿＿＿＿＿＿＿＿＿＿＿＿＿＿＿＿＿＿＿＿＿＿＿＿＿＿＿＿＿＿＿

第二课

拼图合作学习的组织

📖 学习地图

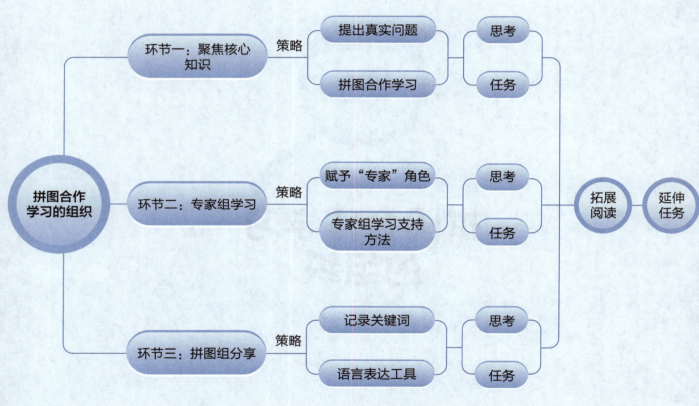

图 2-1　第二课学习地图

🎯 研修目标

① 理解拼图合作学习的基本内涵。

② 了解拼图组与专家组的学习组织及操作要点。

📖 核心概念

拼图合作学习　　一种基于拼图法（Jigsaw）的合作学习方式。拼图法来源于拼图游戏，最初由美国著名教育家和社会心理学家艾略特·阿伦森（Elliot Aronson）及其同事在 1978 年设计开发。拼图合作学习就是将全班学生平均分成人数相同的若干个拼图组，拼图组的每个成员分别负责一个部分或片段内容的学习。随后，把分在不同拼图组中学习同一部分内容的学生集中起来，组成专家组，共同研究所承担的任务，直至熟练掌握完成任务所需要的知识与技能。然后全部学生都回到自己原来的拼图组去，分别把自己掌握的那部分内容教给其他成员，每个成员讲解完毕之后，大家就会掌握全部的学习内容。

概念　　在项目化学习中，指跨越时间、文化和不同情境，对一系列样例共性特征的心理建构。概念分为两类：一类是宏观概念，即跨学科概念，如系统、变化、相互依赖；另一类是微观概念，即学

科概念，如文化、栖息地等。概念具有永恒性、普遍性、抽象性，能体现样例的共性特征。

📝 课程内容

环节一：聚焦核心知识

　　每个拼图组的人数是根据学习任务确定的，而确定学习任务的前提就是寻找从核心概念到关键概念再到知识点的一整套知识体系。这一整套需要学生理解和掌握的知识体系就是这个项目化学习的核心知识。这些核心知识分为几个板块，每个拼图组就有几人。

关键策略

◎提出真实问题——与核心知识接轨

　　创设一个相对真实的情境，引导学生发现其中存在的问题，并思考解决问题所需要的核心知识；再进一步将这些知识进行归类，就会相应地产生专家组。

❓ 思考：请观看项目化学习慕课8-3，想一想，还有哪些方法可以帮助学习者更自然地将学习聚焦于需要理解和掌握的核心知识？

◎拼图合作学习——提升学习参与度

拼图合作学习是这样组织的：先将全班学生平均分成若干个拼图组，每个拼图组的人数依据该项目化学习所需的核心知识来确定。有几个方向的核心知识就分成几个专家组。拼图组的每个成员需要分别掌握一个专家组的学习内容，直至掌握熟练；然后回到自己原来的拼图组，分别运用各自的专家知识，合作解决问题。（见图2-2）

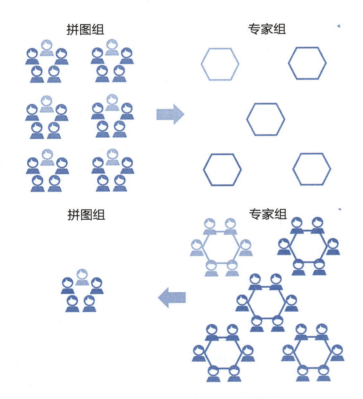

图2-2　拼图组与专家组活动示意图

任务：拼图合作学习与以往的由能力较强的成员进行主导的小组合作学习相比，有哪些优势？请列举出来。

环节二：专家组学习

拼图合作学习打破了原有小组的限制，让每个人都进入专家组学习并掌握相应的知识。在专家组的学习中，每个成员都需要用心倾听来指出其他同伴的优点而非不足，这不仅激发了他们认真倾听的主动性，也提升了倾听的质量，而且发现他人优点更是指向对自我的反思、对他人的肯定。

思考：专家组的学习是怎样为拼图组的成员在学习目标的实现、专家角色的支持等方面提供帮助的？

关键策略

◎赋予"专家"角色——围绕驱动性问题分解核心知识

在拼图组中，为共同解决驱动性问题，每个成员需要分别成为不同方面的"专家"。为具有专业知识，他们需要分别进入不同的专家组学习。每个专家组的学习内容，都是解决驱动性问题所需要的核心知识。图 2-3 呈现的是"交通工具狂想曲"项目中专家组的分类情况。

图 2-3 "交通工具狂想曲"项目中专家组的分类

任务：请观看项目化学习慕课 8-3，结合视频思考，当专家组的自主学习遇到困难时，可以引导学生通过哪些方式解决问题？

◎专家组学习支持方法——推动"专业"成长

专家组的成员可以通过教师提供的线上资源包和线下工具包进行自主学习。当自主学习遇到困难时，同伴互助、师生探讨、提问区留白都是目前在应用中较为有效的学习方法支持形式。（见图 2-4）

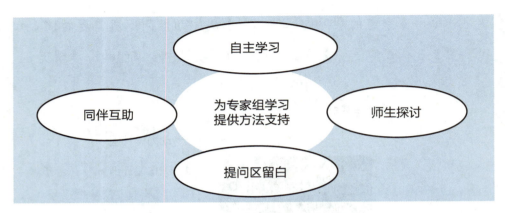

图 2-4　专家组学习方法支持形式

通过专家组的学习，每个拼图组的成员都拥有了解决驱动性问题所需要的不同领域的核心知识，彼此间形成了较为稳定的依赖关系。

思考：学生回归拼图组后，教师怎样组织学习分享可以让学习的效果最大化？

● 关键策略

◎记录关键词——借助知识结构图梳理知识脉络

围绕关键词，每个专家组成员用思维导图的形式梳理知识脉络，在拼图组进行学习分享，这也是一种知识内化的过程，以下以"交通工具狂想曲"项目的拼图组分享为例。（见图2-5）

你已经设计好了汽车外观图，请你做好分享准备，把自己的思考记录下来。（你可以从材料的选择、安全性、可塑性、防水性、美观性等角度来记录。）
_____
_____
_____

关键词：汽车车型、外观部件、影响因素
_____
_____
_____

图2-5 《学生活动手册》①里拼图组分享相关内容

📝任务：设计一份其他形式的分享支架，帮助学生学会有效分享。

————————————
①《学生活动手册》是学生在课程学习过程中需要使用到的一种课程资源，是学生进行自主学习的支架。

◎语言表达工具——提供表达支架

表达是一种将思维结果反映出来的行为。提供语言表达的支架（见图 2-6），可以使学生的表达更有逻辑。

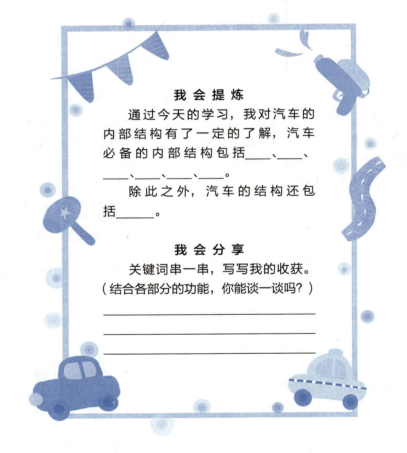

我 会 提 炼

通过今天的学习，我对汽车的内部结构有了一定的了解，汽车必备的内部结构包括____、____、____、____、____。

除此之外，汽车的结构还包括_____。

我 会 分 享

关键词串一串，写写我的收获。（结合各部分的功能，你能谈一谈吗？）

_____

_____

_____

图 2-6 《学生活动手册》里提供的语言表达支架

拓展阅读

拼图合作学习对教师的课堂教学和学生的常态化学习都提出了新的要求，使用时可遵循以下课堂教学模式，如图 2-7 所示。

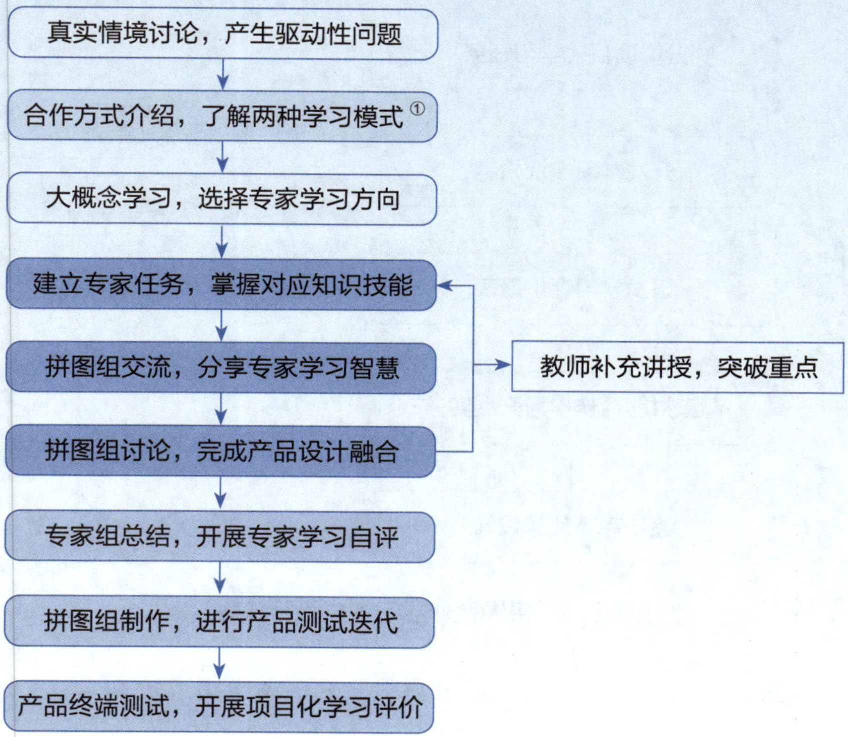

真实情境讨论，产生驱动性问题

合作方式介绍，了解两种学习模式①

大概念学习，选择专家学习方向

建立专家任务，掌握对应知识技能

拼图组交流，分享专家学习智慧　　　　教师补充讲授，突破重点

拼图组讨论，完成产品设计融合

专家组总结，开展专家学习自评

拼图组制作，进行产品测试迭代

产品终端测试，开展项目化学习评价

图 2-7　拼图合作学习在项目化学习活动中的十个步骤

————————
① 两种学习模式即专家组学习模式和拼图组学习模式。

若要在项目化学习过程中顺利地开展拼图合作学习，必须在项目前期的准备工作中重视拼图合作学习的每一个环节设计。其教学设计流程和其他项目化学习的方式有所不同，具体设计流程如图 2-8 所示。

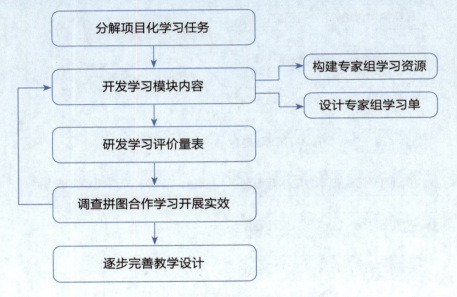

图 2-8　拼图合作学习教学设计流程

此外，还可以参考《电化教育研究》2010 年 5 月刊发的一篇文章《切块拼接法（Jigsaw）：一种行之有效的协作学习方式》。文章详细阐述了拼图合作学习组织过程中教师需注意的几个问题。

延伸任务

请你根据核心知识，尝试分解一个项目中的驱动性问题，再根据分解后的学习任务设计不同的专家组。你可以参考下面的分解步骤。

第一步：明确驱动性问题。例如，丝绸是"杭州印象"的重要组成部分，在历史上也曾叩开世界的大门，传播东方文化的独特魅力。如何设计一款能够体现丝路文化的丝制礼品，在亚运会上进行推介宣传？

第二步：梳理核心知识。在"丝路文化"项目中，核心知识有：抽丝技术；辨别绫罗绸缎棉麻丝毛等；了解敦煌壁画的历史演变过程；探究敦煌图案的种类、特点；了解不同时期丝绸上的纹样，学习绘制的方法；了解有关丝绸之路的历史文化典故和文化遗产；了解蓝印花布印染和扎染的过程与要求，体验印染和扎染的过程……

第三步：分解学习任务。如图 2-9 所示。

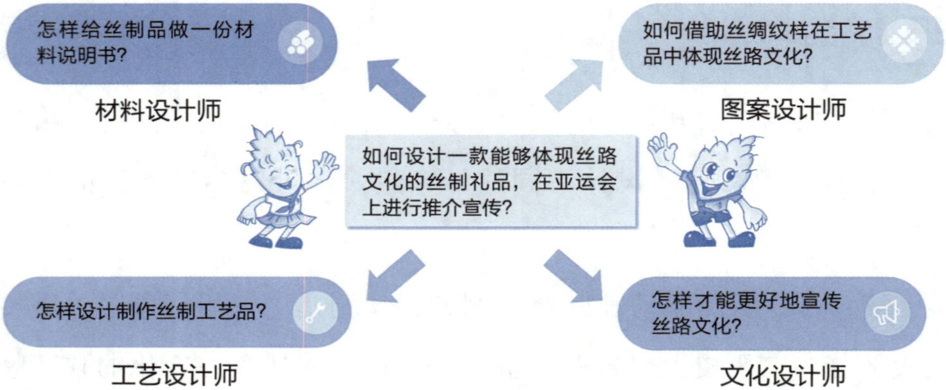

怎样给丝制品做一份材料说明书?

材料设计师

如何借助丝绸纹样在工艺品中体现丝路文化?

图案设计师

如何设计一款能够体现丝路文化的丝制礼品,在亚运会上进行推介宣传?

怎样设计制作丝制工艺品?

工艺设计师

怎样才能更好地宣传丝路文化?

文化设计师

图 2-9　杭州市卖鱼桥小学渔之韵课程"丝路文化"项目化学习任务分解图

第三课

项目产品的有效设计与改进

学习地图

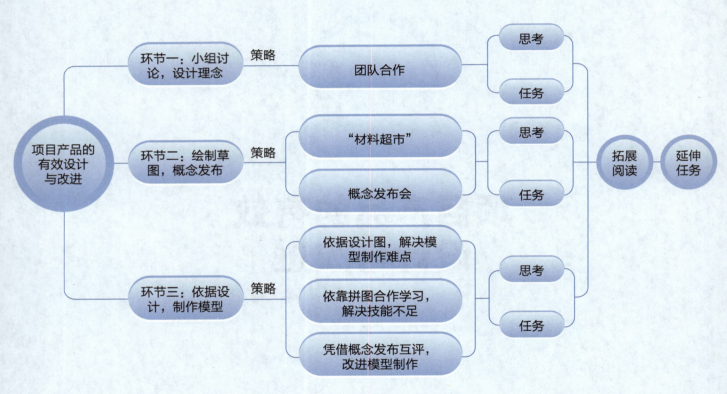

图 3-1　第三课学习地图

🎯 研修目标

❶ 掌握产品设计标准，知道如何指导学生提出设计思路，进行概念设计，并绘制草图。

❷ 了解概念发布会，知道怎样设计概念发布会来培养学生善于合作、表达和倾听的能力。

📖 核心概念

产品设计标准　一项成功的产品设计，应满足多方面的要求，这些要求有助于项目驱动性问题的解决，具有一定的标准，可以有社会发展方面的，有产品功能、质量、效益方面的，也有使用要求或制造工艺要求方面的。

材料超市　以类似于"超市"的模式，为学生提供自由选择的材料，满足不同小组产品设计过程中的需求，助其最终完成项目产品。

概念发布会　在产品制作之前，将最新版的设计图、设计方向和理念进行发布展示，重点阐述为什么要这样设计、设计目的和灵感等。小组成员人人上台发言分享，其他小组可以根据发布的内容，提出自己的疑惑，并请发布小组成员进行解答。

课程内容

环节一：小组讨论，
设计理念

在项目化学习中，围绕驱动性问题，学生团队合作去解决问题，形成问题解决方案或产品。在"交通工具狂想曲"项目的学习过程中，设计者引导学生围绕标准（动力、结构、外观、品牌、成本等角度）进行项目产品设计。

思考：请观看项目化学习慕课 8-4，结合视频中五大领域的设计方向和理念，想一想，拼图组的五位小专家怎样合作才能最大限度地完成设计理念的商定？

关键策略

◎团队合作——共商设计理念

学生在小组合作学习的过程中，具有共同的核心任务，合作是实施项目化学习的必要条件，小组目标和个人目标紧密相关，这促使小组个人行为对小组成果负责。同时，小组成员承担不同的角色，身兼不同的子任务，需要相互配合才能完成核心任务。小组成员分别获得不同的、有限的资源和信息，需要交换、共享、交流才能完成目标。

以"交通工具狂想曲"项目为例，小组内初步讨论设计方向和理念，借助《学生活动手册》和白板表格，记录关键词句。学生经过第一轮专家组的学习，对动力、结构、外观、品牌、成本有了一定的了解，回到拼图组后，小组成员以不同专家身份共商本组设计的方向和理念。（见表3-1）专家组的学习可以根据需要多次进行。学生通过在专家组的学习，能够不断储备这几方面的专业知识，以更好地修正设计方向和理念。（见图3-2）教师建议学生在原设计的基础上用其他颜色的笔再修正，以便更直观地体现设计的迭代。

表3-1　不同专家组设计方向和理念

专家组	设计方向和理念
动力设计师	哪几种动力驱动……
结构设计师	改变结构、完成核心任务……
外观设计师	新颖、可制作……
品牌推广师	统一品牌文化……
成本精算师	提高性价比……

设计方向和理念	
动力	电能、化学能、备用太阳能
结构	6个位置，智能导航(避开拥堵)，后座接发动机航，手动空调
外观	鱼型，敞篷车(篷可收缩)，鹰眼，镭射装饰 绸缎翼门 高级
品牌	国风(毛笔、祥龙、凤、字母、色块)
成本	便利实用，成本低，效果好

设计方向和理念	
动力	风力 电力 太阳能 水能
结构	红外感应灯，自动刹车，导航 避开拥堵 将车身上半部分变太阳板
外观	高级 樊型车 鹰跑车(有收缩篷) 蝴蝶开结构 绸缎翼门
品牌	品牌寄予希望，蝙火，吉祥物，风格统一
成本	动力研需太大。但外观和内饰需多重视 适合豪理总裁 居板青年收入较高的人群，价格应量控制100万左右 速度不用太快，不需越野或比赛

图 3-2 学生设计方向和理念迭代

任务：如果教师加入学生小组讨论，还可以从哪些方面引导学生改进设计，请列举几个引导的小妙招。

环节二：绘制草图，概念发布

在"交通工具狂想曲"项目中，学生初步调整、补充设计方向和理念，在班内进行交流与分享，教师再次解读核心任务，并出示产品设计标准。

【动力设计师】以新能源为动力，驱动小车行驶 1 米。

【结构设计师】有足够空间能容纳两人，并便于储物，具有减少拥堵的功能。

【**外观设计师**】具有基本的防雨防风功能又能兼顾外观的设计感。

【**品牌推广师**】产品特点鲜明，体现团队设计理念。

【**成本精算师**】保证产品功能的前提下兼顾成本效益。

关键策略

学生根据产品的设计标准，结合小组的设计方向和理念，合作绘制设计草图、选择材料，并进行产品的概念发布。

◎ "材料超市"——基于设计理念，轻松采购材料

教师提前准备好种类丰富的材料，根据材料的属性确定成本价格。学生针对各小组产品的设计方向和理念，按需选择制作模型所需的材料，不仅要考虑功能，也需要考虑成本。

学生围绕产品设计标准，运用在专家组所学的知识，经组内讨论，提出设计思路，绘制设计草图。（见图 3-3）设计草图要求：图文结合，需在设计草图上标注所用材料、材料数量和设计意图，可以在设计草图上赋予所用的材料新功能，不同的小组会根据本组设计草图确定不同的材料清单。

教师以"材料超市"的形式展示材料，呈现每种材料的单价，展示实物材料，简单介绍材料的特点、功能。学生通过设计方向和理念分享、材料选择、方案修改，确定最终采用的材料。（见表 3-2）

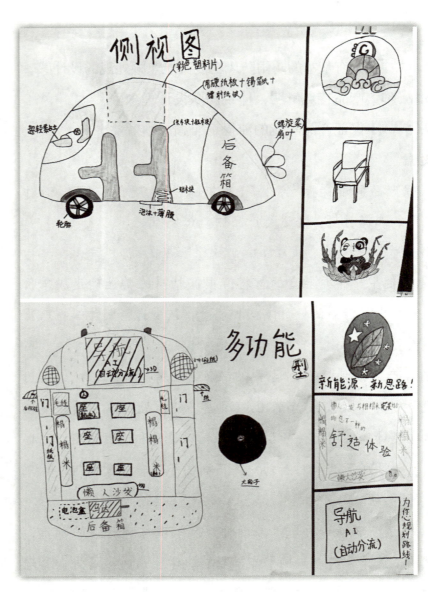

图 3-3　小组设计草图示例

表 3-2　材料超市物品清单

材料	单价	材料	单价
冰棍棒（180×10×2mm）	1 元 /10 根	蜡烛	0.2 元 / 支
冰棍棒（170×10×2mm）	1 元 /10 根	马达	2.5 元 / 个
冰棍棒（150×18×1.6mm）	0.5 元 /10 根	电池	1.5 元 / 节
冰棍棒（65×10×2mm）	0.2 元 /10 根	电池盒	2.5 元 /2 节
牛皮纸	1.5 元 /1 张	太阳能板（含支架）	2 元 / 块
彩色塑料片	3 元 / 张	磁铁	2 元 / 个
锡箔纸	1 元 / 米	扇叶	1.5 元 / 个
瓦楞纸	1 元 / 张	长木板	0.8 元 / 个
纸盒	0.5 元 / 个	短木板	0.5 元 / 个
彩纸	0.2 元 / 张	毛毡（含支架）	0.5 元 / 个
镭射纸	2 元 / 张	皮轮胎	1 元 / 个
超轻黏土	0.7 元 / 包	大轮胎	0.8 元 / 个
塑料瓶	0.2 元 / 个	小轮胎	0.2 元 / 个
塑料袋	0.2 元 / 个	螺丝	0.5 元 /4 颗
扭扭棒	0.5 元 /10 根	小车车架	0.5 元 / 个
吹塑纸	1 元 / 张	3D 打印笔 PCL 耗材	1 元 / 米
薄膜	0.2 元 / 米	橡皮筋	0.1 元 /2 根
泡沫板	0.3 元 / 个	皮带轮	0.5 元 /2 个
车轴	0.5 元 /2 根		
基础材料			
3D 打印笔、热熔胶枪、热熔胶、蜡笔			

思考：按照常规给学生提供统一材料和采用"材料超市"模式相比较，哪一种方式更有助于丰富学生的产品设计？

◎概念发布会——分享设计、修正产品设计缺陷

在制作模型之前，学生以小组为单位分享改进后的设计理念和设计图，班级分享有助于学生增强人际沟通能力，学会科学地自我评价，促进创新意识与能力的不断提高。同时，也便于在设计过程中修正产品存在的缺陷，有利于最终产品符合本组的设计方向和理念。

通过概念发布会展示的方式，展示小组的设计图，培养学生善于合作表达和倾听的能力。在"交通工具狂想曲"项目中，根据各小组定稿设计图，五位成员分别阐述动力设计、结构设计、外观设计、品牌推广、成本精算五个方面的设计方向和理念。

概念发布会要求：（1）带着最新版本的设计图。（2）重点阐述设计理念。（3）人人上台，可派2—3名代表作为汇报员进行分享。（4）分享时间不超过5分钟。

任务：结合项目化学习慕课8-4中学生概念发布会展示情况，想一想，概念发布会和最终产品发布会有何不同？为什么要在制作产品模型之前进行概念发布？

环节三：依据设计，制作模型

学生根据定稿的设计图，确定材料清单并领取材料。（专家组内已完成部分可带到拼图组使用，但要计入成本；自备材料按市场价计入成本。）学生依据设计图制作未来交通工具的模型。教师可以巡视并指导各小组进行模型制作，鼓励学生充分依靠团队合作，培养学生动手实践的能力和解决问题的能力。

思考：请观看项目化学习慕课 8-4，了解学生的设计方向和理念，想一想，哪些方法能够为学生制作模型提供更好的帮助？

关键策略

◎依据设计图，解决模型制作难点

学生在制作模型的过程中，会产生诸多实际问题，例如材料无法满足制作要求，而更多的是制作存在难点。因此，在制作模型之前，要求组内学生依据设计图，尽可能地按照三视图①进行模型设计，针对模型中具有一定功能的部件，需要提前考量其功能通过现有

① 三视图：工程界对物体几何形状约定俗成的一种抽象表达方式，分为主视图、俯视图和左视图三个基本视图。

材料是否能实现。学生容易迸发出一些天马行空的创意，但在绘制三视图的过程中，往往会进行针对性的修改，解决模型制作难点。

◎依靠拼图合作学习，解决技能不足

在产品的设计与开发的过程中，产品模型是设计构思的立体体现，是设计团队表达设计理念的方法之一。产品模型制作是一个综合性的创造活动，学生需要将已有知识和技能进行迁移，但是在不断解析产品形态、功能、结构、色彩、材料、工艺等因素之间的关系时，会呈现技能不足等情况。依靠拼图合作学习的优势，学生具有不同领域的专家身份，并在专家组进行了专业知识和技能的学习，学生经历了专家组学习后，回到本组能够与其他专家协同完成模型制作，从而解决制作模型技能不足的问题。

◎凭借概念发布互评，改进模型制作

在项目化学习过程中，一个产品需要经过不断改进才能最终发布，这不仅需要设计者通过设计图进行思考和创新，还需要经过综合评价来检验方案的合理性。因此，本项目中的概念发布会互评环节，引入其他组对每个分享小组设计方向和理念的评价，让更多的人提出合理的建议，从而让每个小组更好地改进和完善设计，让模型制作能够真正落地。

任务：分享一个你的学生曾经实践过的项目，定稿设计图与最终模型是否有很好的相关性？在制作模型过程中，学生往往会遇到哪些困难？

拓展阅读

项目化学习对培养学生解决问题的思维有着重要意义，在项目化学习过程中产品的有效设计与改进尤为重要。关于这部分内容，可阅读项臻宇《探究生活问题，培养设计思维》和胡佳怡《基于设计思维的项目式学习教学设计研究》这两篇文章。

（1）以功能需求为起点，培养学生逻辑思维，同时也要以审美为目的，在设计学习中经历四个环节：发现问题、分析问题、改进设计、完善设计。

（2）设计思维提供了实现项目化学习教学设计的有效路径，其教学路径分为四个步骤：项目开始、问题解决、形成成果产品、修订成果并改进。

延伸任务

选取一个真实情境下的项目，以项目终端产品为导向，设计一份"材料超市"清单，让学生完成项目产品的定稿设计图并进行概念发布。

第四课

模型的制作
与测试

学习地图

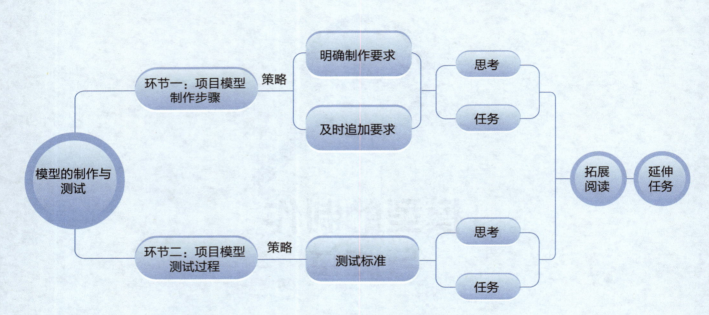

图 4-1　第四课学习地图

🎯 研修目标

❶ 了解模型制作与测试的过程，能指导学生制作模型。

❷ 能基于项目设计模型测试的方法。

📖 核心概念

材料清单 项目化学习模型制作前，学生根据设计图对完成模型所需要的材料种类、材料用量、材料价格等信息进行罗列。制作材料清单便于学生在"材料超市"中合理选材。

测试标准 判断项目化学习模型测试结果的标准和依据，以维度清晰、量化标准为宜。测试标准应在学生进行模型设计、模型制作与测试前以可视化的形式呈现给学生，让学生明确模型达标的要求，以"达成标准"为目标进行设计、制作、测试与改进。

📝 课程内容

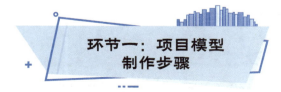

环节一：项目模型制作步骤

在"交通工具狂想曲"项目的学习中，各拼图组最终完成设计图的定稿后，便可以根据定稿设计图开展模型制作。模型制作流程为：

1. 根据定稿设计图，制作材料清单，领取材料。

2. 按照要求分工合作，初步制作模型。

3. 调整存在的问题，完成模型制作。

关键策略

◎明确制作要求——帮助学生有序进行制作

在模型制作前需要提前明确制作要求，学生根据要求开展模型制作，可以使制作环节更有序、更有效。（见图 4-2）

图 4-2 "交通工具狂想曲"项目化学习模型制作要求

思考：请观看项目化学习慕课 8-5，并结合以往亲历的或学到的项目化学习案例想一想，模型制作要求有哪些？

◎及时追加要求——帮助学生应对制作过程中出现的问题

针对学生模型制作过程中出现的问题，及时追加注意事项与要求，能够帮助学生调整前期制作中存在的问题，提高模型制作成功率。

任务：选择一个项目，或在学科教学过程中观察学生的实践，并针对学生的情况列举几条追加要求和注意事项。

（1）_____

（2）_____

环节二：项目模型测试过程

项目化学习成果分为解释说明类成果和制作表现类成果。项目模型属于制作表现类成果，需要通过模型测试来验证学习成果。在"交通工具狂想曲"项目的学习中，各小组完成模型制作后，测试场地开放，每小组有 5 分钟测试时间。

思考：请观看项目化学习慕课 8-5，思考如何恰当地对项目模型的完成情况、功能实现情况做出评价。

关键策略

◎ 测试标准——项目模型的评价依据

模型测试可以视为一种对项目化学习成果的评价，评价标准即为模型测试标准。根据是否完成项目核心任务，拆解评价维度，制定清晰具体的测试标准，可以为学生前期的设计制作与后期的模型改进提供明确的方向。"交通工具狂想曲"项目的核心任务为：设计一款经济环保的有利于低碳出行、减少拥堵的未来交通工具。围绕核心任务，我们拆解出行驶性能、抗风性能、防雨性能、载人性能四个评价维度。具体测试标准见图 4-3。

1. 行驶性能测试：小车能行驶 1 米。
2. 抗风性能测试：能抵抗电风扇 2 级风力。
3. 防雨性能测试：能顺利通过降水路段，保证内部不被淋湿。
4. 载人性能测试：能保证车内玩具小人平稳乘坐，不倾倒。

图 4-3 "交通工具狂想曲"项目化学习模型测试标准

任务：选择一个需要进行模型制作的项目，尝试制定几条测试标准。

拓展阅读

1. 模型评价量表

为便于对模型进行教师评价、小组自评或组间互评，我们可以设计模型评价量表。表4-1为某项目针对学生制作的防疫用具模型设计的评价量表，供参考。

表 4-1　某项目防疫用具模型评价量表（张丰，2020）[67]

标准	等级
舒适度：口罩戴着耳朵不会不舒服；防护服穿着行动比较方便；护目镜戴着不会模糊，不会很紧	☆ ☆ ☆ ☆ ☆
防护效果：口罩戴着能防护唾液和飞沫；喷水测试效果时，穿着防护服能防护里面的衣服不会湿；戴着护目镜能防止唾液进入眼睛	☆ ☆ ☆ ☆ ☆
美观度：比较美观整洁	☆ ☆ ☆ ☆ ☆
贴合度：完整贴合	☆ ☆ ☆ ☆ ☆

2. 5W1H 原则

制定测试方案的常用方法

在项目测试过程中，测试方案的质量会影响项目产品的质量，因此需要制定一份完善的测试方案。那么如何才能制定一份完善的方案呢？我们可以遵循以下"5W1H"原则。

5W1H 原则

不管在何种场景下，制定测试方案时 5W1H 原则都是适用的。

How：如何去测？如何选择工具？如何确定测试的依据？

Why：为什么要实现这个功能？为什么要做这个项目？它能给使用者带来多大的价值？

What：我需要做什么？任务的目的是什么？

When：运作周期有多长？开发时间有多长？提交测试时间是什么时候？什么时候需要完成模型？测试周期有多长？

Who：项目各个环节的直接责任人、关系人是谁？谁来主导负责？需要多少人力来参与？

Where：相关资源的位置和路径在哪里？

延伸任务

选择一份模型测试的测试标准，尝试依据测试标准设计一份测试评价量表。

第五课

学习成果的
展示与评价

📖 学习地图

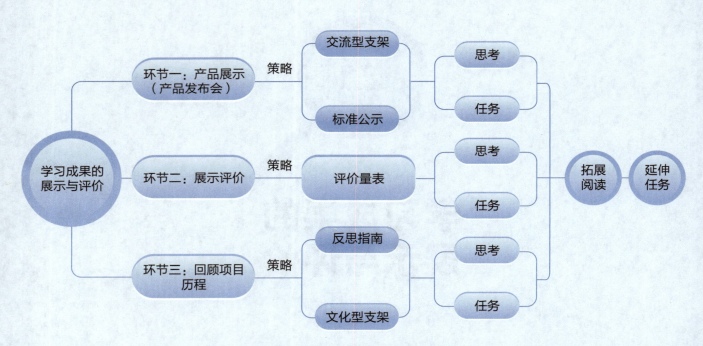

图 5-1　第五课学习地图

研修目标

❶ 了解产品发布会如何组织和评价。

❷ 了解项目化学习的反思该如何开展。

核心概念

产品发布会　项目化学习的公开成果展，用口头或书面等形式向公众报告自己的实践过程和对所学知识的理解与把握情况，同时庆祝自己与团队共同完成了富有挑战性的任务。

评价量表　评价量表是一种真实性评价工具，是对学生的作品、成果或行为、表现进行评价或等级评定的一套标准。其将任务分成多个组成部分，并对每个部分不同层次的表现进行详细描述，描述的是对某项任务的具体期望。

课程内容

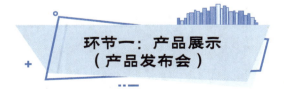

**环节一：产品展示
（产品发布会）**

项目化学习与其他类型学习的区别在于，项目化学习最终要形成公开的有质量的成果，并在不同的群体中进行交流。项目化学习成果指向驱动性问题的真实解决，包括深度理解核心知识、呈现个体或团体的学习过程，以及阐释终端产品的设计内涵。

关键策略

◎交流型支架——帮助学生更自如地展示和表达

指向驱动性问题的真实解决，教师以发言稿的方式为学生提供展示支架。以"交通工具狂想曲"项目为例，发言稿中包括团队整体介绍及设计图改进、产品功能的介绍，每个拥有专家身份的组员都从专业视角出发，分别从动力设计、结构设计、外观设计、品牌推广和成本精算五个方面介绍他们设计的交通工具的特点。发言稿中还附带了一份"灵感材料包"，供学生借鉴现有广告的形式进行发布。

附：产品发布会发言稿

1. 整体亮相 + 团队口号

大家好，我们是_____团队，我们的团队口号是_____。

或：_____（团队口号），大家好，我们是_____团队。

今天我们隆重推出_____（品牌）_____（交通工具①）。

_____

① 详见本书 56 页"灵感材料包"（1）。

2. 介绍设计图改进情况（一名同学拿第一稿设计图，另一名同学拿定稿设计图）

我们的设计图经过了＿＿＿次改进。从第一稿设计图到现在的设计图，我们重点改进的地方是：＿＿＿＿＿＿＿＿＿＿＿＿＿＿。

这样的改进是为了更好地解决（交通拥堵／交通污染）的问题或达到（经济环保／低碳出行／减少拥堵）的目的。

3. 针对产品优点、功能进行介绍（可以从动力、结构、外观中选择几个方面来阐述）

我们的产品最突出的一个特点[①]是：＿＿＿＿＿＿＿＿＿＿＿＿＿＿

＿＿＿＿＿＿＿＿＿＿＿＿＿＿＿＿＿＿＿＿＿＿＿＿＿。

【动力】在动力方面，我们选择了＿＿＿＿＿能源，我们选择这种能源的原因是＿＿＿＿＿＿＿＿＿＿＿＿＿＿＿＿＿＿＿＿。

【外观】我们这款交通工具外观＿＿＿＿＿＿＿＿＿（颜色、线条等），选用了＿＿＿＿＿＿＿＿＿材料，这种材料的好处是＿＿＿＿＿＿＿＿

＿＿＿＿＿＿＿＿＿。（是否具有基本的防雨防风功能又能兼顾外观的设计感？设计感如何体现？）

【结构】这款交通工具在结构上也充分体现了我们的设计理念，它的内

———————
① 详见本书 56 页"灵感材料包"（2）。

部使用了＿＿＿＿＿＿＿＿＿材料，给用户带来＿＿＿＿＿＿＿＿＿＿的体验；重要部件的摆放位置为＿＿＿＿＿＿＿＿＿，这样摆放的原因是＿＿＿＿＿＿＿＿＿；我们设计的交通工具能承载＿＿＿＿名乘客，并在＿＿＿＿＿＿＿＿＿位置留出了一定的储物空间。（是否从结构上实现了减少拥堵的功能？）

4. 聚焦品牌文化（出示产品细节图）

我是本小组的品牌推广师。我为大家介绍一下我们的品牌文化：＿＿＿＿

＿＿＿＿＿＿＿＿＿＿＿＿＿＿＿＿＿＿＿＿＿＿＿＿＿＿＿。

（介绍小组文化理念、车标设计理念，以及后期品牌如何推广等内容，品牌推广请参照《学生活动手册》中的相关内容，如图 5-2 所示。）

5. 成本精算师公布产品定价

我是成本精算师，由我来公布产品的最终定价！（或：最后，就是揭晓我们产品价格的时间！）经过材料清点和仔细核算，该汽车模型的材料成本是＿＿＿＿＿＿，我们的推广成本是＿＿＿＿＿＿，我们的品牌附加值是＿＿＿＿＿＿，因此我们最终的产品定价是＿＿＿＿＿＿＿＿＿＿

＿＿＿＿＿＿＿＿＿＿＿＿＿＿＿＿＿＿＿＿＿＿＿＿＿＿＿

＿＿＿＿＿＿＿＿＿＿。（说明定价原因，号召选购[①]）

＿＿＿＿＿＿＿＿＿

① 详见本书 57 页"灵感材料包"（3）。

我是品牌推广师

亲爱的小麦苗：

　　一个好的宣传广告能将产品更好地推荐给大家。产品发布会在即，请你为你们小组的作品撰写一篇精彩的广告方案，并思考品牌的具体推广策略！

⭐ **温馨提示**：可以从汽车的车标内涵、产品定位、价值文化、品牌推广等多个角度来介绍！

一、广告文案

最大亮点	
最特别之处	
车标内涵	
团队文化	
设计理念	
产品定位	
价值文化	

💙 **小贴士**：撰写广告文案时突出亮点和特色，能更精准地吸引大家的眼球！

二、品牌推广

想一想，你准备如何推广你们的品牌？并说明理由。

1. 推广渠道：选择传统的电视广告还是选用新媒体呢？
2. 代言人：想邀请大明星来代言还是汽车领域的知名人士来代言呢？
3. 销售渠道：你选择网络直播销售还是线下实体销售？
4. 其他

图 5-2 《学生活动手册》"我是品牌推广师"产品发布会准备内容

*灵感材料包：

（1）车型：（例如，xx 品牌全新大型豪华越野车、xx 品牌新能源紧凑型车……）

（2）产品特点：

是否使用新能源？有怎样的好处？

在结构、空间布局上有什么特点？

是否有新奇的设计理念或独创的品牌精神？……

例如：

动力：以 xxx 为动力，最大限度地使用了可再生能源，达到节能减排、保护不可再生资源的目的，对环境保护起到了……的作用；充电电池，超长续航，终生免费充电。

结构：大车型，宽阔空间，家中沙发般的舒适体验；小车型，更敏捷，易操控，身形小巧易停车。

驱动方式：双驱，市区经济适用型，节省燃油；四驱，根据路况变化，调整动力分配，加强牵引力、抓地力，重度越野爱好者的必然选择，拥有强劲的动力和便捷的操控性。

外观：高强度 xxx 材料，使车子在拥有精美外观的同时，还能提高车辆内饰的质感；富有表现力的前脸设计，展现全新的设计语言，延展的 LED 大灯，运动感十足；车身比例合理，每个维度都恰到好处；保险杠与车身色彩搭配；引擎盖、后视镜、安全带等后期维护十分便利。

品牌：×××是一个全新的汽车品牌，创立伊始，宛如一张白纸……；×××是一个拥有深厚历史文化积淀的品牌……

（3）号召选购的语言：创世版首批用户将享受8折优惠/用户和品牌一同成长/为无限雄心去驰骋/……

思考：请观看项目化学习慕课8-6，结合视频中的素材想一想，还有哪些项目化学习成果，可以产品发布会的形式展示，以提升项目化学习的质量？

◎标准公示——贯穿项目始终的学习评价

在确定驱动性问题之后，就要考虑评价的标准，包括成果和实践两个方面，并贯穿项目始终。清晰且公开的标准能引导学生进行更深入的探索与合作。根据图5-3与图5-4的对比可以看到，项目初期产品设计的标准和终端测试、产品验收的标准应保持一致。

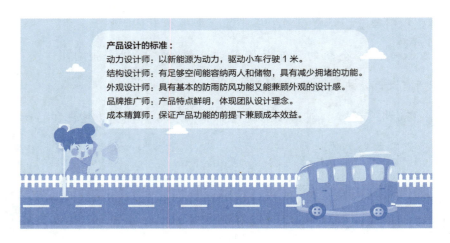

图 5-3 《学生活动手册》中呈现的产品设计标准

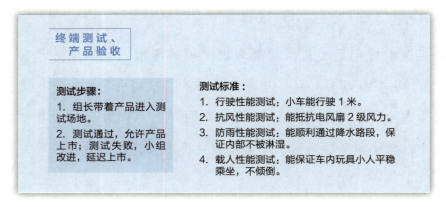

图 5-4 终端测试标准

📝 **任务**：贯穿项目始终的学习评价还可以关注哪些关键的评价维度？试着列举 2—3 项。

环节二：展示评价

　　产品发布会（即公开成果展）的目的不仅是展示学生通过项目化学习所设计和制作的产品，而且是要展现外显的产品制作之下，内隐的所学、所得和所思，同时庆祝个体与团队通过有效合作所取得的探究成果。通过对产品展示和学习过程的评价，让学生有仪式感和获得感。

　　思考：让学生有仪式感和获得感，离不开教师精心地创设情境和布置场地。校园中的哪些区域适合举办一场公开成果展？请观看项目化学习慕课8-6，结合视频想一想，场地布置中需要哪些必备元素或有效道具？

关键策略

◎评价量表——聚焦表现性评价，凸显拼图合作学习的特点

　　本项目共设置了四个奖项，分别是最佳设计师、最佳设计奖、最佳合作奖和最佳作品奖。其中最佳设计师、最佳合作奖和最佳作品奖的评定都使用了评价量表这一工具，从不同维度对学生外在的行为表现进行评价，提高了评价的有效性。

　　● **"最佳设计师"评价方式**：通过小专家自评和组内贴星互评产生。

本项目针对拼图合作学习这一学习方式，专门设计了指向专家组学习的评价量表。专家组学习结束后，小专家们先借助评价量表自评，针对专家组学习过程中的知识习得、技能掌握与交往礼仪等方面进行总结和反思，以动力设计师评价为例，可参考表5-1。

表5-1 "我是动力设计师"评价量表

祝贺你出色地完成了各类实践活动，相信你一定能成为一名出色的动力设计师！
现在，请你借助评价量表，评一评自己的表现吧！
（在对应的方框内打钩→自评得小车数→计算总数并填写在总计栏）

维度	🚗🚗🚗	🚗🚗	🚗	自评
知识习得	□能熟练掌握不同能源驱动小车的原理，能正确匹配能源名称与属性。	□能理解不同能源如何驱动小车，能正确匹配能源名称与属性。	□能自主学习提供的材料，但不能正确匹配能源名称与属性。	
	□能清楚描述马达数量与小车动力大小的关系。	□能大概描述马达数量与小车动力大小的关系。	□不能正确描述马达数量与小车动力大小的关系。	
	□能清楚描述帆的形状和帆的材质对小车行驶的影响。	□能大概描述帆的形状和帆的材质对小车行驶的影响。	□不能正确描述帆的形状和帆的材质对小车行驶的影响。	
	□对任务有自己的思考，记录详细。	□对任务有自己的思考，但记录比较简单。	□对任务没有自己的想法，几乎没有记录。	
技能掌握	□用多种能源驱动小车，并能驱动1米及以上的距离。	□学会使用不同种能源驱动小车。	□能使用一种能源驱动小车。	

续表

维度	🚗🚗🚗	🚗🚗	🚗	自评
技能掌握	□能根据要求自主快速完成电能小车和风力小车动力大小影响因素的实验。	□能根据要求较好完成电能小车和风力小车动力大小影响因素的实验。	□在老师帮助下，才能完成电能小车和风力小车动力大小影响因素的实验。	
交往礼仪	□积极参与组内的交流讨论，大方表达自己的观点，表述完整，逻辑清晰。	□能参与组内的交流讨论，但表达不够清晰，不够大方。	□心不在焉，不参与组内交流讨论。	
	□在别人发言时能安静倾听，秩序意识强，懂得谦让。	□在别人发言时大部分时间能保持安静倾听，有一定秩序意识。	□不尊重他人，随意插嘴，没有秩序意识。	
总计				

　　自评后，专家组成员在自我推荐的基础上进行组内互评，各成员在自荐者象征专家身份的胸牌上贴星（见图5-5），组内投票得星数最高者获得"最佳设计师"称号。

图5-5　专家身份胸牌

- **"最佳合作奖"评价方式**：通过指导教师投票和拼图组自评产生。

最佳合作奖借助小组合作评价量表（见表5-2），由项目指导教师对各组学习活动全程的观察记录进行投票，同时结合拼图组自评结果产生。依托评价量表，前置合作评价，能促进学生参照规则具身实践，通过"倾听与回应""分工与合作""表达与展示"和同伴积极互动，进一步为有效合作赋能。

表5-2　小组合作评价量表

维度	🚗🚗🚗	🚗🚗	🚗	自评
倾听与回应	□在别人发表意见的时候表现出积极倾听的姿态，用点头、微笑、眼神接触等表明自己对倾听内容的理解。	□在别人发表意见的时候安静倾听，目光基本注视着说话者。	□在别人发表意见的时候做自己的事情，眼神飘忽不定（包括发呆、走神等），表现出冷漠或心不在焉的样子。	
	□耐心地、鼓励式地听别人全部讲完，他人表达结束后，能适当鼓掌鼓励（2秒钟左右）。	□耐心地听别人全部讲完，他人表达结束后，有鼓掌鼓励的意识，但鼓掌时间太长（3秒钟以上）或太短（2秒钟不到）。	□在别人还没有讲完的时候插嘴或打断别人，他人表达结束后，没有鼓掌鼓励。	

续表

维度	🚗🚗🚗	🚗🚗	🚗	自评
倾听与回应	☐仔细倾听别人的想法，并给出回应性的思考，回应表现为与他人的互动或对自己所做内容的修改，适合当下的情境。	☐对别人所说的内容予以动作或口头上的回应。	☐在没有听清别人讲话内容的情况下就匆忙回答。	
	☐能欣赏别人的想法，与自己对比聚焦他人亮点（至少能说出他人的1—2个亮点）。	☐有对比聚焦他人亮点的意识，但无法说出来。	☐缺乏对比聚焦他人亮点的意识。	
分工与合作	☐每个成员都有明确任务，任务分工合理，配合默契。	☐每个成员都有明确任务，但任务难度存在明显差距，导致配合不够默契，提早完成者无所事事。	☐有协作但个别成员没有任务，未能参与小组活动，游离在小组之外。	
	☐面对任务跃跃欲试，热情投入并完成全部任务。	☐不是积极主动，但是能按要求去做，完成任务。	☐表现出退缩、消极甚至抗拒等，只按要求被动地做，依赖性强。	
	☐具有团队合作精神，小组成员相互尊重，遇到困难或产生矛盾时，能主动与组员小声沟通交流，合作解决。	☐能在小组合作中谦让有礼，遇到困难主动礼貌地请教他人，团结互助。	☐基本做到在小组合作中团结有礼貌，但小组成员产生矛盾时，没有表现出礼貌和尊重。	

续表

维度		🚗🚗🚗	🚗🚗	🚗	自评
表达与展示	组内个人表达	□积极参与组内交流，表述完整有条理，逻辑清晰，观点组织得非常流畅。	□能参与组内交流，但表述缺乏条理，逻辑不够清晰。	□较少参与组内交流，没有组织自己的观点，或者组织得很乱。	
		□自信大方，口齿清晰、声音响亮。	□有点扭捏，不够大方，说话能听懂，但口齿不够清晰。	□说话含糊不清，不连贯，有很多停顿。	
		□语速自然，语气亲切。	□语速语调不自然，但不影响理解。	□语速语调不自然，影响理解。	
		□肢体语言恰当，能和组内成员保持眼神交流。	□肢体语言无明显不妥。	□心不在焉、僵化刻板，从不注视小组成员，有不恰当的肢体语言。	
		□语言生动、幽默，富有表现力。	□语言不够生动，表现力不强。	□陈述沉闷，无幽默和趣味可言。	
		□在规定时间内完成陈述。	□用时超过规定时间或太短。	□没有利用好时间，或者用时太多。	
	小组合作展示	□每个成员都有机会登台，分工合理。	□各成员分配的时间和内容不够均衡。	□陈述机会严重不均衡，以至于个别人成为主导。	

续表

维度		🚗🚗🚗	🚗🚗	🚗	自评
表达与展示	小组合作展示	□以非常大方得体的方式进行展示汇报，运用让人印象深刻、富有创造性的方式进行表达。	□流畅地表达观点，使用正确的语调，声音响亮，但仪态不够大方。	□不连贯，有很多停顿，所用的表达对听众来说不适合。	
		□大家围绕主题，次第展开，井然有序，陈述清晰。	□陈述有主题和方向，但条理性有所欠缺。	□陈述过程中没有表现出条理性或重点。	
		□分工合理，配合默契，衔接流畅。	□有协作，但配合不够默契。	□没有协作，各自呈现。	

• "最佳作品奖"评价方式：通过产品终端测试、发布会作品展示与小组互评产生。

评选"最佳作品奖"会使用作品评价量表（见表 5-3），各组对照评价量表进行产品终端测试，并在产品发布会上对作品设计理念进行阐述。各组结合产品测试的结果和设计理念进行投票，得票最高的拼图组所制作的产品获得"最佳作品奖"。

基于学生实际、贴合真实情境、围绕驱动性问题、体现学生差异的指向拼图组产品发布的评价量表，除了发挥对终端产品的等级评定功能外，也发挥着触发思维、撬动表达的学习支架的作用。

拼图组内的小专家在各自的专家领域发挥作用，力求达到产品设计与制作的标准；学生在产品发布会上，会对照量表评价其他组的作品，也会寻找本组的不足；产品发布会上通过终端测试、成功验收的作品则更有机会被推荐为"最佳作品"——充分发挥了评价对学习的导向和促进功能。

表 5-3　作品评价量表

维度	🚗🚗🚗	🚗🚗	🚗
动力设计	□以新能源为动力，驱动小车行驶 1 米。	□以新能源为动力，能驱动小车行驶，但不足 1 米。	□自主驱动小车有困难，但在老师的帮助下可基本驱动小车。
结构设计	□有足够空间能容纳两人和储物。	□有足够空间能容纳两人，但没有多余的储物空间。	□内部空间不足以容纳两人。
	□部分功能能够实现减少拥堵的目标。	□能通过改变车辆的外观或结构，体现减少拥堵的理念。	□在设计图中体现减少拥堵的理念，但未能完全在作品中体现出来。
	□设计的安全措施能有效保护乘车人员的安全。	□对乘车人员采取一定程度的保护措施，但未达到保护效果。	□暂未考虑到乘车人员的安全问题。
外观设计	□外观使用防雨材料且顺利通过测试。	□外观使用防雨材料，经过测试后内部无大面积漏水。	□外观虽然使用防雨材料，但内部乘车人员被淋湿。

续表

维度	🚗🚗🚗	🚗🚗	🚗
外观设计	□可承受 2 级及以上电风扇风力。	□可承受 1 级电风扇风力。	□在 1 级电风扇风力吹动下，无法正常行驶。
	□外观设计能体现使用需求、减少风阻、安全性、舒适度、美观度、品牌文化中的至少 4 种要素。	□外观设计能体现使用需求、减少风阻、安全性、舒适度、美观度、品牌文化中的 3 种要素。	□外观设计能体现使用需求、减少风阻、安全性、舒适度、美观度、品牌文化中的 1—2 种要素。
品牌推广	□有明确的品牌名称，能以自己的方式解读品牌文化，并根据品牌文化设计车标。	□有明确的品牌名称，但对品牌文化的解读不够清晰，设计的车标与品牌文化不符。	□有明确的品牌名称，完成了车标设计，但没有具体的品牌文化。
	□设计车标时能运用设计元素，及 2 种以上小提示和小创意。	□设计车标时能运用设计元素，及 1—2 种小提示和小创意。	□设计车标时能运用设计元素，没有运用小提示和小创意。
成本精算	□对应选择的车型及适用人群，具备相应的性能。	□所选车型具备的性能，能满足适用人群的一部分需求。	□所选车型、适用人群与小车性能不匹配。
	□能根据需要的汽车性能，合理分配汽车各部分的预算，具有较高性价比。	□能根据需要的汽车性能，合理分配汽车各部分的预算，但没有考虑性价比。	□能根据需要的汽车性能完成汽车各部分的预算，但分配不合理。
总计			

任务：请根据下列设计步骤，结合某一具体主题设计一份评价量表，做到评价维度和评价等级清晰、文字描述精准。

第一步：你想设计一份什么类型的评价量表？

☐ 指向拼图组分享的评价量表（如"最佳作品奖"的评价量表）

☐ 指向专家组学习的评价量表（如各个专家组学习的评价量表）

☐ 指向合作学习效能的评价量表（如"最佳合作奖"的评价量表）

第二步：你想从哪几个方面对学生进行评价？

温馨提示：列出与这个评价量表类型最相关的一些目标，选择 4—6 个重点评价内容。设定目标时尽量不用如"知道""理解"这种不容易被测量的词，需将其替换成可被评价的条目，例如代表学生行动的"做"。

第三步：确定合适的评价等级。

温馨提示：可以是数字，也可以是描述性的文字；建议分为 3—5 个等级。可以是"优秀""良好""合格""有待提高"这样明确的等级评定；也可以是"模范""熟练""新手""起步"这样更具鼓励性的描述。

第四步：匹配每个级别，写出准确的具体描述。

第五步：在评价量表模板中进行具体设计和细化，评价维度和评价等级可根据需要调整修改。

环节三：回顾项目历程

学后反思，是对项目化学习内容及过程的冷静思考，是有深度的、循序渐进的、促进自我发展的思考。学后反思是基于"评价"的评价，先前在课程不同阶段使用的评价量表，也成为学后反思的支架，有着完善学习过程的作用。

思考：本项目中，学生以"围围坐"的方式入项和出项，可观看项目化学习慕课 8-1 和 8-6。除视频所示方式外，还有哪些能让学生印象深刻的出项活动呢？

关键策略

◎反思指南——学习单提供思维路向

项目最后，教师借助学习单，引导学生从学习实践、学习过程和学习结果几个方面进行反思：学生对驱动性问题、核心任务再度思考；对合作学习，特别是拼图合作学习方式交流感受；对知识技能学习、产品设计制造总结梳理；针对经验与问题，谈一谈最满意之处、待改进之处。（见图 5-6、图 5-7）

这一周的学习，我觉得和以往最大的不同是：
我学会了和同学们相互帮助，相互纠正对方，也学会了更多的知识，也认识了许多朋友。

这一周的学习，我觉得和以往最大的不同是：
课堂得越来越有趣，热闹，同学们更加喜欢这种课了。课上还有专家组学习，让我们得到了大显身手的机会，而且还用了ipad自学。

这一周的学习，我觉得和以往最大的不同是：
大家采取同班也能合作了，大家课上也不一样了，调来一大群，好静一调静，但仍然保持原样。
我们都用了ipad和耳机学习。

这一周的学习，我觉得和以往最大的不同是：
这一周最不同是：我们可以到不同的环境去学习，还分为专家组和拼图组，转家组学到的知识还有种合作。

这一周的学习，我觉得和以往最大的不同是：
现在，我们有着拼图组和专家组，让我们有了有趣的体验。在专家组里，我们通过定学习目标，看视频学习，学习专属知识，回到拼图组，让我们的作品更完善。

这一周的学习，我觉得和以往最大的不同是：
这一周的学习，最不同的是：我们分为了拼图组和专家组，在拼图组，合作是最重要的，做出一个作品最需要，把想法拼起来。在专家组，我们可以学习许多有趣，有用的知识。我非常喜欢。

图 5-6　部分学生项目化学习的反思内容

图 5-7　项目化学习的反思板块

◎文化型支架——在轻松氛围中分享交流

项目反思是轻松愉悦的，学生可以边听音乐边书写；项目反思也是活泼生动的，学生可以围围坐依次发表感受，不受拘束。在项目反思的环节，我们鼓励分享、交流与倾听，每个学生都有发声的机会，在尊重、开放又多元的文化氛围下大胆表达对项目化学习的思考。

任务：请以表格的形式，设计一份简单的反思清单，让项目反思更有效。也可以针对本项目，提出 1—2 条改进建议。

拓展阅读

项目化学习的评价往往会成为项目进行过程中的痛点与难点，关于这部分内容，可阅读由教育科学出版社出版的夏雪梅博士的专著《项目化学习设计：学习素养视角下的国际与本土实践》中的部分章节：

（1）在项目开始时设计者就要非常清楚项目化学习最终的成果是什么。关于如何衡量项目化学习成果的设计质量？推荐阅读第 2 部分"项目化学习的设计"103—113 页，了解如何快速考查项目化学习成果设计的质量。

（2）项目化学习的评价是多元且丰富的。项目化学习要求设计者同时运用过程性和总结性评价策略及多元主体参与的评价方法来促进学生真正投入学习。怎样通过评价促进学生个人和团体的共同进步？推荐阅读第 2 部分"项目化学习的设计"114—122 页，了解项目化学习全程评价的具体要求。

延伸任务

请参照以下两张表格，选定合适的项目评价内容（可以是已开展过的项目，也可以是一个全新的项目），尝试设计一个项目化学习评价任务。

表 5-4　项目化学习评价类型（夏雪梅，2018）[115]

评价目标	评价方法与工具	评价者
核心知识	评价量表 表现性任务	教师
学习实践	评价量表 档案袋	学生自己 同伴 教师

续表

评价目标	评价方法与工具	评价者
学习过程中的成果	评价量表、KWL 表等 档案袋	学生自己 同伴 教师
最终学习成果	公开展览与汇报 指向核心概念、成果质量、成果报告的评价量表 对比性的概念图、KWL 表等	学生自己 同伴 教师 外部相关专家 公众

表 5-5　四种类型的评价工具（张丰，2020）[6]

维度	类型	内容	工具举例
项目	对项目结果的评价	关注学生最后完成项目的情况，即学生完成的项目"作品"或"表现"	作品评价表、演讲评价表等
	对项目过程的评价	关注项目进度情况、项目化学习问题的解决情况	项目进度表、核心问题概念图等
学习者	对学生个人学习的评价	关注学生个人在学习过程中的进展，包括学习、元认知等方面的发展	研究日志、个人成长日志、创新品质测评表等
	对学生小组学习的评价	关注学生小组的合作情况和效果	小组合作评价量表等

设计步骤

第一步：你想选择"项目"还是"学习者"作为你的评价维度？

□ 评价维度：项目

□ 评价维度：学习者

第二步：你选择的评价类型是什么？

● 评价维度：项目

　　评价类型：□ 对项目结果的评价

　　　　　　　□ 对项目过程的评价

● 评价维度：学习者

　　评价类型：□ 对学生个人学习的评价

　　　　　　　□ 对学生小组学习的评价

第三步：你选择的具体评价目标是：＿＿＿＿＿＿＿＿＿＿＿＿＿＿＿＿＿。

第四步：你选择的评价方法与工具有：＿＿＿＿＿＿＿＿＿＿＿＿＿＿＿，

评价者是：＿＿＿＿＿＿＿＿＿＿。

第五步：请依照上述选择，借助表5-6设计评价任务，阐明评价标准。

表 5-6 评价量表示例

活动名称				
评价目标	1. 2. ……			
任务描述				
场地布置				
维度	等级			
	优秀	良好	合格	有待提高
评价维度 1	□条目 A 等级 1 的具体描述 □条目 B 等级 1 的具体描述 ……	□条目 A 等级 2 的具体描述 □条目 B 等级 2 的具体描述 ……	□条目 A 等级 3 的具体描述 □条目 B 等级 3 的具体描述 ……	□条目 A 等级 4 的具体描述 □条目 B 等级 4 的具体描述 ……
评价维度 2	同"评价维度 1"	……	……	……
评价维度 3	同"评价维度 1"	……	……	……

参考文献

高潇怡，喻娅妮，2020. 关注项目式学习中的驱动性问题［J］. 中国教师（7）：51–53.

胡佳怡，2019. 基于设计思维的项目式学习教学设计研究［J］. 基础教育参考（14）：3–5.

黄娟，傅霖，2010. 切块拼接法（Jigsaw）：一种行之有效的协作学习方式［J］. 电化教育研究（5）：
　98–102.

夏雪梅，2018. 项目化学习设计：学习素养视角下的国际与本土实践［M］. 北京：教育科学出版社.

项臻宇，2019. 探究生活问题，培养设计思维［J］. 上海课程教学研究（6）：17–19.

张丰，2020. 重新定义学习：项目化学习 15 例［M］. 北京：教育科学出版社.

浙江省教育厅教研室　　组织研制

张　丰　管光海　总主编

本册主编 / 陆　颖

项目化学习
慕课研修手册

YING'ER CHANPIN GAIJIN SHEJI

婴儿产品改进设计

——基于设计思维的项目化学习

JIYU SHEJI SIWEI DE
XIANGMUHUA XUEXI

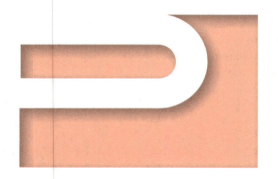
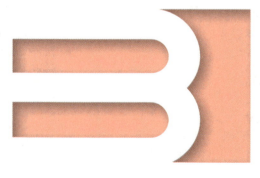

教育科学出版社
·北京·

出版人 李 东
策划编辑 池春燕 殷 欢
项目统筹 殷 欢
责任编辑 殷 欢
版式设计 锋尚设计 孙欢欢
责任校对 贾静芳
责任印制 叶小峰

图书在版编目（CIP）数据

婴儿产品改进设计：基于设计思维的项目化学习 /
陆颖主编；浙江省教育厅教研室组织研制 . — 北京：
教育科学出版社，2022.1（2025.1 重印）
（项目化学习慕课研修手册：9 册套装 / 张丰，管
光海总主编）
ISBN 978-7-5191-2840-1

Ⅰ . ①婴…　Ⅱ . ①陆…②浙…　Ⅲ . ①婴儿—产品设
计—课堂教学—教学研究—中小学　Ⅳ . ① G633.72

中国版本图书馆 CIP 数据核字（2021）第 237768 号

出 版 发 行	教育科学出版社			
社　　　址	北京·朝阳区安慧北里安园甲 9 号	邮　　编	100101	
总编室电话	010-64981290	编辑部电话	010-64981269	
出版部电话	010-64989487	市场部电话	010-64989009	
传　　　真	010-64891796	网　　址	http://www.esph.com.cn	
经　　　销	各地新华书店			
制　　　作	北京锋尚制版有限公司			
印　　　刷	北京市大天乐投资管理有限公司			
开　　　本	889 毫米×1194 毫米　1/20	版　　次	2022 年 1 月第 1 版	
印　　　张	34.6	印　　次	2025 年 1 月第 4 次印刷	
字　　　数	270 千	定　　价	248.00 元（全 9 册）	

编委会

总 主 编: 张　丰　管光海

本册主编: 陆　颖

参 编 者: 潘姝琴　蔡文艺　陈燕燕

　　　　　　王　琴　董大际　柯　欣

目录

码 上 学 习

扫码进入本书慕课

前言

项目化学习：教师研修的学习设计

　　《中共中央 国务院关于深化教育教学改革全面提高义务教育质量的意见》指出："着力培养认知能力，促进思维发展，激发创新意识。……探索基于学科的课程综合化教学，开展研究型、项目化、合作式学习。"项目化学习正是综合体现上述精神的学习活动。它既是落实跨学科学习的重要形式，也是改进学科教学的新的突破口。浙江省自 2016 年启动 STEAM 教育探索以来，逐渐聚焦项目化学习。2020 年，浙江省教育厅教研室策划开展"防疫情"项目化学习案例征集、"项目化学习网络公开课"、"项目化学习博览会"等系列活动，奏响了项目化学习推进"三部曲"。

　　"项目化学习网络公开课"是一次组织严密、专业深入、参与面广、关注度高的教研活动，其目的是让老师们有机会解构多类型的项目化学习与指导的过程。活动前期，我们先就项目化学习关键要素进行研究，提炼

了素养导向、真实情境、真实实践、高阶认知和真实评价等要素，然后面向全省征集展示项目，要求参展项目充分体现这些关键要素，且是学校已经实施过、较为成熟、具有推广价值的项目。最终确定的各具特色的 8 个项目于 2020 年 9 月 21—25 日通过中国教研网进行了为期一周的现场直播展示。这是浙江省聚焦项目化学习，探索素养立意的新学习形态的标志性活动。8 所展示学校均建构了较为成熟的项目化学习活动组织与指导模式，为全省乃至全国项目化学习的推广提供参考，为项目化学习的推进奠定基础。本次活动完整保留了 8 个项目的现场资料，包括教学课件、教学设计、课程资源包、学生学习手册、教师观课手册、直播视频等。这些资料弥足珍贵，也是研究项目化学习设计与实施的有效素材。

项目化学习慕课的开发创意源于基于网络公开课的项目化学习校本研修。此前，老师们要用 10 余个小时才能看完一个完整的项目。如何提高教师研修的效率？如何给教师更有针对性的引导？我们选择了 3 个较为典型的项目（分别体现课程标准、有效合作、设计思维），以项目进程为序，以关键要点为纲设计 5—7 节微课，结合视频讲解或提示，帮助教师准确有效地理解项目化学习设计与实施的方法要领。不过，对初级入门的教师来说，光

看典型项目剖析还不够，还需要建立起对项目化学习的整体理解，以及对关键问题的准确把握。于是，我们通过文献研究以及对一线教师的需求分析，确定了 6 个项目化学习设计与实施的关键问题，开发相应的慕课，涉及主题包括驱动性问题、项目任务、高阶思维、学习支架、组织策略、评价量表等，最终形成第一系列"聚焦关键问题的项目化学习慕课"（6 门），以及第二系列"基于典型案例的项目化学习慕课"（3 门），共有微课 43 节。

《项目化学习慕课研修手册》（以下简称《研修手册》）的开发启动于 2021 年 3 月。我们于 6 月底完成慕课测试版上线，10 月底完成慕课修订与《研修手册》的编写，短短半年的开发过程也一样经历了确定研修主题、研发研修课程纲要、分析网络公开课视频、拍摄慕课、研制《研修手册》以及建设配套资源等多个细致环节。

此次出版的项目化学习套装产品包括上述两个系列的 9 门慕课以及相配套的 9 本研修手册，构成"资源 + 支架"的学习设计。具体如下。

第一系列：聚焦关键问题的项目化学习慕课

慕课 1——"如何设计驱动性问题"（含研修手册，下同）。包括驱动

性问题的含义、类型、特点、设计及使用，系统梳理了驱动性问题的设计要点。

慕课2——"如何基于驱动性问题设计项目任务"。包括任务及任务的类型、核心任务的标准、核心任务的设计、支持性活动的设计、任务管理的设计，阐述了驱动性问题、核心任务、支持性活动三者之间的关联以及核心任务、支持性活动的设计方法。

慕课3——"如何培养学生的高阶思维"。以布卢姆教育目标分类学中的高阶思维为参考，在总体介绍判断认知层级的两种常见方法的基础上，具体介绍分析、评价、创造三种高阶思维的概念内涵及培养策略。

慕课4——"项目化学习中的学习支架"。介绍了学习支架的来源、定义、类型，并结合项目启动、实施、成果展示三个阶段说明不同支架的作用、使用流程、操作要点等。

慕课5——"项目化学习的组织策略"。介绍了组织策略的分类，并提供了10余个组织策略的基本概念、使用方法、操作流程等。

慕课6——"项目化学习评价量表的设计与应用"。介绍了项目化学习中表现性评价量表的结构、维度、尺度等的设计与应用。

第二系列：基于典型案例的项目化学习慕课

慕课 7——"智能门禁系统的设计与制作——基于课程标准的项目化学习"。以智能门禁系统的设计与制作为例，介绍了基于课程标准设计项目、设计驱动性问题、创设学习任务、提供支持性活动、成果展示与交流、项目管理六个方面的内容。

慕课 8——"交通工具狂想曲——基于有效合作的项目化学习"。以交通工具的设计为例，介绍了驱动性问题的提出、拼图合作学习的组织、项目产品的有效设计与改进、模型的制作与测试、学习成果的展示与评价五个方面的内容。

慕课 9——"婴儿产品改进设计——基于设计思维的项目化学习"。以婴儿产品改进设计为例，探索基于设计思维的项目化学习如何开展，将设计思维的内涵、价值嵌入项目化学习中，呈现了基于设计思维的项目化学习开展过程中教师的具体指导策略与方法。

在《研修手册》中，每一课都设置了"学习地图""研修目标""核心概念""课程内容""拓展阅读""延伸任务"六大板块，在课程内容部分还设置了"思考""任务"等小栏目，为研修者提供引导任务与思维支架。

综合来看，本套《研修手册》有以下三个方面的特点。

一是注重理例结合。9门慕课及相配套的研修手册以项目化学习的设计与实施为主线，围绕教师项目化学习实践的关键问题，结合真实课例进行阐释与分析。读者无论从第一系列的关键问题切入，还是从第二系列的典型案例开始，都能从理例结合的辅导中掌握项目化学习实践的方法与要义。

二是注重任务驱动。成年人的学习应该是结合实践的反思与体验，光阅读与观看未必能形成真正的能力。本套《研修手册》十分注重读者参与的交互性设计，读者在阅读研修手册、观看慕课视频的同时，可随着主题引导下循序渐进的任务，经历思考与探索的过程，在反思与体验中自然进步。

三是注重过程生成。本套《研修手册》基于实践开发，汇集了一线教师项目化学习实践中关心的问题、解决问题的方法。这些问题与方法并不是静态的知识，它们能为进一步发现问题、提出解决方法提供对话和探究的基础。如果你还没有经历项目化学习实践，阅读本套《研修手册》可以了解实践中的问题并思考更多问题；如果你已经是项目化学习的实践者，阅读这套

书可能会有很多的共鸣，并不断思考自己在实践中的解决方案。

　　本套《研修手册》是基层教研员与骨干教师协作完成的作品。慕课1、慕课2由浙江省杭州市拱墅区教育研究院卢夏萍主持，慕课3、慕课4、慕课5由杭州市上城区教育学院汪湖瑛主持，慕课6由杭州市拱墅区教育研究院狄海鸣主持，慕课7由温州市实验中学徐墨涵主持，慕课8由杭州市卖鱼桥小学郭红梅主持，慕课9由杭州绿城育华亲亲学校陆颖主持。参与慕课开发与手册研制的老师多达69名。浙江省教育厅教研室管光海博士负责产品的整体规划与全程指导。杭州绿城育华亲亲学校蔡文艺、杭州市上城区教育评估与监测中心冯娉婷参与了样章的研制工作。感谢同志们高效、创造性的劳动，感谢教育科学出版社教师教育编辑部编辑们的慧眼与巧笔，让我们携手又为项目化学习的推进提供了灵动与实在的新资源。

　　限于能力与视野，慕课与手册中肯定还有一些不足之处，敬请读者批评指正。

张　丰

2021 年 10 月 26 日

第一课

设计思维与
项目化学习

📖 学习地图

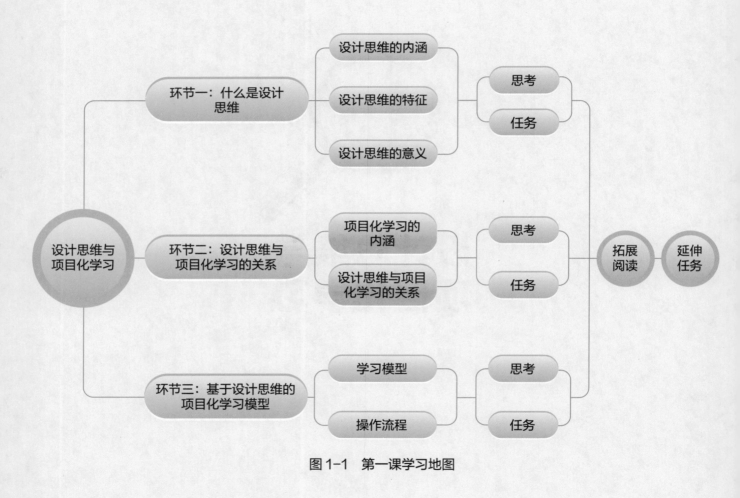

图1-1　第一课学习地图

研修目标

❶ 理解设计思维的内涵，了解设计思维模型及其教育价值。

❷ 理解设计思维与项目化学习的关系。

❸ 知道基于设计思维的项目化学习模型与操作流程。

核心概念

设计思维 一套以人为中心的创新式问题解决的方法论体系，整合了人的需要、技术的可能性和商业成功的要求。

项目化学习 学习者在一段时期内通过研究，应对一个真实的、有吸引力的和复杂的问题、课题或挑战，综合运用所学知识和技能，开展合作、探究，发展批判性思维，尝试解决问题，完成项目产品。

课程内容

环节一：什么是设计思维

设计思维（Design Thinking，DT），是把设计师做事的思维方式萃取出来形成的系统化的思维方法和原则。设计思维的起源有三个方向——人机工程、传统设计和商业领域，特别是在商业领域得到推广和普及。

IDEO 是全球顶尖的一家设计咨询公司，曾于 1982 年为苹果公司设计出第一只鼠标，同年，全世界第一台笔记本电脑 Grid Compass 也诞生于该公司。作为行业的佼佼者，IDEO 的创新设计理念一直被人称道。其总裁曾在《哈佛商业评论》中这样定义设计思维："设计思维是以人为本的设计精神与方法，考虑人的需求、行为，也考量科技或商业的可行性。它具有系统化解决问题的策略，能够帮助我们解决一些复杂的设计问题。"之后，设计思维逐渐风靡全球，被许多公司争相模仿，并成为一个特定研究领域。

21 世纪初，一些国家的学者提出了以设计思维促进创新教育的思路，并开展了许多实践研究（林琳 等，2019）。如美国的"设计思维融入课堂教学项目"，澳大利亚的"基于设计思维框架的变革性跨学科教学法项目"，日本的"设计思维助力未来学校项目"等。设计思维指向综合的、跨学科的学习，是基于真实的用户 / 客户需求去解决问题、设计产品，符合创新教育的需要，能够最大限度地激发学生学习的好奇心、想象力，提高学生的动手实践能力，也是培养适应未来社会的创新型人才的有效途径。

思考：你听说过设计思维吗？你觉得设计思维之于教育的价值有哪些？请简要列举。

综观设计思维的过程，基本包含"启发—构思—实施"三大步骤。作为一套创新式问题解决的方法论体系，它具有以下四个基本特征（张红英 等，2019），通过发现并创造性地解决问题的流程（设计思维模型）和创新型工具来引导问题解决与创意产生。

❶ **共情（同理心）** 强调用户的需求与感受，展现以人为本的理念；

❷ **社会化** 注重问题的社会调研，帮助人们快速了解、定义待解决问题或项目的现状，并需要开放的团队合作完成；

❸ **迭代性** 强调通过非线性的方案迭代启发思考，通过不断试误与修订，在实践中检验方案的有效性；

❹ **可视化** 注重用图、表、实物作品等可视化的方式呈现参与者的观点。

在强调教育创新的今天，设计思维的特征、所提倡的"运用同理心、想象以及行动来完成实践项目"的核心理念特别适合学生创造性思维的培养。具体来说：

设计思维强调基于真实情境的问题解决过程，同时也是集灵感、

思维、想象和情感于一体的产品设计活动，这是儿童的好奇心和想象力得以发挥发展的极佳机会。

设计思维关注社会发展，关注生活需要，将儿童从单一枯燥的学科学习中解救出来，真正改变了学生的学习方式，让他们学会运用跨学科的知识去创造产品，学以致用，开拓创新。

设计思维注重"设计"。设计可以培养创造力，创造也是设计的灵魂，好的设计需要创造性思维作为指导。在运用设计思维的过程中，工具使用能力、知识获取能力、良好的想象力和感知力都是创造性思维形成的基础。

📝 任务：以"设计思维"为关键词进行网络搜索，了解其发展脉络。

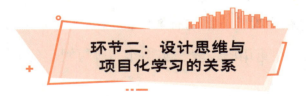

环节二：设计思维与
项目化学习的关系

项目化学习（Project-Based Learning，PBL）不同于传统学科逻辑体系的知识学习，是在真实的情境中基于一个挑战性的任务展开的长周期的探索和学习。在这样的学习中，学习者需要自愿且全身心参与进去，调动一切学习资源和已有知识储备，不断地试错，接受挑战。项目化学习的重点是学生的学习目标，包括基于标准的内容以及批判性思维、问题解决、合作和自我管理等技能的培养。由于这样的学习对培养世界公民意义重大，因而得到许多国家的推崇，是一种符合现代教育理念的学习方式。

思考：你理解的项目化学习是怎样的？

设计思维与项目化学习之间具有怎样的关系呢？设计思维是项目化学习的底层思维。基于设计思维的项目化学习是将设计思维的内涵、价值嵌入项目化学习中，注重"有形的"产品设计，在产品设计过程中运用恰当的思维工具、信息技术工具等，将思维可视化，最大程度激发学生的想象力和创造力，通过定义问题、头脑风暴、原型制作，不断迭代升级问题解决方案和有形的产品，解决真实世界中的问题。

如在杭州绿城育华亲亲学校的"婴儿产品改进设计"这个项目中，其项目宗旨就是以用户为第一位的。学生首先通过场景观察，发现用户痛点；然后基于同理心思考定义出要解决的问题，运用各种思维工具进行方案的制定与优化；接着借助信息技术、不同的材料工具制作模型，将自己的创意和产品进行可视化展现；最后通过产品发布和用户的反馈来进一步改进产品，实现项目的最终价值。这样的项目化学

习以产品为终极指向，帮助学习者用设计思维的方法和工具一步步实现目标。请观看项目化学习慕课9-1，了解"婴儿产品改进设计"项目的更多内容，进一步理解设计思维与项目化学习之间的关系。

任务：你认为项目化学习与设计思维结合之后，有什么优势？简要列举几点。

环节三：基于设计思维的项目化学习模型

为了帮助学生在一个完整的思维过程中进行创新思考和问题解决，我们基于多年的实践提出了基于设计思维的项目化学习模型（见图1-2），其操作流程为：发现问题、定义问题、方案构思、模型制作、测试优化、展示交流。六个环节层层递进、循环往复，支撑学生完成长周期的学习。

思考：你觉得基于设计思维的项目化学习模型有什么作用？可从教师和学生两个维度去思考。

图1-2 基于设计思维的项目化学习模型

(发现 问题) 发现问题是项目的来源和起点，此环节是让学生运用同理心找准用户的需求，发现真实情境中出现的问题或挑战。

(定义 问题) 在"定义问题"环节，学生需要发散思维，定义出有价值的问题，为后续阶段的项目化学习奠定基础。关于发现问题和定义问题的更多介绍详见本书第二课。

方案构思 这个环节通常由教师引导学生进行合作讨论，展开"头脑风暴"，提出尽可能多的创意和解决方案。教师借助思维工具引导学生把想法"拿出来"，进行可视化的表达。关于方案构思的介绍详见第三课。

模型制作与测试优化 模型制作与测试优化是将方案落地，需要学生把方案、构想变成实际的产品模型，并不断测试、改进、优化，循环往复，这是一个迭代的过程。关于模型制作与测试优化的介绍详见第四课。

展示交流 在"展示交流"环节，学生成为产品的"代言人"，自主准备演讲稿，像一名工程师那样介绍自己的产品，以期得到同行与"专家"的认可，并基于大家的反馈进一步改进产品。

在整个过程中，教师可开发多种评价工具对学生进行过程性评价和总结性评价。关于展示交流与评估详见第五课。

　　学生的认知技能和创造力培养除了需要结构化的思维模型外，还需要有效的思维工具。思维工具是一些能有效地影响思维抽象活动、提高思维效能、延伸思维深度，把抽象的思维过程具体化、可视化的方法技能的总称。一个个思维工具组合在一起就组成了一架"梯子"，帮助学生一步步往上爬，最终到达自己的目的地。

在教学实践中，教师可以运用一些行之有效的思维工具，如AEIOU 观察记录表、用户移情图、POV 法、"635"法、"循环问诊"法等[①]。这些工具的结构和内容并非一成不变，可根据不同主题、不同项目做适当调整。

任务： 基于设计思维的项目化学习流程与传统的手工制作活动流程有什么区别？请简要列举三点。

拓展阅读

在不同的场景人们会用不同的术语来表达设计思维模型，其阶段从三个到七个不等，但追求的目标基本相同。整个过程聚焦于人，是以人为中心的设计。

---

① 对思维工具及其使用的介绍详见本书第二课、第三课。

设计思维模型1：双钻模型

双钻模型由英国设计委员会（British Design Council）提出，包括发现（前期调研）、定义（观察）、发展（构思）、交付四个步骤（见图1-3）。设计的本质是从"未知"到"已知"，从"可能是"到"应该是"的过程。这个过程看起来是直接的、线性的，事实上，这是一个循环往复的过程，因为创造本身就是不断地以全新的方式给人们的生活带来积极的影响。

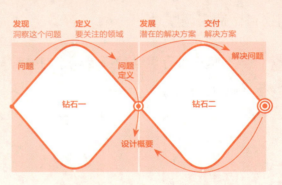

图1-3 双钻模型

双钻模型体现了结构化的设计思想，它把整个设计过程分为两个大的阶段：

钻石———做正确的事（Designing the right thing）；

钻石二———用正确的方法做事（Designing things right）。

并把设计过程的不同阶段映射到这两个大的阶段中：

发现———洞察这个问题；

定义———要关注的领域；

发展——潜在的解决方案；

交付——解决方案。

在具体阶段中，设计师的思维方式呈现出"发散—收拢—再发散—再收拢"的规律性趋势，就像两颗钻石并列放在一起。

设计思维模型 2：斯坦福设计思维五步骤

作为世界上最优秀的设计学院之一，美国斯坦福大学设计学院近些年一直在倡导设计思维。设计学院创始人大卫·凯利（David Kelley）教授将设计思维分为五个步骤，并给出了一套流程和方法，引导学生主动寻找并发现问题，富有创造性地解决问题。这五个步骤分别是：移情（理解用户）、定义问题、构思想法、设计原型、测试（见图 1-4）。

图 1-4 斯坦福设计思维五步骤

延伸任务

运用 3-2-1 反思表，结合你对本课的学习，阐述你对基于设计思维的项目化学习的理解。

<table>
<tr><td colspan="3" align="center">表 1-1　3-2-1 反思表</td></tr>
<tr><td>最有收获的三个点：
1.

2.

3.</td><td>还困惑的两个点：
1.

2.</td><td>存在的一个问题：</td></tr>
</table>

第二课

发现和定义
问题

📖 学习地图

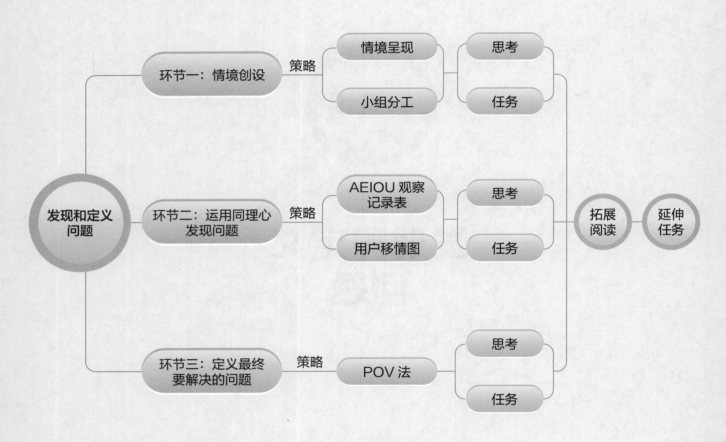

图 2-1　第二课学习地图

🎯 研修目标

❶ 知道如何在项目起始阶段创设一个真实性情境。

❷ 知道在项目化学习中发现和定义问题的步骤与方法。

❸ 学会使用 2—3 种思维工具（如 AEIOU 观察记录表、POV 法等），能指导学生发现、定义问题。

📖 核心概念

发现问题　　在一个真实、开放的情境中，运用各种方法捕捉问题的存在，发现有价值的、开放的、多元的问题。

定义问题　　通过多种不同的方法将发现的多个问题进行审视、聚焦，确定最终要解决的问题。

📋 课程内容

环节一：情境创设

问题驱动学习。项目化学习需要一个高质量的驱动性问题。在呈现驱动性问题的导入环节，可以给学生创设一个真实性情境。情境应尽可能来自学生生活，能激发学生探索的兴趣和责任感，且饱含各种可能的发现问题的契机。

关键策略

◎情境呈现——寻找潜在的具有问题情境的素材

教师呈现的情境素材应该是鲜活的、真实的，能够激发学生的同理心，促使学生主动思考，从中挖掘出潜在的问题。

如在"婴儿产品改进设计"项目中，教师给学生呈现了几张爸爸妈妈照顾婴儿时的日常生活画面图：一个妈妈蹲在洗澡盆边给婴儿洗澡，医院输液室里照顾婴儿输液的家长昏昏欲睡，婴儿吃饭时洒落很多食物等。这些都是真实的生活画面，学生熟悉，且能激发学生改进婴儿产品设计的责任感。情境的具体使用请观看项目化学习慕课9-2。

思考：除了用图片作为情境导入，还有哪些方法让情境的呈现更具真实性、启发性？

◎小组分工——人物角色可视化创建

将小组成员进行角色化分工，如项目经理、艺术总监、技术总监、营销总监，并考虑适当的搭配，从而激发每个人的主人翁意识，发挥每个组员的特长（见图2-2，圆圈内可加相应组员的照片）。经过异质分组后，每个小组成员基于自身角色代入情境，产生移情，为多角度发现问题奠定基础。

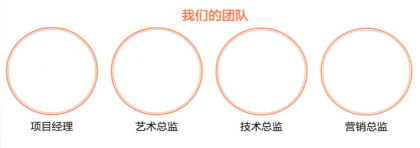

我们的团队

项目经理　　　艺术总监　　　技术总监　　　营销总监

图2-2　团队成员角色化分工

📝 **任务**：如果是第一次进行小组合作，还可加入一些破冰的环节。查阅资料，列举几个适合项目化学习破冰环节的小妙招。

环节二：运用同理心发现问题

　　创设真实情境的目的在于让学生发现隐藏的问题。设计思维特别注重对人的需求的挖掘，这就需要充分运用同理心、移情的作用，让学生基于对人、对用户的深入了解，发现有价值的真实问题。

思考：发现一个问题比解决一个问题更重要。想一想：设计思维为什么特别注重基于人的需求去发现问题？

▎关键策略

◎ AEIOU 观察记录表——多角度观察场景

AEIOU 观察记录表基于真实场景，引导学生从五个要素——活动（Activities）、环境（Environments）、交互（Interactions）、物品（Objects）、用户（Users）分解观察场景，尽可能多地记录场景信息，通过分析对比发现具有深度意义的信息。这个工具的运用可以使学生观察场景的维度更加多元，有利于引导学生发现更多潜在的信息，从而更能站在用户的角度发现需求，提出更有价值的问题。该工具直观明确，鼓励学生深入挖掘信息，有利于学生发散思维、合理推理能力的培养。

表 2-1　AEIOU 观察记录表

观察场景：

Activities 活动	Environments 环境	Interactions 交互	Objects 物品	Users 用户
大家在干什么	概括你看到了一个怎样的场面	人⇄人 人⇄物 发生的关联	与人会产生关联的东西	被你注意到的人

任务：运用 AEIOU 观察记录表，感受如何通过思维工具实现移情，并想一想还有没有更好的方法。

◎用户移情图——代入角色思考

用户移情图（见图2-3）引导学生进行移情，将自己代入场景中，以一定的人物身份，从"看到什么""听到什么""想到什么""做些什么"四个方面设身处地地分析自己的感受，从而找到用户的"痛点"以及"希望得到的"。该工具有利于发展学生适当的推理和联想能力。

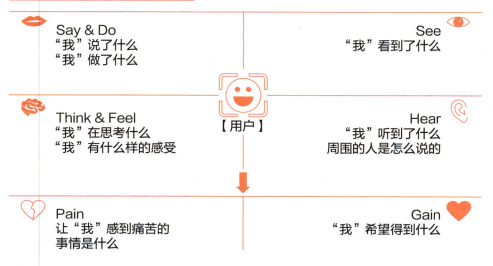

为谁设计：用户是谁

Say & Do
"我"说了什么
"我"做了什么

See
"我"看到了什么

Think & Feel
"我"在思考什么
"我"有什么样的感受

【用户】

Hear
"我"听到了什么
周围的人是怎么说的

Pain
让"我"感到痛苦的
事情是什么

Gain
"我"希望得到什么

图 2-3　用户移情图

如在"家长给婴儿洗澡"这一情景中，通过用户移情图的分析，学生发现用户的痛点是给婴儿洗澡时的姿势极度不便，从而找到用户的真实需求。

环节三：定义最终要解决的问题

通过观察和移情，学生可能会发现很多有价值的问题，但是这些问题是否都需要或者值得被解决？哪个问题最迫切、最符合人的需求，且是在现有条件下可以解决的？这就需要定义问题。

思考：观看项目化学习慕课 9-2，结合视频中学生提出的问题，初步判断哪些问题值得被解决。

关键策略

◎ POV（Point of View）法——定义要解决的问题

POV 法是从"我观察了""我发现了""我猜想这可能是因为"三个方面把上一阶段发现的问题进行整合思考，站在用户需求的角度，定义出要解决的问题，明确产品方向（见图 2-4）。

问题定义：Point of View

表明观点

我观察了：　　　　　　请写下你观察的用户

我发现了：　　　　　　请写下你新奇的发现

我猜想这可能是因为：　请写下你对潜在需求的推论

⬇

因此我觉得要解决的问题是：　我们要为（谁），做点（什么），
好解决（什么问题）。

图 2-4　定义问题的 POV 步骤

比如，观察婴儿夜间睡觉的小组发现婴儿睡觉姿势不对如趴睡可能导致婴儿窒息，从而将问题定义为："我们如何为婴儿设计一个固定睡姿的产品，以解决翻身后呼吸不畅的问题？"

任务：结合你正在实践的项目化学习案例或借助慕课视频中的材料，运用 POV 法定义一个你认为有价值的问题，并判断其产品实现的可能性。

思考：除了 POV 法，你在教学中用过哪些定义问题的有效方法？

🔍 拓展阅读

除了上述提到的 AEIOU 观察记录表、用户移情图等思维工具，还可以根据不同学段学生的认知特点，运用其他思维工具发现问题、定义问题（葛斯特巴赫，2020）。

共情卡片

共情卡片适用于系统地分析潜在目标群体和用户的需求，注重从不同视角体察用户的要求和价值观，步骤如下：

- 根据用户特征（如收入、家庭情况等）创建不同的用户群体；
- 选出三个有代表性的用户，将自己置于他们各自的角色当中；
- 提出以下问题，并用便利贴记录不同用户视角下的不同想法：

用户的周边环境怎么样？谁是他的朋友？他可能面临哪些问题？

周边环境对用户产生了什么影响？

用户在想什么？他真正的思考和感受是什么？

对用户而言，什么是真正重要的？（即使没有公开承认）

用户生活中的消极方面有哪些？

用户想要或必须实现什么？

共情地图

此工具的目的是将设计者代入不同职业领域的用户、员工、合作伙伴等角色中，使他们实现移情。借助共情地图，你能清楚地知晓用户的言论、想法、感受和行为。通过加工收集到的信息产生同理心，理解他们是如何感受和思考的。步骤如下：

- 画一个圆圈代表用户，然后在里面写下用户的姓名、职务等信息；
- 想出一个与此用户有关的问题，比如"我为什么要买 ×× 呢？"；
- 在圆圈四周分出多个维度，分别展示此用户感官体验的各个方面，思考什么、感受什么、说什么、做什么或听到了什么，在图上的相应部分标明；
- 将自己置身于用户的角色中，用真实的、明显的感官体验填充该图；
- 请他人帮助你完善你的共情地图并添加可能的细节。

如在"婴儿产品改进设计"项目中，学生们发现了婴儿吃饭容易洒落的现象。针对这个问题，小组成员运用共情地图来理解遭遇此情景的不同角色，如都市白领、教师、设计师等，将自己置身于用户角色中进行共情体验。如都市白领可能会觉得打扫比较麻烦等，将这些感受和想法记录下来，请小组其他成员不断完善。

延伸任务

请你尝试运用思维工具，如 AEIOU 观察记录表、POV 法，根据校门口放学场景图，基于设计思维发现和定义一个要解决的真实问题。

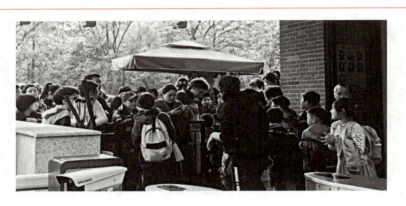

图 2-5　校门口放学场景

我选择的思维工具：

我发现的问题：	我定义的问题：	我的行动计划：

第三课

方案构思与
优化设计

学习地图

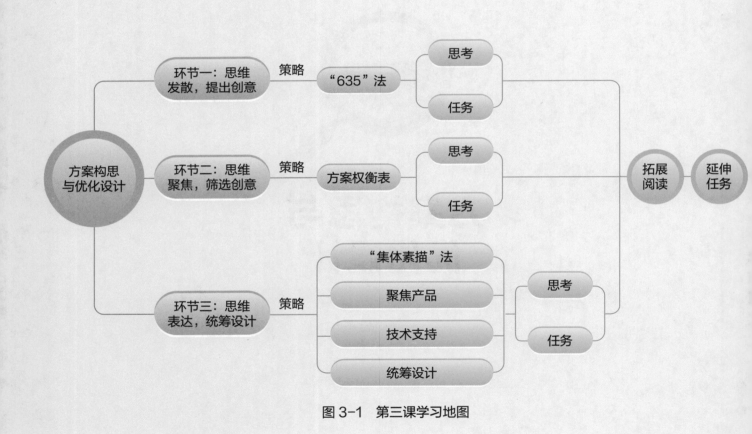

图 3-1　第三课学习地图

研修目标

❶ 知道如何进行方案构思环节的教学设计。

❷ 掌握在方案构思中引导学生发散思维与聚焦创意的教学策略。

❸ 会使用2—3种思维工具（如"635"法、"集体素描"法等），帮助学生发展设计思维，优化方案设计。

核心概念

方案构思　　根据真实情境中的问题，调动已有的知识和经验，发散思维，构思合理的问题解决办法。

优化设计　　从多种方案中选择最佳方案的过程与方法，在满足给定的各种约束条件下，寻求最优的设计方案。

课程内容

环节一：思维发散，提出创意

在进行正式项目设计之前，为了发散学生的思维，激发出更多创意，教师需要根据定义的问题，从目标或结果着手，鼓励学生进行自

由畅想、思维碰撞、相互启发，提出尽可能多的问题解决方案，培养学生的发散性思维。请观看项目化学习慕课 9-3，了解在"婴儿产品改进设计"项目中，教师是如何引导学生发散思维、提出创意的。

关键策略

◎ "635"法——围绕定义的问题，提出问题解决方法

"635"法的使用方法和步骤：

• 准备 6 张专用纸，小组内一人一张；

• 第一个 5 分钟，每人围绕定义的问题和实际项目写下 3 个创意，写完后传给旁边的人，按顺时针或逆时针方向传递；

• 第二个 5 分钟每人根据前一个同学写下的 3 个创意，再写不同的或改进的 3 个创意，然后再传到下个同学手上，如此反复进行 6 次。于是，在 30 分钟内产生了 108 个创意（3 个创意 × 6 个人 × 6 张纸）。（注：以小组为单位，成员围成圈而坐，成员数量根据实际情况而定，若小组里只有 4 个人，就可以用"435"法。）

任务：尝试在教学中运用"635"法，引导学生发散思维。

思考：学习项目化学习慕课 9-3 中关于"635"法思维工具的介绍，想一想，还有哪些有助于发散思维的工具？

6 个人
3 个创意
5 分钟

图 3-2 "635" 法示意图

在实际教学中可以这样运用"635"法

第一个 5 分钟，每人在 3 张便利贴上写下 3 个创意，贴在卡纸上。

第二个 5 分钟，每人在受到前面同学的启发后，再写不同的或改进的 3 个创意。

如此循环 6 次。

30 分钟内产生 108 个创意。
（3 个创意 ×6 个人 ×6 张纸）

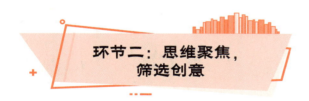

环节二：思维聚焦，筛选创意

　　产生想法的阶段是一个头脑风暴的过程，通常没有绝对的标准答案，只有一定的数量基础才有可能会有高质量的想法。之后再对这些创意进行分类整理，碰撞出新的火花，最终改进筛选出一定数量的创意。如在"婴儿产品改进设计"项目的思维聚焦环节，学生用手绘图

的方式来表达婴儿产品改进设计的需要及预期的效果，以平面图和立体图相结合的方式呈现。

关键策略

◎方案权衡表——初步筛选最有价值的创意想法

运用表格工具方案权衡表（见表3-1），针对头脑风暴出的多个解决方案进行权衡比较。设定各指标权重，满分5分，最后合计分数，选出相对好的方案。打分依据个人现有经验来判断。

表3-1 "婴儿产品改进设计"项目方案权衡表

维度	方案1	方案2	方案3	方案4	方案5	备注
有效性						产品能够真正有效地解决问题
可行性						团队可以提供必要的知识、能力支持，具有可行性
安全性						产品实用安全，如不会对婴儿造成误伤
应用性						产品操作简单易懂，符合用户需求
创新性						市场中无同类产品
合计						

思考： 引导学生使用方案权衡表时要注意什么？

📝 **任务**：表 3-1 所示方案权衡表的评价维度是否合理？请结合你正在实践的项目的实际情况，设计一份调整后的方案权衡表。

环节三：思维表达，统筹设计

通过发散思维，学生产生了许多创意想法，最终需筛选保留一定数量的创意想法。为了落实方案设计，使思维可视化，学生需要掌握创意设计的表达方式和步骤，了解产品设计创作的主要内容，如技术、尺寸、外观、材质、功能等，把具体领域的知识整合在一起，更全面地考虑方案设计。

❓ **思考**：在对多个创意想法进行可视化表达、统筹设计时，会遇到诸多问题，如制作工艺、比例尺寸、艺术造型与表现等涉及相关学科的问题。有什么有效的办法能帮助学生解决跨学科知识的问题？

关键策略

◎ "集体素描"法——以产品设计为中心，统筹设计

在进行具体的方案设计时，学生可借助"集体素描"法，以"产

品设计"为中心词发散思维，进行统筹设计。请观看项目化学习慕课9-3，了解"集体素描"法思维工具的使用方法。

"集体素描"法的使用方法和步骤：

● 小组成员在一张纸上同时描绘想法，在这个过程中每个参与者都可以补充或修改他人的创意想法；

● 小组成员共同讨论不同的创意想法，并拓展补充更多的想法；

● 小组成员汇总选出最有意义、最有用的解决方法，以产品设计为中心，进行统筹设计。

◎聚焦产品——继续深入思考，优化方案设计

通过前一环节初步的统筹设计，学生需要聚焦其中的一个维度，继续深入思考和细化。如应该选择什么样的材料，选用什么工艺进行加工处理，各部分的尺寸是多少等。

◎技术支持——学生自主选择课程进行学习

为了满足学生在解决问题时对不同知识内容的需求，教师可以在校内网络平台上建设资源包，上传与项目化学习主题及实践技能等相关的教程。学生登录自己的账号，选择相应的课程观看学习，将知识技能的学习与真实项目问题连接起来。

◎统筹设计——实现思维的可视化表达

学生根据环节二绘制出的产品效果图和前期统筹设计，逐步形

成小组的最终方案设计图。学生之间互动点评是训练批判性思维的一种有效方式。教师要鼓励学生提出自己的想法，创造机会让更多观点发生碰撞，不断优化最终的方案设计图，实现思维的最好表达。

"循环问诊"法（见图3-3）是一种有效的思维工具，其意义在于学生在参与过程中利用批判性思维评价他人的创意想法，并接受他人对自己作品的意见建议，实现方案设计的不断优化。

"循环问诊"法的使用方法和步骤：

● 每组派技术总监去下一组进行产品介绍；

● 本组剩余成员聆听上一组技术总监的介绍；

● 本组剩余成员对上一组的产品方案提出合理化建议。

（若是5个小组，重复进行5次。）

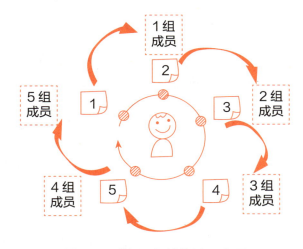

图3-3 "循环问诊"法示意图

任务：用于寻找方案设计中问题的思维工具还有很多，请把你认为有效的工具记录下来，和大家分享吧！

拓展阅读

除了上述提到的"635"法、方案权衡表、"循环问诊"法等思维工具外，还可以根据不同学段学生的认知特点，让他们运用其他思维工具进行方案的构思与优化设计，如图 3-4 所示的"头脑写作"法。

"头脑写作"法的使用方法和步骤：

• 小组每人取一张便利贴，描述一个创意想法；

• 写好后将便利贴传给左边的人，再取一张继续写；

• 每个人对传到自己手中的便利贴中的创意进行补充，如果忙着写自己的创意，可以直接把便利贴传递给下一个成员；

• 将循环一圈回到自己这里的便利贴贴在桌子中间的卡纸上；

图 3-4 "头脑写作"法

● 若想不到新的想法，可选择已经贴上去的便利贴进行创意补充；

● 根据方案权衡表的评价维度筛选保留一定数量的最佳创意想法。

延伸任务

　　请你尝试运用思维工具，如"635"法、"头脑写作"法等，根据"儿童玩具收纳空间凌乱不堪，如何设计一个多功能儿童玩具收纳产品?"这一驱动性问题，进行思维发散，提出更多解决问题的办法吧!

图 3-5　被玩具"占领"的房间

办法 1:	办法 2:
办法 3:	办法 4:
方案设计一	
方案设计二	

第四课

模型制作
与测试优化

📖 学习地图

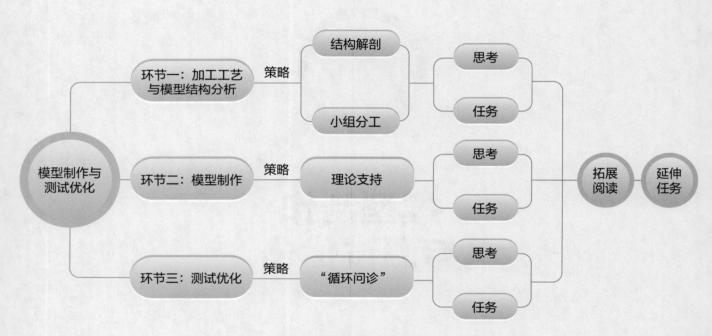

图 4-1　第四课学习地图

研修目标

❶ 理解模型制作与测试优化的意义。

❷ 掌握模型制作的有效教学指导策略。

❸ 掌握模型测试优化的方法。

核心概念

模型制作　对方案的落地，把构想变成产品或模型，是立体化的创意表达。

测试优化　在模型制作过程中为满足功能实现、外观美化、用户良好体验等需求而进行不断测试、改进、优化模型的过程。

课程内容

环节一：加工工艺与模型结构分析

学生在制作模型之前，需要分析模型的主要结构以及制作模型所需的基本材料，还需要对材料的加工工艺进行学习，这有助于降低模型制作的难度，也能为后期模型的结构整合奠定基础。如项目化学习慕课 9-4 中提到的关于婴儿洗澡升降台的制作，需要分成升降装置制作和支撑平台制作两部分；婴儿趴睡警报装置的制作需要布艺和编程等工艺技术。

思考：想一想，模型结构分析的依据或原理是什么？

◢ 关键策略

◎ 结构解剖——加工工艺学习

教师可以引导学生根据加工工艺分析模型结构，帮助学生对产品的结构和功能形成更加直观的认知，为模型的制作奠定基础。教师可在学校常用的网络资源平台提供各类加工工艺技能课程供学生学习，如布艺加工、木制加工、软件编程等。

任务：任选一个自己熟悉的产品模型，根据产品的加工工艺对产品结构进行解剖。

◎ 小组分工——人物角色可视化创建

将小组成员分工角色化，如项目经理、艺术总监、技术总监、营销总监，并考虑适当的搭配，以激发每个人的主人翁意识。在模型结构分析与制作环节，以技术总监为主，每人根据特长选择合适的角色和加工工艺。

环节二：模型制作

模型制作是实现方案的第一步，学生可以选择常见的材料，结合不同的技术工具，如激光切割、3D 打印等，将产品初步物化，可视化地呈现自己的创意。

思考：模型制作环节会涉及很多材料和加工工艺，教师应如何引导和帮助学生进行安全制作？请给出你的思考和建议。

关键策略

◎理论支持——学习并应用学科知识

在模型制作过程中，学生现有的理论知识可能不足以支持他们设想的实现。这需要教师结合学生的最近发展区，预设并准备好学生学习材料，提供相关学科知识帮助学生顺利完成模型的制作。

请观看项目化学习慕课 9-4，了解学生如何利用多学科知识实现"婴儿输液提醒器"的制作。

任务：选择一个产品模型，根据产品模型的制作过程分析所需要的学科知识。

环节三：测试优化

　　产品制作不是一蹴而就的，需要不断测试、改进、优化，是一个不断试错与迭代的过程。在测试优化过程中，可以先让小组成员对产品制作过程和相应功能进行展示与分享，其他小组学生从用户的角度进行体验和提出建议。

　　思考： 在产品初步实现功能后，可以从哪些方面考虑对产品进行改进优化？

◖关键策略

　　◎ "循环问诊" ——帮助学生进行产品优化

　　为了优化产品，往往需要得到一些用户的真实反馈，此时各组的技术总监可以带着产品模型到其他组进行功能演示，组内其他成员站在用户的角度倾听其他组技术总监的介绍，体验产品功能并提出一些合理的改进建议。如"婴儿产品改进设计"项目中的婴儿趴睡警报装置中的线路改进、主体控制板和报警器的安放位置等都是通过"循环问诊"获得建议并做出相应改进的。

　　思考： 在产品测试优化环节，除了上述"循环问诊"策略，你还能想到其他策略来帮助学生获得更多有效的优化建议吗？

如表 4-1 所示,利用产品测试优化记录表,引导学生及时记录产品模型的优势与不足,从而使后续的讨论更加具有针对性,最大化帮助学生解决产品落地的问题。小组成员使用该工具整理他人提出的问题和建议,通过讨论决定是否采用他人的建议,然后考虑是否进一步优化产品或模型。

表 4-1　产品测试优化记录表

Things I like the most 我最喜欢的方面	Things that could be improved 可以改进的事情
+	测试 −
New ideas to consider 新思路	Things I don't understand 我不明白的事情
💡	？

📝**任务**：选择一个产品模型，将产品的功能演示给同伴，通过表 4-1 获得一些优化建议。

🔍 拓展阅读

除了上述提到的 3D 打印机、大型切割机等加工工具和相应工艺之外，还可以根据不同的材料和工艺需求，选择不同的加工工具或工艺。如：

在应用一些集成化电路时，可能会在电路板上连接或更换元件，这时就需要用到电烙铁这一工具（见图 4-2）。电烙铁能够产生高温来熔化焊锡，并使锡凝固在电路板的焊点上，起到固定元件的作用。在使用电烙铁的过程中，要注意避免出现虚焊、短路，甚至损坏电路板的情况发生。

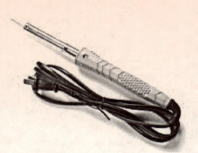

图 4-2　电烙铁

布艺是流传较为广泛的一门技术，它是利用针、线、剪刀等工具将以布为主的原料加工成所需样式的过程。中小学生对布艺的掌握程度往往不高，在制作过程中，建议采用半成品来制作所需的产品。如"婴儿产品改进设计"项目中婴儿趴睡警报装置中的娃娃衣物制作，就是将成品衣加以改造、设计，制作出了安放导线和控制开关的空间。

　　另外，在模型设计和制作环节，由于跨学科知识的复杂性，虽然有教师提供的学习资料，但在实践过程中仍然会出现很多问题，尤其是对一些比较陌生的加工工艺，学生中可能存在达不到理想操作效果的情况。这时，教师可以采用约课制[①]来解决这类问题，通过发挥不同教师的专业优势，帮助学生更好地完成模型制作。

---

① 提前预约相关方面较为专业的教师来帮助学生进行产品制作的课程制度。

延伸任务

　　请你对多功能奶瓶这一产品进行结构分析，并指出其中某一部分可能需要用到的材料和加工工艺。

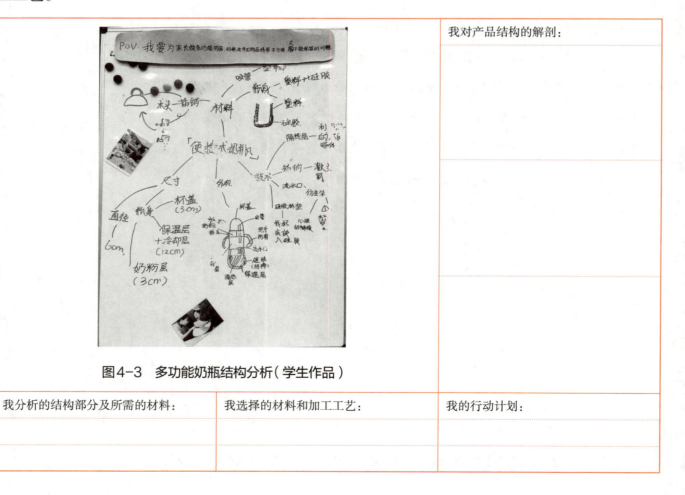

图4-3　多功能奶瓶结构分析（学生作品）

我分析的结构部分及所需的材料：	我选择的材料和加工工艺：	我的行动计划：

我对产品结构的解剖：

第五课

展示交流
与评估

📖 学习地图

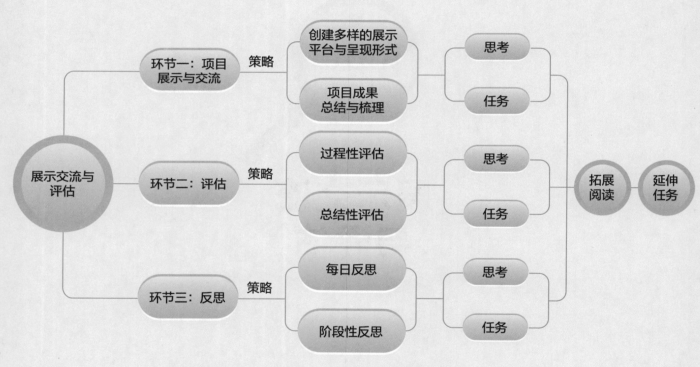

图 5-1　第五课学习地图

🎯 研修目标

❶ 了解成果展示交流的多种形式及意义。

❷ 了解项目化学习评估的节点及操作方式。

❸ 知道反思在项目化学习中的意义及引导学生有效反思的策略。

📖 核心概念

展示交流 项目化学习的最后一个环节，既是一个项目的终结，也是对真实问题解决的重新思考。通过创设不同形式的展示平台与呈现方式，让学生在表达中思考，在思考中改进，在改进中提升。

评估 一般分为过程性评估和总结性评估。不同的评估工具能反映学生项目化学习的参与程度、项目完成情况及对项目成果的反思程度。在总结性评估中学生重新梳理项目的全过程，思考项目的价值，为下一次的项目化学习积累经验。

课程内容

环节一：项目展示与交流

项目成果的展示需要仪式感，丰富多样的展示平台可以调动学生参与的积极性。展示平台可以是班级、学校的公开场合，如报告厅、演讲台，也可以是真实用户、专业人士生活的社区。项目展示成果可以是海报、具体作品、PPT 演示文稿、视频、戏剧、演讲等。

关键策略

◎创建多样的展示平台与呈现形式

展示平台可以选择 ClassDojo 软件及学校引进的 BB 教学平台，或钉钉的"班级圈"，进行一对多的展示和互评。呈现形式可以是体现项目成果的海报展板，体现创作思路的 PPT 演示文稿，用于产品发布的招标、竞标演讲，以及基于项目的成果反思、总结等。

思考： 结合平时教学活动和学生学习特点，我们还能想到哪些可用于项目展示交流的平台以及项目成果的呈现形式？

◎项目成果总结与梳理

在经历了一个完整的项目化学习后，项目成品（产品）就产生了。但作为一个产品发布者，必须对产品的性能和作用做出充分的解释说明，以便用户更好地了解并接受该项目产品。

这个过程教师可利用"5W2H"分析法指导学生搭建产品发布的汇报框架，帮助学生重新梳理项目的进程（包括启动项目的原因、开展项目的思维进阶过程、遇到的困难、团队的合作以及最终的产品呈现、自我反思等），并引导学生按时间顺序将这一过程用不同的表达方式展现出来。如表5-1为"婴儿产品改进设计"项目中教师引导学生梳理项目进程的框架表。

表5-1 用"5W2H"分析法梳理"婴儿产品改进设计"项目

研究的内容（What）	"婴儿产品改进设计"项目
研究的原因（Why）	为了减轻长辈的负担，给弟弟妹妹提供更多的关心和照顾
研究对象（Who）	婴儿、家长
何时/时长（When）	一周
产品使用地点（Where）	使用地点根据场景而定
需要交付的材料（How much）	最终需要交付以下设计清单：平面设计图、立体设计模型、设计过程说明书（学生手册），其他设计材料
怎样设计整个项目（How）	基于以上分析，我们该怎么做？怎样更好地完成婴儿产品的改进设计？

任务：请查阅相关资料，思考教师作为项目成果总结与梳理的引导者，除了用"5W2H"分析法这种思维工具帮助学生进行整理外，还能用哪些方法帮助学生对项目进行回顾并有序整理。

环节二：评估

项目化学习的评估一般分为过程性评估和总结性评估。过程性评估主要通过组内角色互评、表现性评估、项目化学习自评等形式展开；总结性评估是在整个项目化学习结束时进行回顾总结，对学生项目化学习关键能力的评估和对成果展示交流情况的评估。可观看项目化学习慕课 9-5，结合"婴儿产品改进设计"项目，了解项目化学习的评估策略及其具体使用。

关键策略

◎过程性评估——人人都是参与者

过程性评估包含组内角色互评、表现性评估、项目化学习自评等。

• 组内角色互评

在组内角色互评过程中，每个学生须根据自己的岗位角色，为其他小组的产品模型进行打分并提出自己的修改建议（见表 5-2）。

表 5-2　组内角色互评表

评价维度	一级指标	二级指标	评价
团队管理（10分）	团队协作（5分）	合理组织小组成员分工协作，任务分配合理	
	项目完成度（5分）	项目进度安排合理，最终成品完成度高	
岗位评分汇总			
岗位			
分数			
岗位总分			
反思总结			

（项目经理使用）

评价维度	一级指标	二级指标	评价
科学（5分）	原理	原理具有科学性、真实性、可靠性、有效性	
技术（10分）	功能（5分）	能合理通过工艺技术实现产品功能，满足用户需求	
	质量（5分）	产品足够安全且有长期稳定的表现，易于维护	

（技术总监使用）

评价维度	一级指标	二级指标	评价
艺术（10分）	外观（5分）	产品造型协调美观，配色合理，工艺良好	
	用户体验（5分）	能让目标用户觉得"好用"，交互顺畅	

（艺术总监使用）

评价维度	一级指标	二级指标	评价
竞争力（10分）	创意（5分）	市场上无同类产品或改进明显	
	营销（5分）	具备充分的市场推广方案及强有力的营销手段	

（营销总监使用）

● 表现性评估

运用表现性评估，学生可从发现问题、定义问题、方案构思、模型制作等维度对整个项目过程进行反思和总结。表5-3列举了表现性评估量表示例。

表5-3 表现性评估量表

项目学习环节	0分	3分	5分	10分	得分
发现问题	没有发现问题	发现实践价值不是很大的问题，或者是缺少真实性的问题	选题是真实的，能解决生活实际问题；选择的项目与学习内容有一定的联系	选题是真实的，能解决生活实际问题；选择的项目与学习内容有一定的联系，体现新颖性和创造性	
定义问题	不参与问题定义	理解挑战性问题，能够简单定义问题，指向性明确，但表述不清	理解挑战性问题并能合理地定义问题，表述清楚	全面理解挑战性问题，能从不同角度定义问题，且表达清晰，指向明确	
方案构思	没有设计方案	提出的项目方案有文字描述，能基本解决问题；小组成员都有分工，但任务不太明确；有设计草图但缺乏科学性	提出的项目方案有较多的文字描述，能够较好地解决问题；小组成员有分工，任务设置较为明确；有设计草图，并且设计的草图有科学性	提出的项目方案有充分的文字及其他符号描述，能创造性地解决问题；小组成员任务分工明确，有步骤，有草图，并且草图有创意、多元化，具备科学性	

续表

项目学习环节	0分	3分	5分	10分	得分
模型制作	没有模型	模型设计基本具有工艺性；能用单一或简单材料制作模型，制作完成后没有优化	模型设计具有较好的工艺性；用到多种技术，多元化制作模型；制作中有反思，但没有继续优化	模型设计有较好的工艺性，并有创意；利用多元化技术进行制作；制作中不断反思优化	
测试优化	不进行测试优化	收集了测试优化过程中的数据或者是记录了相关问题，但是未根据数据或者发现的问题进行修改	根据收集到的数据或者记录的问题来对模型进行测试优化，但是没有对项目的设计方案和设计草图进行修改	根据收集到的数据或者记录的问题来对模型进行测试优化，并对项目的设计方案和设计草图进行修改。所有的修改和优化都是根据问题定义来呈现的	
展示交流	不进行分享展示	汇报涉及的点较少，对于实际问题的解决情况等方面均有涉及，但是汇报交流方式比较传统，缺乏创新性	汇报涉及的点较为全面，论述本组作品对于实际问题的解决情况等能全部涉及，并且方式具有创新性，能让人眼前一亮	汇报涉及的点全面细致，论述本组作品对于实际问题的解决情况等方面不仅全部涉及，还提出了同类问题解决的相关思路，呈现方式新颖，具有启迪性，让人眼前一亮	

● 项目化学习自评

在整个项目化学习结束后，每个参与者都将开展项目化学习自评，对自己在项目的决策、设计、实施、评价等环节中的参与度、完成度、有效度等进行回顾和总结，并结合自评表进行打分，见表5-4。

表5-4　项目化学习自评表

评价维度	评价指标	评价标准	自评
项目决策环节（15分）	定义问题（5分）	能够根据各自场景提出有效的问题	
	项目分析（5分）	能够对提出的问题做出合理分析（如知道用户的真正需求）	
	确定方案（5分）	积极帮助小组确定最终方案	
项目设计环节（15分）	功能设计（5分）	提出有效的功能设计方案，如通过"635"法提出较多有价值的方案	
	结构设计（5分）	积极参与项目的结构化设计，如设计产品各项功能的结构	
	造型设计（5分）	对各项功能结构的整合顺利，能提出较为有效的产品造型	

续表

评价维度	评价指标	评价标准	自评
项目实施环节（15分）	材料选择（5分）	能够选择合适的材料，并对材料进行简单预处理	
	原型制作（5分）	积极参与产品的制作环节，能够提供有效的策略	
	产品测试（5分）	积极参与产品测试，并能提出有效的改进措施	
项目评价环节（10分）	展示交流（5分）	准备充分，能主动承担展示交流时的各项准备工作	
	评价改进（5分）	积极听取其他小组的建议，对产品进行合适的改进	
项目过程评价总分（满分55分）			

思考： 想一想，在项目化学习中，为什么过程性评估比总结性评估更能促进项目的开展？

◎总结性评估——"关键能力"可视化

总结性评估是对整个项目化学习的回顾和总结，也是对项目化学习中学生关键能力、成果展示的评价。产品展评会是开展项目化学习总结性评估的有效途径，注重将同伴评价和用户评价合理地嵌入产

品展评会中，对项目化学习中学生关键能力和高阶思维展开评价。表5-5 展示了学生关键能力评估量表。

表 5-5　关键能力评估量表

评价指标	评价标准	教师评价	学生自评	团队评价
发散思维能力	思维活跃，生活经验联想丰富，思考维度多元，可以从不同角度考虑问题			
逻辑思维能力	判断、推理、分析问题的过程有逻辑性，尽量以客观的方式探讨问题			
语言表达能力	能够用自然流畅的语言清晰表达内容，表述用词准确、丰富，具有说服力			
图形语言表达能力	善于运用草图、示意图等视觉符号的形式表达思想和意义，运用熟练、自然、准确			
技术实现能力	对技术具有敏感性，熟练运用学科知识和技术手段实现某种功能需求，善于创造性地使用技术			
感知能力	具有对周边事物的敏感性，能体察物品和人的细微特征与属性差异，善于发现独特的价值机会			
任务执行能力	目标确定后的组织实施与实现能力，持续聚焦课题的耐心和专注程度			

续表

评价指标	评价标准	教师评价	学生自评	团队评价
团队意识与协作能力	强烈的团队合作意识和有效沟通能力，积极主动为团队贡献个人力量，包容不同意见，正确处理团队内部矛盾			
社会责任感	具有社会责任意识，关注社会公共利益与人类整体价值，具有正确的世界观、价值观			

任务： 结合你本学期开展的学习项目的特点和所在班级学生的年龄特征，制定一个项目化学习过程性评估量表或项目化学习自评表。

环节三：反思

反思伴随整个项目。项目化学习中的反思不仅有利于帮助学生形成统筹思维，也有利于学生在整个问题解决过程中做出正确的决策。有效的反思能够帮助学生将项目化学习中所发展的能力迁移到其他学习和生活中。

关键策略

◎*每日反思——边学习边梳理*

通过回顾当天的项目进程，总结做得好与不好的地方，在对比中明确自己的困惑以及接下去的努力方向。这个过程有助于及时调整项目化学习的进程。图 5-2 展示了进行每日反思的策略工具。

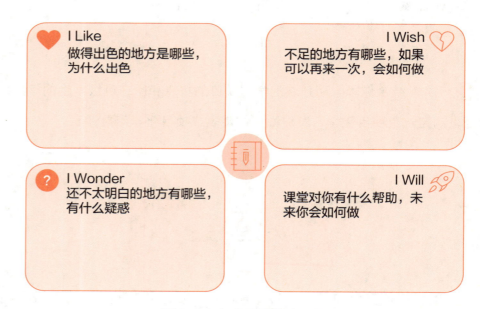

图 5-2　每日反思策略工具

如在"婴儿产品改进设计"项目中，学生每天都会借助图 5-2 所示工具对当日的项目化学习环节和学习效果进行反思、复盘，及时发现不足并总结成功的经验，为后续环节的学习和项目成果的达成打下坚实、有效的基础。

💬思考：在项目化学习中，如何引导学生利用每日反思策略工具对前面的学习进行回顾反思？

◎阶段性反思——项目化学习的"可持续化"

在一段时间的项目化学习后，我们可以通过 KWL 思维工具（见表 5-6）进行阶段性反思。通过梳理项目启动前的"已知（K）""想知（W）"以及项目化学习后的"新知（L）"这一过程，明确项目化学习的收获，并给下一次项目化学习提供经验。

表 5-6　KWL 反思表

K（Know） 已知	W（Want to learn） 想知	L（Learned） 新知
在项目化学习前就已经知道或掌握了什么知识或技能？	在项目化学习中想要学到什么知识或技能？	在项目化学习后我学会了什么知识或技能？

📝任务：试运用 KWL 反思表，评估学生在项目化学习中的收获。

拓展阅读

　　除了借助上述提到的"5W2H"分析法、组内角色互评表、项目化学习自评表等进行项目化学习的过程性评估，还可以根据不同学段学生的认知特点，运用其他思维工具进行项目的评估、展示和反思。如：

量规

　　定义：对学生的作品、成长记录、学习成果或者学习过程中的行为、认知、态度表现进行评价的一套标准。它往往从与学习目标相关的多个维度规定评价准则和划分等级，并且将定性评价与定量评价融为一体。

　　作用：

　　1. 避免了单一目标的含糊性，减少评价中的主观性，为学习者进行自我评价提供具体的评价依据。

　　2. 体现了学习者在学习过程中的主动性和对自我学习的责任感，能增强学习动机，培养学习者的自我评价和反省能力。

　　3. 作为教师与学习者有效交流的媒介。

设计步骤：

1. 分解学习目标，初步确定量规框架。

2. 依据学习内容的种类和学习目标所属目标层次，确定具体的描述指标和等级。

3. 确定不同等级表现水平的具体描述语句。

4. 试运行并修订量规。

设计原则：

1. 包含影响评价绩效的所有重要元素，并具有"约定性"。

2. 根据学习目标需求、学生认知水平和学习环境特点进行合理设置。

3. 权重设定应当根据学习目标的侧重点或重要性而有所区别。

4. 清晰的、全面的和描述性的评价等级，描述的语言是具体的和可操作的。

5. 影响评价的重要元素须准确定义，且不能再细化分类。

（钟志贤 等，2007）

延伸任务

请你尝试运用思维工具（如 KWL 反思表、每日反思表）对本书的学习做一个回顾与反思，评估自己的进步，提出还存在疑惑的问题。

我选择的思维工具：

📖 参考文献

葛斯特巴赫，2020. 设计思维的 77 种工具［M］. 方怡青，译. 北京：电子工业出版社.

勒威克，林克，利弗，2019. 设计思维手册：斯坦福创新方法论［M］. 高馨颖，译. 北京：机械工业出版社.

林琳，沈书生，2019. 美国"设计思维融入课堂教学项目"研究［J］. 比较教育研究，41（7）：67-74.

张红英，庄君明，刘璐，等，2019. 设计思维指导下的创新型课程设计研究［J］. 现代教育技术，29（10）：100-107.

钟志贤，王觅，林安琪，2007. 量规：一种现代教学评价的方法［J］. 中国远程教育（10）：43-46.